서민의
기생충같은
이야기

서민의

기생충 같은 이야기

지승호 인터뷰

인물과
사상사

지 승 호 의
프 롤 로 그

'서민' 하면 기생충이 떠오른다. '기생충 박사 서민', 대개의 사람들은 이렇게 부를 정도로 가장 유명한 기생충학자이기도 하고, 기생충을 대중에게 알리는 전도사이기도 하다. 언젠가 서민은 자신의 어린 시절이 굉장히 불우했다고 했다. 아버지는 자신이 못생겼다고 미워했고, 너무 엄하셔서 많이 맞고 자랐다고도 했다. 거기에 말도 더듬고 틱 장애까지 있었다. 20세까지 인생이 잿빛이었는데, 대학에 가고 서른이 넘으니 '내 세상'이 열렸다고 한다.

언제나 유머러스하고, 남을 배려하고, 즐겁게 해주는 서민의 뒤에는 이런 아픔이 있었던 게다. 인터뷰를 진행하면서 서민의 삶은 소통을 위해 처절하게 투쟁해온 삶이 아니었나 하는 생각이 들었다. 아들로, 친구로, 학생으로, 교육자로, 글쟁이로, 방송인으로, 의사로, 또 남자로. 그러면서 남을 이해하고, 배려할 줄 알고, 즐겁게 만들 줄 아는 사람이 되었을 게다.

서민은 정말 솔직하게 자신에 대한 거의 모든 이야기를 들려주었다. 어린 시절, 학창 시절, 아픔을 겪고 난 후 지금의 행복한 결혼 생활, 자신의 정치관, 독서와 글쓰기가 자신을 어떻게 바꾸었는지, 잘못된 의료 상식과 현재의 의료 시스템, 의료 민영화에 대한 의사로서의 생각, 왜 기생충학을 선택했는지, 기생충의 세계가 얼마나 재미있는지 등 기생충에 대한 여러 이야기와 기생충 학자로서의 포부가 망라되어 있었다.

서민을 원래 좀 알고 있고 좋아하지만, 단행본으로 내는 것이 생각보다 만만치 않은 일이라 조금 망설였다. 혹시 요즘 텔레비전에 자주 나오니 그걸 노리는 '만들어진' 책은 아닌가 하는 의심이 들었다. 하지만 결론적으로 인터뷰를 준비하고, 진행하고, 정리하는 과정 내내 흥미진진했고 '아, 이걸 내가 안 하고 다른 사람이 한 인터뷰를 책으로 보았다면 후회를 했겠다' 하는 생각이 들었다.

겸손하면서도, 자기 비하를 가장한 유머러스한 깔때기(다른 좋은 표현

을 찾지 못하겠다)를 슬쩍 들이대 주위를 즐겁게 할 줄 아는 남자, 겸손하지만 그 안에 자신감이 가득한 남자, 그 자신감을 갖추기 위해서 처절하게 노력하는 남자, 의사로서 전공 분야에도 철저하지만, 인간과 사회를 같이 고민하는 남자. 서민은 다양한 결을 가진 사람이었고, 서민이라는 사람 자체가 찾아보기 힘든 독특한 유형의 캐릭터라는 생각이 들었다. 이런 '서민 스타일'이 사회에 많이 퍼져나갔으면 좋겠고, 이 자리를 빌려 서민이라는 존재에게 감사의 말을 전하고 싶다.

차 례

1장

유머로 극복한 외모 콤플렉스

"난 민이가 정말 싫다"

지승호(이하 지) :: 어린 시절 이야기를 좀 해볼까요? "굉장히 불우했다. 아버지도 나를 미워하셨다. 못생겼다고. 지금 생각하면 당신을 닮아서인 듯도 하다. 남자는 나이 마흔 넘으면 자기 얼굴에 책임져야 한다는데, 나는 책임지고 싶지 않다. 어릴 때는 숫기도 없고 혼자 지낼 때가 많았다. 아버지가 너무 엄하셨던 터라 많이 맞고 자랐다. 그 때문에 마음고생도 컸다. 말도 더듬고 틱 장애까지 있었다. 스무 살까지는 인생이 잿빛이었다. 삶에 대한 대책도 전혀 없었다. 대학 가니 조금씩 나아졌고, 서른이 넘으니 비로소 내 세상이 열리더라"라는 글을 쓰신 적이 있고요. 아버지의 일기장에 "난 민이가 정말 싫다"고 적혀 있었다는 이야기도 들었습니다.

서민(이하 서) :: 맞아요. 일기장에 그렇게 쓰여 있었죠.

지:: 충격이 컸겠네요.

서:: 어릴 때 본 게 아니라 돌아가시고나서 본 건데요. 아버지의 일기장을 버린다고 해서 제가 몇 권 가져왔어요. 아버지의 세계를 한번 이해해보고 싶은 생각이 있어서 가져왔는데요. 많은 이야기가 있었죠. 그중에 저와 관계된 것은 아버지가 저를 그다지 예뻐하지 않았다는 거예요.

지:: 이유가 뭐였나요?

서:: 공부도 못했고, 수줍음도 많고, 자신감이 없고, 당당하지 못한 것을 아버지가 싫어했어요. 아버지는 어려운 환경에서 자수성가하신 분이라서.

지:: 자수성가하신 분들이 대체로 '나는 이렇게 어렵게 성공했는데, 쟤는 좋은 환경에서 공부하는데, 왜 저것밖에 못하지?' 하는 생각을 하는 것 같아요.

서:: 말도 더듬고, 틱 장애까지 있었잖아요. 그런 게 싫었던 것 같아요. 제가 그 일기장을 보고 느낀 것은 뭐냐 하면, 아버지가 저를 미워하는 게 아닌가 하는 의문을 갖고 있었는데, 정리가 되더라고요. 새삼 충격을 받을 일은 아니었고, 그동안 머릿속에 남아 있던 퍼즐이 풀리는 느낌을 받았어요. 제가 타인의 인정에 굶주린 모습을 보이는 거는 어릴 때부터 인정을 못 받았다는, 즉 아버지에게 인정받지 못했던 게 큰 것 같아요.

지:: 저희 아버지도 불안했던 것 같거든요. 자수성가한 사람들은 세계를 전쟁터로 보니까 '저렇게 나약한 애가 세상 나가서 어떻게 살지' 하는 생각 때문에 강하게 키워야겠다는 생각에 때리기도 하고 하는데, 역효과가 나잖

아요. 더 위축이 되고.

서:: 아버지가 저를 때린 게 솔직히 강하게 키우려는 의도는 아니었던 것 같아요. 오히려 아버지의 감정이 맞고 안 맞고를 결정짓는 원인이지 않았을까 싶어요. 돌이켜보면 어릴 때는 제가 좀 맞아도 싼 측면이 있었어요. 장남인데 마음은 좁고, 말도 잘 못했으니. 성격도 나빴어요. 그 당시에도 한 번 삐치면 2년씩 가고 그랬으니까요. 형제 간에 1~2년씩 말 안 하고 그러는 게 정상은 아니죠. 4남매 중 제가 성격이 제일 안 좋았어요.

지:: 틱 장애도 있었고, 코골이도 심하고, 위·대장반사라는 병도 가지고 있는데, 어릴 때 스트레스와 연관이 있는 건가요?

서:: 틱 장애랑 말을 더듬은 것은 분명히 아버지 영향이 있는 것 같고요, 위·대장반사는 술을 많이 마시게 되면서 생긴 거예요.

지:: 아버지가 검사 출신인데, 검사로서 아버지는 어떤 분이셨나요?

서:: 글쎄, 저는 아버지의 검사 시절을 잘 모르겠어요. 그 당시 검사하면 다들 벌벌 떠는 권력 아니었나요?

지:: 지금도 그렇죠.

서:: 아무래도 검사다보니, 남들한테도 무섭게 했을 것 같기는 해요. 죄송합니다. 아버지 이야기를 하는 게 좀 그래서. 이전에 제 어린 시절 인터뷰가 『한겨레』에 실리고 난 뒤, 여동생하고 누나가 저한테 강력히 항의를 했어요. 특히 여동생은 "뜨고 싶으면 혼자 힘으로 떠라, 왜 아빠를 이용해서 뜨느냐"라는 말도 했거든요. 저랑 달리 여동생과 누나는 아버지를 각별히

생각하는 면이 있나 봐요.

어머니의 삶이 시작되다

지:: 어머니는 자식도 이해가 가고, 남편도 이해가 갈 텐데요.

서:: 어머니도 그 기사 보고 안 좋아하셨어요. 제 말이 맞다고 하더라도 그 이야기를 해서 공개적으로 창피를 줄 필요가 있느냐는 거죠. 저는 좀 반대 였죠. 아버지가 사회적으로 유명한 사람이었으면, 예를 들면 김구 선생이 라고 해봐요. 김구 선생이 아들을 팼다고 하면 명예가 실추될 수 있는데요. 우리 아버지가 누군지 아무도 모르는데 아버지의 명예를 지켜드려야 하나, 그거는 잘 모르겠더라고요. 『한겨레』에서 그 이야기를 한 이유가 뭐냐 하 면, 지금의 제 모습이 어린 시절의 영향을 많이 받았다고 생각했기 때문이 었어요. 어머니한테는 죄송하죠. 어머니 친구분도 저를 많이 비난하셨어 요. 키워주었더니 그따위로 대접하느냐고 하셨는데요.

지:: 어머님의 삶은 어떠셨나요?

서:: 어머니도 고생 좀 하셨죠. 아버지가 워낙 가부장이라서요. 어머니 의 진짜 인생은 2002년부터 시작해요. 결혼을 했던 스물 세 살에 삶이 중단되었다가 2002년에 다시 스물다섯 살 이 되셨죠. 아버지가 2001년 12월에 돌아가셨는데, 그 이 후부터 어머니의 삶이 시작되었다는 말이에요.

지:: 경제적으로는 어렵지 않았을 것 같은데요? 검사 정도 되면. 아주 잘살

지는 못해도.

서:: 그 당시 검사 잘살았죠. 게다가 제가 초등학교 때 변호사 개업을 하셨으니. 그런데 돈 관리를 아버지가 하셨다는 게 문제예요. 그 바람에 의외로 돈을 많이 못 모았죠. 물론 일반적인 기준으로 봐서는 상위권에 들어갔습니다만.

지:: 어느 정도까지 승진하셨다가 변호사가 된 건가요?

서:: 그걸 제가 모르겠어요, 그때는 검사가 많지 않았기 때문에. 지검장 하다가 그만두셨던 것 같아요.

지:: 사건에 대해서는 이야기를 잘 안 하셨나 봐요.

서:: 아버지랑 대화를 많이 하는 집안은 아니었습니다. 아버지는 주로 늦게 오셨고, 저는 아버지가 오시면 무서워서 숨었기 때문에.

지:: 아버지의 성격이 검사라는 직업과 상관관계가 있었나요?

서:: 관계 없었어요. 그냥 성격 자체가 무서웠어요. 제 생각에 아버지는 세상에서 높이 날고 싶은데, 여건이 뒷받침해주지 않아서 주저앉았다고 생각하시는 것 같았어요. 그래서 세상에 불만을 가지신 게 아닐까요. 사실 고학으로 고시에 합격했으면 정말 천재였잖아요.

지:: 아버님이 책을 못 읽게 했다고 하셨는데, 그러면 뭐하고 노셨나요?

서:: 그냥 혼자 앉아 있었어요. 집구석에 혼자.

지:: 아버지가 자상하게 대해주실 때는 없었나요?

서:: 그다지 기억이 나지 않네요. 늘 무서운 존재로만 기억됩니다.

지:: 아버지가 존경스러웠던 적은 없나요?

서:: 학교에서 아버지 직업 물어보고 그러잖아요. 그때는 자랑스럽기는 했어요. 우리 아버지 변호사다. (웃음)

지:: 집안이 좋고, 잘살면 학교에서 잘 챙겨주지 않나요?

서:: 초등학교 때 변호사는 명함을 못 내밀었고요. 실제로 변호사라고 해도 어머니가 별로 돈을 가져다준 적이 없기 때문에 선생님이 그렇게 예뻐하지는 않았어요.

지:: 당시에는 그런 게 영향을 미쳤죠.

서:: 잘나가는 사립 초등학교였기 때문에, 저보다 잘사는 아이들이 워낙 많았어요.

지:: 어느 학교였나요?

서:: 홍익이요. 어느 정도로 홍익이 대단했느냐면, 2학년 때 우리 학교로 전학 온 학생이 2,000만 원을 냈다는 소문도 있었고요, 그 당시에 2,000만 원이면 정말. 그리고 또 다른 학생은 원숭이 한 마리를 기증하고 전학을 왔다고 했어요. 4대 1의 경쟁을 뚫고 추첨에서 붙었으니, 정말 대단한 운이죠.

지:: 아버지가 성장에 어떤 영향을 주었다고 생각하세요?

서:: 스스로를 낮게 생각하게 되었고요. 그렇기 때문에 좋았던 것은 뭐냐 하면, 조금만 잘해주면 만족하는 그런 사람이 되었죠. 사소한 친절에 과잉으로 은혜를 갚거나 이런 거.(웃음) 인정에 굶주린 것도 아버지 영향이에요. 다른 사람에게 인정을 받고자 글을 열심히 쓰게 되었으니, 감사할 점도 있는 거죠.

지:: 어머니는 약사 출신인데, 약국을 하셨나요?
서:: 못 했죠. 아버지가 애만 보라고 해서. 어머니가 약국을 하셨으면 역사가 좀 달라졌을 거예요. 어머니 삶도 훨씬 좋았을 거고요.

지:: 어머니가 잘해주셔서 아버지에게서 받은 상처가 상쇄되었던 것 같은데요.
서:: 그렇기는 했죠. 안 그랬으면 제가 비뚤어졌을 수 있죠. 근데 저는 어머니가 마음 편히 지내지 못한 그 30여 년이 안타까워요. 더 즐겁게 살 수도 있으셨을 텐데.

지:: 강연을 하면 어머니가 친구들과 같이 오고 하신다면서요.
서:: 어머니가 친구가 굉장히 많으시죠. 대인 관계가 굉장히 좋으시거든요. 아버님 돌아가셨을 때도 친구분이 많이 오셨어요. 방대한 조직을 거느리고 계신데 그런 친화력이 어머니의 특기죠. 신기한 거는 아버지가 살아 계시던 기간 동안 그 친구 관계를 어떻게 유지하셨을까 궁금해요. 아버지가 이런 식이었거든요. 엄마가 2시에 약속 있다고 하면 아버지가 출근을 안 해버려요.(웃음)

지:: 옛날 남자들처럼 부인이 외출하는 것을 불편해하고 싫어하셨던 거네요.

서:: 그랬던 것 같아요. 어머니가 집 밖에서 즐거워하는 걸 그리 좋아하지 않으셨던 것 같아요.

지:: 어릴 때 공부 못했다고 하셨는데, 공부로 성공하셨네요.

서:: 그러게 말입니다. 저는 시대를 잘 만났어요. 시대를 잘 만난 수혜자고요. 의대 나온 사람끼리 맨날 하는 이야기가 그거잖아요. 요즘 10대로 돌아가면 절대 의대 못 들어간다는 거요. 서울대는 더더욱 못 가는 거죠. 그때는 과외가 없었는데, 그런 시대를 산 덕분이죠.

지:: 초등학교 다닐 때는 공부를 잘하지 못했던 건가요.

서:: 반에서 20~30등쯤 어중간하게 했죠. 초등학교 졸업식 때 찍은 사진을 보면 꽃다발로 얼굴을 가렸어요. 상을 하나도 못 탄 게 창피해서 그랬는데, 그랬던 아이가 중학교 때는 반에서 3~4등 정도 하는 애가 되었어요. 중2 때 각성했고, 고등학교 때부터는 계속 1등을 달렸죠.

이 얼굴에 공부까지 못하면 뭐가 되겠나

지:: 중학교 때부터 공부를 잘하게 된 계기가 있었던 건가요?

서:: 중2 첫 시험 때 반에서 18등을 했어요. 그전까지는 10~12등 정도를 했는데요. 18등을 하고 나니까 이 얼굴에 성격도 거지 같은데, 공부까지 못하면 내 인생이 뭐가 되겠느냐 하는 자각이 생기더라고요. 그때부터 한번 죽기로 공부하자고 생각했습니다. 그래서 공부를 시작했죠. 하면 할수록 더

재미있었던 것 같아요. 공부 자체가 재미있는 게 아니라 공부를 해서 성적이 올라가는 것이 재미있었던 거죠.

지:: 부모님의 대우가 달라졌나요?

서:: 어머니가 기뻐하셨죠. 아버지한테는 그다지 칭찬을 들은 기억은 없어요. 그리고 저는 고1 때 전교 1등을 한 이후 어떻게든 그걸 지켜야겠다는 데만 관심이 있었어요. 중학교 때부터 1등만 하던 애들과 달리, 전 그때까지 반에서도 1등을 해본 적이 없는 아이였으니까, 더 노력해야 된다고 생각해서 죽어라 하고 공부를 했죠. 제가 고등학교 3년간 한 일탈이라고 해봤자, 학교에 입고 갈 바지가 없어서 공부를 파업했던 한 달이 유일했어요. 진짜 열심히 공부했던 것 같아요.

지:: 공부는 어떤 식으로 하셨나요? 과외도 안 하셨다면서요.

서:: 모자라는 머리를 시간으로 메웠다고 할까요.

지:: 잠도 안 자고.

서:: 깨어 있는 시간 내내 공부를 했다고 할 수 있죠. 지금은 정말 공부하기 어려운 환경인 것 같아요. 재미있는 게임도 많고, 인터넷도 있기 때문에. 이메일 체크만 해도 30분이 확 지나가고, 소녀시대 기사도 챙겨서 봐야 하고.

지:: 다른 취미는 없었나요?

서:: 프로야구를 좋아했어요. 신문으로 야구 스코어를 확인하고 이랬던 것이 유일한 즐거움이었죠. 음악도 안 듣고. 인생에서 잘한 것이 고등학교 3년

동안, 제일 중요한 시기에 공부를 열심히 했다는 것인데요. 우리나라는 대학 잘 가니까 모든 것이 용서가 되더라고요. 그거 한 방으로 지금까지 살아오고 있어요.

지:: 중고등학교는 어디를 나오셨나요?
서:: 경성중학교, 한성고등학교를 나왔습니다. 한성고 출신 중 제일 유명한 사람으로 유인촌 전 장관이 있죠.(웃음)

지:: 공부만 하셨으니까 별다른 에피소드가 없겠네요.
서:: 중학교 때까지 유머 공부를 좀 했죠. 고등학교 때는 공부를 좀 하기는 했지만, 유머도 있는 사람으로 보이고 싶어서 노력했던 것 같아요. 공부 잘하면서 웃기는 애, 그래서 유머를 열심히 시도했는데요. 유머가 수준이 낮고 유치해서 애들한테 인기를 얻지 못했죠.

지:: 유머는 어떤 식으로 공부를 했나요? 유머집을 보고 그러셨나요?
서:: 남들이 웃기는 말을 하면 교과서 뒤쪽에다 써놓고 되새김질을 했어요. 두고두고 연습을 하고, 어떨 때 이 말을 써먹어야 될까 연구를 했죠. 생각해보면 중고교 때 공부는 좀 잘했지만, 삶의 재미는 진짜 없었어요. 초등학교 때보다 더 재미가 없었던 것이, 여자 없이 남자 애들만 잔뜩 있잖아요. 거기서 무슨 재미가 있겠어요. 아무런 재미도 없었고, 다시 돌이키기 싫은 시절이었죠. 빨리 탈출하고 싶은 생각밖에 없었습니다. 그때는 대학 가면 좋은 세상이 열린다고 스스로를 다독였고

요. 선생님들이 그런 말을 했잖아요. 공부할 때가 좋은 거라고. 거짓말이더라고요. 저는 그때를 벗어나니까 훨씬 더 좋은 세상이 왔어요.

제가 직업이 없던 시절이 없어서 그런지는 몰라도 중고생 시절은 생각하기 싫은 시절이었죠. 좋은 학교가 아니라서 폭력이 난무했어요. 교실에서 하루가 멀다 하고 싸움이 벌어졌고, 저도 당사자가 된 적이 여러 번 있었어요. 할 수 없이 싸워야 될 때가 있더라고요. 그래서 싸우기도 하고……. 힘들었어요. 게다가 교복을 입고, 전부 똑같은 조건에서 살아야 한다는 것도 힘들었어요. 특징이 없잖아요. 그 애들 중의 일원으로 있는 것이 싫었죠. 대학 가니까 세상이 달라지더라고요. 제가 선배를 만난 뒤 술이 하도 취해서 경찰서에 간 적이 있어요. 근처까지 왔는데 잠을 안 깨니까 택시 기사가 경찰서로 저를 데려갔는데요. 경찰이 제 학생증을 보더니 이러더라고요. 좋은 대학 다니는 분이 왜 이러시냐고 하면서 경찰차로 데려다주었어요. 그런 걸 보면서 신기했죠. 세상이 이런 거구나 하는 것을 느꼈다고 할까요?

지∷ 본인의 어린 시절을 규정할 수 있는 게 외모, 유머, 공부인데 그 외에 중요한 요소는 없었나요? 다른 취미나?

서∷ 진짜 없었죠.

지∷ 제기는 1,000개를 넘게 차신다면서요.

서∷ 아, 제기는 중학교 1~2학년 때 열심히 찼지요. 친구가 없었으니까 그 거 말고 할 게 없더라고요. 고등학교 때는 제기를 많이 차지는 않았지만, 어쩌다가 애들이 제기차기 하는 것을 보여달라고 하면 보여주고는 했죠.

고2 때 애들 앞에서 700개를 넘게 찼던 기억이 나네요.

지 :: 만만한 게 아닌데…….
서 :: 그렇죠. 많은 노력이 필요하죠.

지 :: 체력도 좋아야 되고, 다리 힘도 좋아야 되잖아요. 그 정도 차려면 1시간 걸리지 않나요?
서 :: 그 정도는 아니고요. 700개는 10분도 안 걸릴 거예요. 100개 이상 차려면 두 발로 차야 합니다. 한 발로는 못 차요. 체력 때문에. 제 최고 기록은 2,512개인데, 대학교 1학년 때 세운 기록입니다. 그때 한 20분 찼을 거예요.

지 :: 어릴 때부터 외모 콤플렉스를 많이 느꼈다고 하셨는데, 애들이 많이 놀렸나요?
서 :: 놀리고는 했죠. 외모에 대해서는 몸서리치게 많은 이야기를 들었기 때문에.

지 :: 약간 이해가 안 가는 것이 다른 활동 때문이 아니더라도 실제로 그렇게 못생겼다고 생각하지는 않거든요.
서 :: 자주 보니까 그렇죠.

14시간밖에 공부를 못 해서 울었다

지 :: 더 못생긴 사람을 많이 보았는데요.(웃음)

서:: 의대 가니까 저보다 못생긴 사람들이 많이 있기는 하더라고요. 저처럼 다 죽자고 공부했구나 하는 생각을 했다니까요. 하여튼 중고교 때는 그 사실을 몰라서 놀림을 많이 받았어요. 제가 외모도 안 되고 키도 작고, 바보같이 보였던 게 이유였던 것 같아요. 싸움이라도 잘하면 감히 놀리지 못할 텐데, 주먹도 그리 세지 않기 때문에. 고등학교 1학년 때 어떤 애가 "너처럼 병신 같이 생긴 애는 처음 보았어. 넌 어떻게 그렇게 생겼냐?"고 한 적도 있어요. 그때 제가 뭐라고 그랬냐 하면, 기어들어가는 목소리로 "그럴 수도 있지"라고 했어요.

지:: 어릴 때는 일부러 서로 더 욕하고 그런 게 있지 않나요?
서:: 그렇죠. 그럴 수 있는데, 외모 가지고 그러니까 할 말이 없더라고요. 뭐라고 답변해야 할지도 모르겠고, 제 얼굴은 제가 선택한 게 아닌데 그렇게 질문하니까 곤혹스러웠고요. 그래서 공부라도 잘해야겠다는 생각을 점점 더 하게 되었던 것 같아요. 공부를 잘하니까 확실히 외모 가지고 뭐라고 하는 사람이 줄어들었어요.

지:: 학창 시절에 좋아하는 과목은 무엇이었습니까?
서:: 수학을 좋아했어요. 반에서 20등 하던 시절에도 수학은 항상 전교에서 놀았어요. 정말 이해가 안 될 정도로.

지:: 그래서 이과를 가신 건가요?
서:: 그래서 그런 것은 아니고 적성검사에 의예과가 나와서 간 거고요. 이

상하게 어릴 때부터 따로 공부를 한 적이 한 번도 없었는데도 수학을 딱 들으면 너무 이해가 잘되었어요. 수학이 저의 전략 과목이었죠. 수학 때문에 고생한 적은 한 번도 없었어요. 30대 이후부터 꾸는 악몽이 있는데, 이런 거예요. 수학 시험이 내일 모레인데, 공부를 안 한 꿈이라든지, 수학 시험을 볼 때 하나도 못 푸는 그런 꿈을 되게 많이 꿔요. 남들은 군대 두 번 가는 꿈을 꾼다는데, 저는 군대를 편하게 갔기 때문에 그런 것은 안 꾸는 대신에 수학 시험을 망치는 꿈을 꾸는 게 저의 최고 악몽이에요. 실제로 학력고사 때 수학을 못 봤습니다. 예상을 벗어난 문제가 나와서. 수학을 너무 만만하게 보았는데, 학력고사 때 수학이 좀 어려웠어요. 의대에 들어온 애 중에 꼴등을 했죠.

지 :: 학교 다니는 자체가 즐겁지 않기 때문에.

서 :: 그 당시에 별로 재미가 없었잖아요. 솔직히 그렇게 기억에 남는 선생님이 안 계신데요. 군이 따지자면 고2 때 담임선생님이죠. 우리 학교에서 어떤 사건이 하나 있었는데요. 우리 반 교지를 만들었거든요. 반 애들한테 앙케트 조사해서 묶은 것에 불과한데, 앙케트 사건이 문제가 된 게 뭐냐 하면 설문 조사에서 가장 싫어하는 선생님과 그 이유를 물었는데 대부분 교련 선생님을 썼거든요. 그것 때문에 교지가 압수되고 그랬는데요. 담임선생님이 거기에 대해서 분연히 항의하시고, 그것 때문에 미움을 사서 다른 학교로 가셨어요. 그 과정에서 저희를 위해서 항의하시는 모습을 보고 멋있다고 생각을 했어요.

저의 악몽 같은 고등학교 생활도 지금 애들에 비하면 훨씬 나은 거죠. 지금 같으면 어떻게 살까 싶어요. 숨 막혀 죽었겠죠. 10시까지 학원 가고 그랬으면. 그때는 애들이 방과 후에 다 놀았어요. 저는 그때 공부했기 때문에 놀지 못했지만요. 저는 의대 간 다른 애들보다 머리는 나쁜데, 순전히 노력과 시간으로 만회를 했어요. 사법 고시 늦게 붙었던 제 친구가 너는 고시 스타일이라고, 너처럼 열심히 하는 애를 본 적이 없다고 했던 것을 보면 노력은 좀 했던 것 같아요. 그 친구 하는 말이 뭐냐 하면 어느 일요일에 독서실에서 공부 4시간쯤 했다고, 기분 좋다고 나가서 놀고 들어오면 민이가 울고 있더라, 왜 우냐고 물어보니까 "공부 14시간밖에 못 했어" 이런 이야기를 하더라고요.(웃음)

지:: 지구력이 대단했던 거네요.

서:: 사실은 외모 콤플렉스가 그만큼 대단했던 거죠. 고등학생이 되니까 외모 콤플렉스를 더 느꼈던 것 같아요. 그때부터는 아예 거울도 잘 안 보고, 사진도 안 찍게 되었습니다. 그 대신 점점 더 공부에 집착하게 되었고, 벼랑에 선 느낌으로 공부를 했다니까요. 저처럼 생기면 공부를 할 수밖에 없어요.

지:: 어떤 면에서는 그런 생각을 하고 공부를 한 것에 대한 자부심 같은 것은 없었나요? 얼굴 믿고 껄렁껄렁하다가 잘못되는 경우도 많잖아요.

서:: 자부심 그런 거보다도 공부를 열심히 해서 외모를 만회하자는 제 선택이 참 다행스러워요. 이 얼굴에 공부마저 안 했다면 완전히 비뚤어져서 범죄자가 되었을지도 몰라요. 제가 그러고 나니까 못생겼는데 공부 안 하는 애들을 보면 '쟤는 커서 무엇이 될까?' 하고 걱정하는 마음이 있죠.

지:: 학창 시절 꿈은 뭐였나요? 과학자가 된다든지, 대통령이 되고 싶다든지.

서:: 저는 꿈이 없었어요. 꿈은 조금 여유가 있을 때 꾸는 건데, 하루하루가 즐겁지 않아서 오늘은 어떻게 보내나 하는 생각을 했던 것 같아요. 집에 가면 무서운 아버지가 있고, 학교에는 시커먼 애들이 있고, 선생님도 다들 폭력적이었고, 그랬던 시절이잖아요. 그러니 꿈이 있었겠어요? 적성 검사에서 의예과가 나온 이후부터는 의대를 가자는 생각을 했고요. 의대에 가면 지금보다는 낫겠지 하는 그런 꿈을 꾼 거죠. 그런데 막상 의대에 갔는데 아무 일도 안 생겨서 당황했습니다.(웃음) 특히 여자 쪽으로 그랬어요. 의대라는 것 때문에 좋게 봐주지 않을까 생각했는데, 그렇지는 않고, 냉정하더라고요.

지:: 대학 가서는 미팅 같은 것도 하셨어요?

서:: 많이 안 했어요. 해봤자 안 될 거라고 생각했어요. 저는 그 당시 말을 되게 못했어요. 말도 못했고, 사람 얼굴, 특히 여자 얼굴을 똑바로 못 봤어요. 항상 고개를 숙이고 다니는 버릇이 있어서 꽤 오랫동안 사람 얼굴을 못 봤는데요. 학생들한테 강의를 할 때도 땅바닥만 보고 강의를 했으니까 오죽 했겠어요.

지:: 국립보건원 질병관리본부에서 1996년 5월부터 3년간 공중보건의로 근무하셨는데요.

서:: 기초의학을 전공했기 때문에 연구 시설에서 연구를 하면서 군복무를 하게 해주는 좋은 제도의 혜택을 보았죠. 후회가 되는 것이 뭐냐 하면 그 귀한 시간 동안 나는 뭘 했던가를 생각하면, 한심하다는 생각이 들죠. 그 3년

동안 책을 내고, 텔레비전도 나오고 하면서 들떠 보냈으니까요. 게다가 사귀던 여자가 있었는데, 집에서 결혼을 반대한다는 걸 핑계 삼아 술도 무지 많이 마셨어요. 술을 마신다고 나아지는 것도 없는데, 1년에 300번 넘게 술을 마시고 그랬던 시절이죠.

지:: 1년에 300번이요?

서:: 술을 많이 마시다 보니까 달력에 체크를 하게 되더라고요. 원래는 내가 술을 너무 많이 마시는구나 하는 생각에서 줄여보자는 생각으로 했는데요. 적다보면 알게 모르게 자신의 기록에 도전하게 되더라고요.(웃음) 17일 연속 기록도 세우고요.

지:: 군복무 중에 일을 안 해도 징계를 안 받나요?

서:: 저는 잠깐 있다가 갈 사람이라고 해서 과에서도 별로 터치를 하지 않았어요. 제가 몰랐던 것이, 놀 때는 좋은데, 놀고 나면 가혹한 대가가 있다는 것을 단국대 발령 받고 나서 알게 되었죠. 3년을 놀고 나니까 할 줄 아는 게 별로 없는 거예요. 젊은 시절에 노는 사람들에게 항상 이야기하고 싶은 게 그거죠. 일하면서 놀아야 된다, 그래야 더 재미있다. 무조건 놀기만 하면 크게 봐서는 인생에서 손해인 것 같습니다. 서른 정도까지는 진짜 열심히 살아야 될 것 같아요. 그 이후부터는 몰라도 서른까지는 정말 열심히 해야 되는데요. 그때 그렇게 놀았던 것이 지금은 후회되죠. 다시 학자로 돌아오기까지 무려 7년의 세월이 더 필요했으니까요.

지:: 그때 성실했으면 지금은 더 훌륭한 학자가 되었겠네요. 논문도 더 많

이 쓰시고.

서∷ 학문적으로는 그랬을 거예요. 그래도 놀았던 것의 좋은 측면을 억지로 찾자면, 제가 여러 경험을 하면서 오늘 같이 다양한 활동을 하는 계기가 되고, 밑바탕이 되었던 것 같아요. 그때의 방황이나 이런 것이. 책을 많이 읽었던 것도 그중의 하나고요. 그 시간에 책을 쓴 것도 제게는 큰 인생 공부였죠. 책 자체는 부끄러워 죽겠는 책이지만, 후회하지 않는 데는 그런 이유가 있죠.

은행에서 돈을 아무리 빼서 써도 돈이 늘어났다

지∷ 소설 『마태우스』를 쓰고 난 뒤 방송을 하게 된 거네요.

서∷ 아침 방송 리포터를 하게 되었죠. 그전에 〈사랑의 스튜디오〉에 출연했고요. 그거는 단발성이니까, 제일 먼저 고정으로 아침 방송 리포터를 3개월 정도 한 거죠. 제가 그래서 방송 20년차라고 우기고 있잖아요.

지∷ 그때 방송을 잘하셨나요?

서∷ 그때는 매사에 불성실했던 것 같아요. 리포터도 돈 받고 하는 건데, 그러면 취재 대상자에 대해 미리 공부도 좀 하고 그래야 되는데, 그런 걸 전혀 안 했으니 방송을 잘했을 리가 없죠. 기억나는 게 방송사에서 받는 리포터의 수당이 일주일에 20만 원가량 되었어요. 은행에서 돈을 아무리 빼서 써도 계속 돈이 늘어났던 아름다운 기억이 있죠.

지∷ 당시 20만 원이면 상당히 큰돈인데요.

서:: 그럼요. 1996년에 20만 원이면. 근데 그걸 다 술 먹느라고 써버렸다는 게 한심하죠.

지:: 공중보건의 끝나고 바로 단국대 교수가 되신 건가요?
서:: 서른셋에 단국대 발령을 받았죠.

지:: 술을 굉장히 좋아하시는데 학생 때부터 즐기셨던 건가요?
서:: 대학교 때는 별로 안 마셨고, 조교 시절에 조금씩 술을 배웠고요. 그러다 군대 3년 동안 본격적으로 꽃을 피웠죠.

지:: 퇴근하고 계속 드신 거예요? 주로 누구랑 드셨나요?
서:: 이 사람, 저 사람.(웃음) 제가 술친구가 엄청 많았어요. 저랑 술 마시려면 한 달 전에 예약을 해야 한다는 말도 있었죠.

지:: 술 마시다 보면 의존성이 늘어나고, 죄책감이 생길 때도 있지 않나요?
서:: 한 번 습관이 되니까 그다음부터 그냥 쭉 가더라고요. 심지어 뿌듯하기도 했고, '이게 바로 사는 거야' 하고 감탄하기도 했어요. 어릴 적 친구가 없이 외롭게 지내서 그런지, 술친구도 많이 만들었어요. 저는 술 조직이라고 부르는데, 그 조직이 점점 커지더라고요.

지:: 몇백 명까지 되었다고 들었습니다.
서:: 300명 가까이 된 것 같아요.

지: 어떤 분들을 만나신 건가요?

서: 이렇게 만나고 저렇게 만나고 하다 보니까 저랑 관계있는 각종 모임, 방송을 통해서 알게 된 사람들도 있고요.

지: 그런 식으로 팬들이.

서: 그때는 팬이라고 할 만한 것은 아니지만, 그렇죠. 팬들도 있었죠.

지: 의대 교수가 술을 그렇게 많이 마시면 주변에서 이런저런 이야기를 하지 않나요?

서: 그때는 교수가 아니라 공중보건의였지만, 제가 몰라서 그렇지 남들이 알게 모르게 욕을 했을 거예요. 젊음을 낭비하고 있다고요. 하지만 저한테 직언을 해줄 만한 사람이 별로 없었던 것 같아요. 다음 인터뷰 시간에 술을 마시는 것에 대해서 남들이 왜 방관했느냐에 대해서 말씀드릴게요.

지: 주변 의사들 중에도 술 많이 드시는 분들이 계신가요?

서: 좀 있었죠. 그런데 마흔 살 넘으니까 다들 은퇴하더라고요. 저는 학생 때 안 마셨기 때문에 몸이 싱싱했고, 혹사를 해도 괜찮았던 것 같아요. (웃음)

지: 예전에는 머리 아프면 아스피린 먹고 술 마시고 하셨잖아요.

서: 몸이 아플 때는 타이레놀 먹으면서, 속이 안 좋으면 소화제 먹으면서 술을 마셨죠. 매 술자리에 최선을 다하는 게 제 신조라서. 몸 아프다고 안 먹으면 저랑 마시는 사람이 흥이 깨지잖아요.

결혼 3년차, 위암 선고를 받다

지:: 담배는 안 피우세요?

서:: 안 피웁니다.

지:: 의사들 중에서 담배 피우는 분이 많이 계신가요?

서:: 많이 있죠. 아버지가 담배를 많이 피우셔서, 저는 안 피워야겠다는 생각을 어려서부터 했죠.

지:: 위암 수술을 받으셨잖아요. 술의 영향도 있었던 거 아닌가요?

서:: 그거는 잘 모르겠어요. 과연 그런지. 제가 2008년에 결혼하고, 오히려 술을 별로 안 마셨거든요. 그랬는데 위암 걸린 것으로 봐서 술을 줄인 것이 더 안 좋았던 것 같아요. (웃음)

지:: 건강검진을 받다가 발견되었다면서요.

서:: 그동안 내시경을 한 번도 안 했거든요. 집사람이 그때 하라고 해서 받았는데요. 건강검진을 신청하고 내시경을 처음 해본 건데, 암이 나와서 되게 놀랐죠.

지:: 신혼일 때잖아요.

서:: 2011년이니까 결혼 3년차였는데, 위암 통보 받고 정말 심란하더라고요. 전화로 위암이라고 이야기하는데, 눈물이 왈칵 쏟아졌어요.

지:: 결혼해서 행복한 시점이었고. 투병 생활은 어땠나요?

서:: 별거 없었습니다. 수술이 내시경으로 깎아내는 거였기 때문에 크게 어려운 것은 없었고요. 수술 포함해서 5일 입원하고, 퇴원하자마자 바로 학교에 나왔던 것 같고요. 그다음 주에 출장도 가고 그랬어요. 그때 조심했어야 되는데, 그렇게 하지 않아서 수술 부위의 혈관이 터지는 바람에 죽을 뻔했죠. 중환자실에 누워 있는데, 한잠 자고 일어날 때마다 주위 침대가 하나씩 치워지더라고요. '안 되겠다', '빨리 나가야겠다' 그 생각뿐이었죠. 퇴원을 하고 나니까, 이번에는 몸의 피가 절반 이상 빠져나갔다가 수혈로 채워넣어서 그런지, 어지럽고 힘들더라고요. 그래서 일주일 쉬었나, 그랬을 겁니다. 자기 피가 나가고 남의 피가 들어오니까 예전하고 달라진 것 같은 느낌이 들더라고요. 수혈을 아홉 팩쯤 했거든요. 한동안 어려웠죠.

지:: 수술 사실을 어머님께 말씀 안 하셨는데, 술을 마시는 것 때문에 사모님이 고자질(?)을 했다고 들었는데요.(웃음)

서:: 중환자실에서 아내가 다시는 술 먹지 않겠다는 각서에 사인을 하라고 했어요. 그때만 해도 "그렇게 마셨는데 아쉬울 게 없다"고 생각했는데, 시간이 좀 지나고 몸이 좋아지니까 아쉽더라고요. 선배랑 몇 잔 마셨는데 아내한테 딱 걸렸죠. 아내가 불같이 화를 내더니 다음 날 우리 어머니를 만나러 갔어요. "민이 씨 위암 걸렸어요. 그런데도 정신 못 차리고 또 술을 마셔요. 저 어떡해요, 흑흑." 이러는 바람에 집안에 한바탕 난리가 났죠.

지:: 그 뒤에는 술을 안 드셨나요?

서:: 술 완전히 끊었죠. 그다음에 술 마신 적이 없어요.

지:: 지난번에 조금 마시지 않았나요?

서:: (기어들어가는 목소리로) 진짜 왜 그러세요. 소주잔에 사이다 마신 건데. 제가 술을 끊고 나서 한국 경제 자체가 어려워졌어요.(웃음) 제가 참여하는 술 모임이 하나둘씩 없어졌거든요. 안되겠다 싶은 동료 의사들이 탄원서를 내고 그중 몇 명은 술을 마셔도 된다는 보증을 해주었는데, 집사람이 그래도 허락을 안 해줘요. 집사람의 뜻을 존중해서 그 뒤에는 술을 한 방울도 입에 대고 있지 않죠.

지:: 어쨌든 술을 안 드시면 시간이 많아지고 하니까, 책을 보거나 공부할 시간도 많아졌을 텐데요. 그래도 역시 좋아하던 술자리를 못 하게 된 것에 대한 상실감이 클 것 같네요.

서:: 술자리를 안 갖게 되면서 시간이 많아졌냐 하면 이상하게 그렇지는 않아요. 제가 연구를 시작한 2007년부터는 점점 시간에 쫓기게 되었어요. 언제부터인가 점점. 그래서 시간은 항상 없었던 것 같은데요. 한 해, 한 해 다르게 시간이 없어지더라고요. 그래서 잠을 줄이고, 가정을 포기하고, 그런 짓을 하는 거죠.

지:: 그 이후에도 정기적으로 검진을 받으시겠네요.

서:: 그럼요.

지:: 요즘은 건강이 괜찮으신 건가요?

서:: 평생 내시경을 안 받는다고, 내 몸에 튜브가 들어오는 것을 용납할 수 없다고 했는데, 위암 수술을 한 이후에 내시경을 열댓 번 받았죠. 그다음부

터는 몸에 뭐가 들어와도 신경을 안 쓰는, 오히려 들어와야 편안해지는 단계가 되었다고 할 수 있죠.

지:: 술이란 어떤 의미였나요? 술에 대해 정의를 내린다면요?
서:: 좋은 친구였고, 배신하지 않는 친구라고 생각하는데요. 너무 저랑 많은 시간을 보내려고 하는 그런 경향이 있어서요. 너무 가까이하면 안 좋을 것 같아요. 불가근불가원不可近不可遠을 지켜야 되는데, 그 친구랑 너무 오래 놀았던 것 같아요.

지:: 절교하신 건가요?
서:: 떠나보내야죠. 이제.

2장

실패한 효도 결혼

한 번 넘어지다

지:: 술을 마셔도 어머니가 전혀 터치하지 않았다고 하셨는데, 그 이유가
뭔가요?(웃음)

서:: 사실은, 저를 좋아하는 여자가 있었어요. 믿기지가 않겠지만요.(웃음)
의사에 부잣집 딸이었어요. 그 친구가 저를 좀 좋아했는데, 과거 동아리에
서 만나서 사귀다 헤어진 적이 있거든요. 그때 별로 안 좋게 헤어져서 전
생각이 없었는데, 갑자기 대시를 하더라고요. 제가 반응이 없자 그 집에서
어머니한테 송이버섯을 보낸 거예요. 어머니가 버섯에 약하세요. 송이버
섯 받더니 무지 좋아하시면서, 그 사람이랑 결혼하라고 하더라고요. 어머
니가 일방적으로 약혼 날짜를 잡기까지 했어요. 저는 절대 안 한다고 팔팔
뛰었죠. 그러다가 결국 1999년에 그 친구랑 결혼을 했어요. 어머니 소원을

한번 들어드리자는 차원의, 일종의 효도 결혼이었죠.

지:: 결혼을 하셨어요?

서:: 여기에 대해 아무한테도 말을 한 적이 없는데요. 인터뷰할 때 이 이야기는 해야겠다 싶더라고요. 그간 여기에 대해 말을 안 하니까 남을 속이는 느낌도 들고. 아무튼 그 여자분과 저는 그리 맞는 타입은 아니었어요. 결혼 첫날 신혼여행 가는 택시 안에서부터 문제가 생기더라고요. 거기서부터 싸워가지고, 계속 싸우다가 6개월쯤 되었을 때부터 제가 가출을 시작했죠. 가출을 해서 본가에 가 있고 그러다 마지못해 다시 들어가고, 그렇게 살다가 네 번째 가출을 할 때는 큰 가방에 모든 짐을 싸서 새벽 2시에 택시를 타고 본가로 갔어요. 그 장면이 지금도 기억나네요. 이렇게 된 게 그 여자 잘못은 아니고, 그 여자분도 좋은 남자를 만났으면 잘 살 수 있었을 텐데, 저랑은 안 맞았죠.

그 뒤 그녀를 다시 본 것은 4년 뒤 이혼 법정에서였어요. 그쪽에서 이혼을 안 해줘서 소송을 하느라 가정법원에 수시로 드나들었습니다. 지루한 공방이 계속 되었죠. 제가 소송을 낸 것에 대해서 그 여자가 반격으로 한 이야기가 '이 남자는 고자다. 그렇기 때문에 이 이혼소송은 무효다' 이런 거였어요. 실제 그렇지 않은데 저를 골탕 먹이려고 그런 거죠. 그래서 제가 고자가 아니라는 것을 증명하기 위해서 병원에 2박 3일 입원을 했어요. 잠잘 때 잘 서는가, 이것을 확인하고 그랬는데요. 결과는 잘 나왔어요. 결혼 기간 동안 잠자리를 아예 안 한 거는 아닌데, 어느 순간부터인가, 원래 저는 애를 낳지 말자는 주의였는데요. 혹시 애라도 생기면 큰일 나겠다 싶어서 잠자리도 안 하고, 각방을 썼거든요. 그걸 빌미로 고자라고 우기는 거죠. 둘이 같이 산 날짜는 도합 열 달이 안 되는데요, 그 열 달이 저한테 주는 의미가 너무 컸어요. 집을 나온 지 몇 달쯤 후 벤치에 앉아 있는데, 이런 생각이 들었어요. 평소에는 잘 못 느끼고, 결혼하기 전에는 몰랐던 세상의 사물들이 눈에 들어오기 시작했어요. 세상이 참 아름답더라고요. 열 달 넘게 지옥에 있다가, 물론 그 지옥은 우리 둘이 같이 만든 지옥이죠. 그 지옥에서 기어 나와 보니까, 원래 제가 누리던 것들이 너무 아름답고 감사하다는 느낌이 들었어요. 그때 일기장에다가 잎새에 부는 바람 한 점에도 감사함을 느낀다고 썼었는데요.(웃음) 그때부터 지금까지 살면서 13년이 되도록 인생이 불행하다고 느껴본 적이 없어요. 항상 살아 있다는 것에 감사하면서 살았죠. 그래서 그 사람을 별로 원망하지 않죠. 저에게 삶의 아름다움을 깨닫게 해주었고, 엄마 말씀처럼 "별 여자 있냐? 아무나 결혼해서 살면 되지"가 아니라 결혼은 진짜 마음에 맞는 사람, 정말 이 사람이 아니면 안 된다는 여자랑 해야겠구나 하는 결심이 선 것도 다 그 여자분 덕분이었죠. 그거는 고맙지만, 이혼소송할 때 집요하게 고자설을 물고 늘어지고, 이혼도 안 해주고, 걸핏하면 재판도 연기하고 이러니까 솔직히 좀 힘들더라고요. 합의를 죽어도 안 해줘서 결국 판결까지 갔는데 그 바람에 미안한 마음, 고마운 마음이 엷어졌죠.

아까 술을 그렇게 마셔도 왜 어머니가 말리지 않았느냐고 하셨죠? 엄마가 처음에는 미안해서 제가 술을 매일같이 먹어도 말리지 못하셨어요. 결혼을 안 한다고 그렇게 우겼는데, 강제로 결혼시킨 것이 미안해서 그랬던 거고요. 저도 스스로 인생의 실패자라는 생각이 들었던 것 같아요. 행복하기는 했어도 마음 한구석에는 실패자라는 생각도 들고, 내 인생은 망가졌다고 생각한 거죠. 제가 제법 모범생으로 살아왔잖아요.

지 :: 하자가 생겼다는 생각?

서 :: 네. 큰 하자가 생겼다고 생각해서 혼자 평생을 살아야겠구나 하고 생각을 했고요. 거기에 대비해 이런 계획도 세웠어요. 아파트 한 동을 사서 싱글들끼리 모여 살고, 서로 영화도 같이 보고 밥도 같이 먹는, 그런 조직을 만들려고 회원들을 받고 그랬는데요. 막상 해보니 어렵더라고요. 몇 년 술을 마시는데, 신기하게도 어머니는 당신의 잘못을 빨리 잊어버리시더라고요. 또다시 결혼을 하라고 종용하기 시작했죠. 어떤 여자가 저를 좋아할 때마다 "별 여자가 있냐, 얘랑 결혼해라" 또 이렇게 이야기하시는 거예요. "엄마가 일본이냐, 왜 과거의 잘못을 자꾸 잊어버리냐"고 하니까 처음에는 말씀을 못 하시다가 나중에는 "한 번 잘못한 것을 언제까지 우려먹을 거냐?"라고 하셨어요. 그러다 안 되니까 나중에는 선볼 때마다 5만 원씩 주기 시작했어요. 커피 마시고, 2만 원쯤 쓰고, 나머지 돈으로 소주를 마시고 들어갔죠.

그런 생활을 했는데, 그때 느낀 것이 뭐냐 하면 이 세상이 남자한테 유리하다는 생각이 들었어요. 저 같이 하자도 있고 얼굴도 못생긴 사람하고 미팅을 하는데, 선 자리에 나오는 여자들을 보면 제가 대학 때 꿈꾸던 레벨의 사람들이 나오는 거예요. '저 정도면 괜찮지 않나' 하는 사람들이 나오는데, 심지어 제가 좋다는 거예요. 그때 느꼈죠. 골드미스들이 생각을 좀 바꿔서야겠다고. 골드미스들은 결혼할 남자가 자기보다 학력이나 직업이 좀더 위에 있어야 결혼한다는 원칙이 있는 것 같아요. 제가 2013년 12월에 '알파레이디 강연'을 가서 "훈남을 찾지 말고, 못생긴 연하를 찾아서 결혼한 뒤 개를 노예로 부리는 것도 한 방법이다"라고 이야기한 것이 제 경험에서 나온 것이거든요. 잘생긴 애들은 여자가 자기를 위해서 하녀처럼 굴어야 된다고 생각하는데요. 저처럼 외모가 좀 안 되는 사람들은, 물론 다 그런 것은 아니지만, 미녀를 존경하고 그럴 수 있잖아요.

지∷ 성품 자체가 그런 거 아닌가요? 못생기고 나쁜 사람도 많던데요.(웃음)
서∷ 그런 사람도 있겠죠. 제 말은 남자는 이미 틀려먹은 동물이지만, 좋은 남자일 확률이 못생겼을 때 더 높다는 이야기예요. 잘생긴 남자 중 설거지 하는 남자, 별로 없어요.

그놈의 송이버섯 때문에

지∷ 동아리에서 사귄 적이 있었다면 성격을 전혀 모르지는 않았을 거고, 막상 결혼하니까 결혼 전에 안 보였던 것들이 보이던가요?
서∷ 어머니가 너무 간절히 원해서, 그놈의 송이버섯 때문에, 제가 노력하면 아주 잘 살지는 못해도 웬만큼은 살 수 있을 걸로 생각했어요. 그런데 첫날부터 느낌이 딱 왔죠. 노력으로 안 되는 것도 있구나. 전처와 헤어진 후 제가 결심한 것이, 이 여자라는 확신이 들지 않으면 절대로 결혼하지 않겠다는 거였어요. 그동안 힘들었던 게 뭐냐 하면, 우리나라에서는 이런 것을 잘 물어보잖아요. '애는 몇이냐?' 같은 것. 이런 것을 물어보는데, 죄지은 사람처럼 안절부절못했죠. 별 의미 없이 던지는 질문이 누구한테는 폭력일 수 있구나 하는 생각이 들었죠.
할 말 없을 때 어색함을 풀기 위해 하는 질문이겠지만, 할 말이 없을 때는 차라리 이야기를 안 하는 게 좋은 것 같아요. 한 친구는 술을 먹는데 '너는 왜 집에서 한 통도 전화가 안 오냐' 하고 의아해하기도 했는데요. 지금은 결혼을 하니까 집에서 빨리 오라고 하는 전화가 얼마나 행복한지를 느껴요.(웃음) 그 기간 동안 제가 혼자라는 걸 남들한테 숨겨왔어요. 두 번째 결혼할 때는 학교에다 아예 이야기를 안 하려고 하다가 결혼 이틀 전인가 이야기를 했는데, 의외로 다들 너그러이 이해해주셨어요. 저는 한 차례의 이혼이 인생에서 커다란 흠집으로, 사람으로 따지면 얼굴에 길이 20센티미터가량의 칼자국이 난 거라 생각했는데요, 남들은 그렇게 생각하지 않더라고요.

지:: 요즘은 이혼이 큰 흠이 아니잖아요.
서:: 그래도 막상 밝히기까지는 무섭더라고요.

지:: 그렇겠죠.
서:: 요즘도 이런 질문을 받아요. '왜 그렇게 결혼을 늦게 했냐?' 우리 나이로 마흔둘에 했으니 무지 늦은 거죠. 그럴 때면 '나름대로 어려운 일이 있지 않겠느냐' 이러고 얼버무리고는 했는데요. 자신 있게 밝히지 못하는 걸 보면 아직도 이혼에 대해 콤플렉스를 갖고 있는 것 같아요. 그런 것을 아무렇지도 않게 말할 수 있으면 좋을 텐데 하는 생각도 들고요.

지:: 굳이 말할 필요는 없잖아요. 결혼하실 때 상대방에게 이야기하는 것은 맞지만. 그 일이 있기 전까지는 술을 많이 마시지 않았는데, 그 일을 계기로 술을 마시게 되었다는 거네요.

서:: 그렇죠. 불행한 결혼이 많은 이유는 결혼 적령기라는 것이 있어서 사람을 옭아매기 때문인 것 같아요. 사람이 이때 안 하면 못 한다는 생각 때문에 급하니까 대충 하는 것 아니겠어요? 결혼 적령기라는 말에 회의를 느끼게 되었죠.

지:: 급하니까 그때 나타난 사람하고 대충 맞춰서 하면, 정말 안 맞을 수도 있는데요.

서:: 그렇죠. 결혼은 50~60세라도 할 수 있는 것이라고 생각하면 될 텐데, 서로 서두르다 보면 이상한 사람 만나고 안 하니 못한 결과가 생기는 경우가 많잖아요. 제가 그 뒤부터 송이버섯을 안 먹습니다.

지:: 안 맞는 거니까요. 상대방도 다른 사람을 만나면 행복할 수 있고요.

서:: 그렇죠. 제가 미안한 것이, 그래도 저는 남자잖아요. 남자니까 다시 결혼을 할 수 있었던 것 같아요, 솔직히. 그 여자분은 어디서 뭘 하는지 모르겠는데요. 여자라는 그런 것 때문에 좀더 많이 손해를 볼 거예요. 그런 생각을 하면 미안하죠. 미안한 것도 많은데, 우리나라의 소송은 상대에 대한 미움을 증폭시키는 측면이 있어요. 그래도 제가 이혼 숙려 기간이 없던 시대에 갈라섰던 것이 정말 다행인 것 같아요.

지:: 그때는 없었나요?

서:: 없었죠. 서류만 제출하면 되는 거여서, 왜냐하면 이혼의 길을 택한 사람들은 거의 대부분이 더 이상 못 참겠다고 생각해서 그런 것이고, 충동적으로 그런 사람은 별로 없거든요. 예외도 있겠지만, 대개는 한참 생각하고

결정을 하고, 하루라도 빨리 그 지옥에서 벗어나고 싶은 그런 것이 있을 텐데요. 숙려 기간 때문에 3개월의 시간을 더 보내야 이혼이 된다고 했으면 끔찍했을 것 같아요. 1년이 넘는 이혼소송 기간 동안 법원을 수도 없이 갔는데, 갔다 오면 하루 종일 기분이 안 좋았어요. 원래 그렇잖아요. 서로 날이 선 상태에서 주장을 하고, 열 받고, 그러고 나면 그날은 술을 안 마실 수가 없었어요.

지∷ 정신적으로 힘드셨겠네요.
서∷ 힘들었죠. 저에 대해서 어디 가서 소개하기도 마음에 걸렸고요.

지∷ 이혼한다는 것도 그렇고, 소송을 한다는 것이 굉장히 피곤한 일인데, 서로 그만큼 원망이 있었다는 이야기잖아요.
서∷ 원망이 있었죠. 어차피 지옥이라는 것은 같이 만드는 것이지, 혼자 만드는 게 아니죠.

지∷ 한동안 결혼은 안 하겠다고 결심을 하셨을 것 같은데요.
서∷ 그렇죠. 한 번 헤어지는 것도 힘든데, 뭘 하겠느냐고 생각해서 그때부터는 술로 세월을 보냈던 것 같아요.

지∷ 그러면서 술이라는 것에 대해서 새롭게, 처음에는 스트레스를 풀려고 마셨을 텐데, 술 마시면서 사람들을 만나다 보니까 이게 재미있는 여가 생활이구나 하는 생각을 가지셨겠네요. (웃음)
서∷ 매일매일 사람 바꿔서 술을 마시는 게 스스로 생각할 때 참 재미있다라고 생각했어요. 다른 이들은 결혼 생활에 얽매여 재미없게 산다고 자위하기도 했고요.

지:: 술도 안 드셨던 분이 어떻게 그렇게 사람들을 끌어들일 수 있었나요?
서:: 아버지가 주량이 소주 다섯 병 정도인데, 저도 기본은 하죠. 그리고 제가 어릴 적 외롭게 지낸 것 때문에 사람 사귀는 것에 전력투구를 했습니다.

지:: 책도 많이 읽고, 사람들을 만나면서 사람에 대한 이해의 폭도 넓힌 시간이었겠네요. 그 시절을 돌이켜보면 어떤가요?
서:: 재미있기는 했지만 다시 돌아가고 싶지는 않아요. 생각해보니까 어떻게 주 6회 술을 마셔요? 지금은 결혼해서 불가능하기도 하고요. 제 간하고 소화기 이런 것들이 그때 고생을 했죠. 주인을 잘못 만나서. 저는 술을 슬프게 마신 적이 별로 없어요. 항상 즐겁게 마셨죠. 실제로 마음속에 하자가 있다는 것 하나를 빼고는 다 즐거웠기 때문에. 학장님이 언젠가 이런 적이 있었어요. 보직자들을 앉혀놓고 모임을 하는데, 1명, 1명한테 "애가 몇 살이야?" 하고 물어보셨어요. 질문이 시계 방향으로 돌아갔는데, 제 차례가 오기 전에 화장실에 간다고 하고 갔어요. 한 20분쯤 있다가 돌아왔는데요. 다행히 한 바퀴 다 돌았더라고요. 그 정도로 말하기가 껄끄러웠어요. 나중에 학장님도 누구를 통해서 듣고 아셨는데요. 웃겼던 것이 뭐냐 하면 제가 들개처럼 살 때 많은 사람이 저를 불쌍히 여겼다는 거죠. 저는 이해가 안 가는 것이, 제 주변 사람들 중에서 행복하게 결혼 생활을 하는 사람이 별로 없더라고요. 제가 아는 지인도 '저렇게 살 거면 뭐하러 살아' 싶은데도 같이 살고 계세요. 정이 손톱만큼도 남아 있지 않은데요. 그런데 그 지인도

'너도 다시 결혼해야지' 이렇게 이야기하거든요.

지:: '나 혼자 고생할 수 없다', 이런 심정일까요?(웃음)

서:: 진짜 그런 걸로밖에 인식이 안 돼요.(웃음) 이해가 안 되죠. 정말 재미있게 사는 부부가 드물어요. 저는 그 친구들이 굉장히 불쌍한데, 걔들은 제가 단지 결혼을 안 했다는 것 때문에 저를 불쌍히 여긴다는 것 자체가 굉장히 아이러니했어요. 한 친척분은 저한테 항상 결혼을 하라고 이야기를 하세요. 그래서 제가 "○○누님이 멋지게 잘 사는 모습을 보여줘야 되는데, 제가 보기에는 그렇게 잘 사는 것도 아닌 것 같은데요", 그랬더니 불같이 화를 내더라고요.(웃음) 신기한 것이 뭐냐 하면요. "그렇게 말하지 말고, 여자나 소개시켜주든지"라고 말을 하면 사람들이 갑자기 당황을 해요.

지:: '알아서 해야지.' (웃음)

서:: 너는 한 번 갔다 왔잖아, 그런 애를 어떻게 소개시켜주냐고 해요.(웃음)

지:: 그러면 결혼 왜 안 하냐는 이야기나 말아야지.(웃음)

서:: 그러니까요. 우리 친척 중 한 분은 전처의 주장에 동화가 되어서 이런 말도 했어요. 너는 고자잖아.(웃음) 그러면 제가 어떻게 해야 되나요? 그러고 보니 법정에서 제가 고자가 아니라는 것을 증명하기 위해 친구를 증인으로 부른 적도 있네요.

"너하고 딱 맞는 남자다"

지:: 그 이후로 술을 드시고 할 때 마음속에는 슬픈 감정이 있을 수 있는데, 남을 즐겁게 해주려고 노력하시는 편이잖아요.

서:: 진짜로 술자리가 즐거웠어요. 만일 잘못해서 애라도 생기면 안 되니까, 저는 여자랑 술을 마셔도 대부분 집에 그냥 갔어요. 저는 여자를 이용한 거죠. 수단으로 삼았습니다. 목적이 술이었기 때문에.(웃음) 남자든 여자든 누가 앞에 앉아만 있으면 술을 마셨던 것 같아요. 술과 격렬한 사랑에 빠졌던 때죠. 제가 그거에 대해서 뿌듯한 마음을 가진 것은 뭐냐 하면 다른 의사 친구들은 술을 마실 친구가 병원 동료들밖에 없더라고요. 저는 여기저기 다양한 사람이랑 마시니까, 괜한 우월감을 느끼기도 하고 그랬죠. 술친구 많은 것이 자랑스러웠고, 인생은 술이다, 술친구 몇 명 있으면 세상은 헛산 것이 아니다, 이렇게 생각을 했는데요. 지금도 그 친구들한테는 고마운 마음이 있죠. 안 그랬다면 어려울 수 있던 시기를 같이 보내주었잖아요. 재미있게 잘 보낸 것 같아요. 2008년에 집사람을 만나서 결혼할 때 제일 고민한 것이 그거예요. 이 엄청난 재미를 누리고 살던 사람이 결혼해서 재미가 10분의 1로 줄어들고, 제가 목격했던 그런 건조한 부부처럼 되면 어쩌나 싶어 굉장히 심란했어요. 나중에 보니까 마음에 맞는 사람끼리 살면 술 말고 다른 즐거움이 많이 있더라고요. 그래서 잘 살고 있죠.

집사람을 소개해준 분이 제 이혼 담당 변호사예요. 처음에는 '또 수임료를 받을 수 있는 기회라고 생각하는 거 아닐까' 하는 생각을 잠깐 했는데요.(웃음) 그분은 그럴 분이 아니고요.

아무튼 여자를 소개받았는데, 너무 예쁘고 잘 맞는다는 생각이 들었어요.

그녀와 헤어지고나서 밤에 고민을 많이 했습니다. 연락을 할까, 말까를 100번도 더 왔다 갔다 했어요. 연락하면 또 만나자는 거고, 결국 결혼하자는 이야기잖아요. 화려한 생활과 평범한 남자가 되는 길 중에서 고민을 진짜 많이 했어요. 결국 그러다가 문자를 남겼죠. '잘 들어가셨나요?', 그 문자 하나로 결혼을 하게 되었죠. 집사람은 외모가 뛰어나지 않습니까? 항상 애프터를 받는 사람이었고요. 그래서 제 문자에 대해서 별반 의미를 두지 않았다고 해요. '얘도 나를 좋아하는구나' 이렇게 생각했다는데, 저한테는 운명을 결정짓는 문자였던 거죠.(웃음)

지:: 그전에 대화 통하고, 좋은 사람들도 많이 만나셨잖아요. 그걸 포기하고 결혼하겠다고 결심했을 때는 이유가 있었을 것 같은데요. 미모 이외에.(웃음)

서:: 미모가 절대적이었죠. 제가 부가적으로 개를 좋아하는 여자면 좋겠다는 조건을 내세웠는데, 미모가 뛰어난, 개를 좋아하는 여자니까 완벽하죠. 화려한 생활이고 뭐고 애를 놓치면 평생을 혼자 살아야 되는 것 아닌가 하는 마음이 들었어요. 제가 결혼하면서 미안한 여자들이 많았어요. 저한테 결혼을 하지 않겠느냐고 물어보았을 때 제가 이랬거든요. 나는 결혼은 절대 안 할 것이고 만일 하게 되면 너랑 할 거야, 이런 말을 무려 3명한테 했거든요.(웃음) 미안하죠, 거짓말을 했으니까. 제가 공직 선거에 나가지 않는 이유도 그분들이 양심선언을 할까봐 그런 겁니다. 거짓말을 많이 했다고.(웃음)

지:: 애는 안 갖기로 하는 조건으로 결혼했다고 들었는데요. 사모님이 동의

하셨나요?

서:: 그럼요. 집사람 친구가 이랬어요. 제가 애 안 낳는다고 했다니까 '너하고 딱 맞는 남자다' 라고 이야기했대요. 집사람도 애를 낳기 싫었던 거죠.

지:: 어떤 이유로.

서:: 제 외모 때문에 그런 거죠. 제가 외모 때문에 차별받고 살아온 인생을 애한테 물려주고 싶지 않아요.

지:: 자녀 문제에 관해서는 생각이 바뀔 가능성은 없는 건가요?

서:: 제가 워낙 확고하기 때문에. 하루 이틀 생각한 게 아니라 30년을 그렇게 생각하고 살았거든요. 그런데 사실은 '애를 왜 안 가지냐?' 라고 할 때 '외모 때문에' 그러면 없어 보이잖아요. 그래서 인터뷰를 할 때 이렇게 말을 하고는 해요. '우리나라처럼 아이를 착취하는 나라에서 아이를 낳고 싶지 않습니다.' 이렇게 말하면 지식인 같잖아요.(웃음)

지:: 아이가 행복하지 않은 나라에서.

서:: '종교적인 이유로' 라고 말하면 더 있어 보이는데요. 어떤 종교냐고 하면 할 말이 없잖아요.(웃음)

지:: 가족이라는 것은 뭐라고 생각하세요?

서:: 가족이라는 것은 혈연이나 서류와 관계없이 한집에서 같이 사는 생명체라고 정의합니다. 저는 개를 세 마리 키우는데, 종은 달라도 가족인 거죠. 혈연이고 뭐고를 떠나

서 사람들이 같이 사는 거는 참 어려운 거 같아요. 게다가 서로 다른 삶을 살았던 남녀가 한집에 사는 것은, 그것도 남은 평생을 살아야 하는데, 참 어려운 것 같아요. 제가 한 번 실패를 해서 그런지 혼전 동거 이런 것에 대해서 호의적이 되었어요. 같이 살아보기 전까지는 모르는 것이 많잖아요. 우리나라에서는 동거라는 것이 여자한테 일방적으로 불리한 것이기 때문에 당장은 어려울지라도 장기적으로 보았을 때는 필요한 것 같고요. 확신이 없으면, 이 남자가 아니다 싶으면 결혼해서 덜컥 애 낳지 말고 1년 정도는 지켜보고 애를 낳았으면 좋겠어요. 결혼 생활이 잘 안 되었을 때 애의 존재가 남은 사람들의 운명을 결정하는 데 진짜로 영향을 많이 미치더라고요. 저는 애가 없었기 때문에 이혼할 수 있었던 것 같아요. 애 낳는 것은 신중했으면 좋겠어요. 애가 상처받잖아요. 너무 쉽게 엄마 아빠가 되는데, 우리 교육 중에 왜 이런 것에 대한 교육은 없는지 모르겠어요. 결혼에 대해서 체계적으로 가르치는 게 있었으면 좋겠어요. 물론 정답이 없는 거기는 한데요. 제가 강의한다면 이런 이야기를 할 것 같아요. 결혼 적령기는 허구다, 집안일은 같이 하는 거고, 남자가 요리를 못하면 설거지라도 해야 된다고 가르치고 그러면 좋을 것 같아요. 여자한테 모든 집안일을 떠넘기고 이러는 게 불화의 원인이잖아요.

지∷ 예전에는 어릴 때부터 남자는 부엌에 들어가면 안 된다는 교육을 했죠. 그러다 보니까 반쪽 인간이 되어서 혼자서는 밥도 못 해먹는 경우도 많고요.

서:: 맞아요.

지:: 애 키우는 것도 여자한테만 맡겨두니까 나이 들어서 소외감을 느끼는 거잖아요. 아이들이 아버지에 대한 기억이라는 것이 꼭 무섭게 하지 않았다고 해도 집에 들어와서 피곤하다고 자는 모습만 보았기 때문에 정서적인 공감이 없는 거잖아요. 그러다 보니 '가장의 위기' 이런 이야기가 나오는 건데요.(웃음)

서:: 20대는 사실은 어린 시절이잖아요. 저는 늦게 결혼해서 집사람하고 더 잘 사는 것 같아요. 그동안의 숱한 만남들이 저를 비교적 좋은 사람으로, 좋은 남자로 만들어준 것 같습니다. 아마 20대 때 집사람 만나서 결혼했으면 지금처럼 재미있게 못 살았을 수도 있죠. 약간 나이가 드니까 관대해지고 이해력도 더 높아진 것 같아요.

결혼해서 기분 좋았던 것이 뭐냐 하면, 집사람이 가끔 이런 말을 해요. 죽을 때 같이 죽자고 한다든지, 아니면 다음 생에 또 만나면 그때는 좀 일찍 결혼하자, 이런 식으로. 그 이야기는 쉽게 듣기 어려운 이야기잖아요. 정말 고맙더라고요. 지금의 결혼 생활이 만족스럽다는 뜻이니까요.

나는 아내 얼굴 뜯어먹고 산다

지:: 결혼해서 뭐가 제일 좋으세요?

서:: 마음이 맞는다는 것이 좋죠. 너무 편해요. 사실 남자끼리는 같이 못 살잖아요. 좀 어려운데요. 부부가 같이 살 수 있는 것은 뭔가 특별한 인연이 있기 때문인 것 같아요.

지:: 부모, 자식 관계도 생활하다 보면 부딪히게 되는데, 살아온 과정이 달랐던 사람이 같이 산다는 것이 쉬운 일만은 아닌데요.

서:: 둘이 있을 때 어려운 것이 뭐냐 하면 타인의 삶에 간섭하게 되잖아요. 엄마라는 이유로 '이거 이렇게 해라' 하는데, 어느 정도 크고 나면 그게 싫잖아요. 그래서 싸우는데, 부모뿐만 아니라 친구끼리 살아도 치약을 뒤에서 짜느니 마느니, 이런 식으로 안 맞는 게 생기는데요. 부부간에는 더 그런 일이 많겠죠. 저는 집사람이 '이거 하지 마' 이러면 제 것을 포기하게 되는 것이, 아내의 미모가 워낙 뛰어나니까 저절로 되죠.(웃음) 제 삶의 원칙을 뒤로 미루고 고분고분 말을 듣게 만드는 거의 유일한 사람. 제가 내시경을 죽을 때까지 안 받겠다고 했는데, 내시경을 받은 것도 집사람 덕분이었죠. 제가 과일을 안 먹는 걸 아세요?

지:: 잘 안 드신다면서요.

서:: 있는 집에서 자라서 어릴 때부터 엄마가 과일을 갈아서 주셨거든요. 그러다 보니까 과일에 질려서 커서는 안 먹게 되었어요. 그런데 집사람은 저한테 과일을 먹일 수가 있어요. 심지어 버섯이나 콩밥도 먹일 수가 있죠. 집사람이 먹으라고 하면 다 먹거든요. 좋아하니까 제 것을 양보할 수 있게 되더라고요. 엄마를 안 좋아하는 것은 아닌데요. 이상하게 엄마보다는 집사람 이야기를 더 잘 듣게 되더라고요. 심지어 마늘종도, 제가 결혼 전에는 한 번도 안 먹었는데, 아내가 눈을 부라리니까 먹게 되더군요.

지:: 얼굴 파먹고 사는 거 아니라는 이야기도 있잖아요.(웃음) 성격적으로도 잘 맞으니까 그런 거 아닌가요?

서:: 아닙니다. 사실 성격적으로 잘 안 맞아요. 집사람은 다혈질이거든요.(웃음) 일단 알아보지도 않고 화부터 내고 그럴 때가 있어서 제가 억울해하는데요, 얼굴 뜯어먹고 사는 게 아니라고 하는 사람들을 보면 대개 그 부인들이 안 예뻐요. 자기 합리화예요. 얼굴 얼마 못 간다는 것도 다 그렇고요. 생선 대가리가 맛있다는 것도 다 뻥이잖아요. 맛없는 대가리 먹게 하려고. 결혼은 얼굴 뜯어먹고 사는 것이 맞아요. 게다가 집사람의 미모가 표피적이지 않고 깊이가 있어요. 그렇기 때문에 살면 살수록 '어제보다 예쁘네' 하는 걸 느끼게 해주기 때문에 더 잘 살 수가 있는 것 같아요. 그리고 애교가 있어요. 필살기가 정말 대단해요. 어쩜 그렇게 귀엽고 유머가 있는지, 그런 것을 보기 위해서 좀 맞아도 된다, 이런 생각이 들죠.

지:: 매 맞는 남편인가요?(웃음)

서:: 아니, 자주 맞지는 않는데요. 맞는 것 자체도 즐겁다는 거죠.

지:: 때리면 맞을 각오가 되어 있다?(웃음)

서:: 실제로 때리죠. 엉덩이를 발로 찬다든지. 정말 귀여운 것이 뭐냐 하면 제가 벽에 기대서 엉덩이를 차달라고 하면 하면 진짜로 열심히 차요. 어찌나 귀여운지.(웃음)

지:: 나이 차이가 얼마나 되세요?

서:: 제가 그렇게 나쁜 놈이 아니었던 것이 뭐냐 하면요. 마흔 넘어서 결혼을 하면 보통 열 살 차이나고 그러잖아요. 저는 세 살 차예요. 정말 인간적이잖아요.(웃음) 나이 차이 이야기를 하니까 갑자기 떠오르는 여자분이 있

네요. 제가 띠동갑을 사귀었던 적이 있어요. 어떤 여자가 기생충에 대한 소설을 쓰려는데 기생충을 잘 모른다면서 연락을 했어요. 찾아오겠다고 하더군요. 별생각 없이 그러라고 했는데, 그게 미끼였던 거죠. 처음에는 그걸 모르고, 대충 이야기해주고 이제 집에 가시라고 했더니 12시에 뭘 해야 된다고 그때까지만 있게 해달라고 해서 같이 있어주었는데요. 그랬더니 다음에 또 만나자고 하더라고요. 얘가 날 좋아하는구나 싶었죠. 미모가 뛰어났습니다. 지금 아내를 만나기 전이었으니, 제가 그때까지 만난 여자 중에 최고로 예뻤다고 말할 수 있겠네요.

얘네 집이 우동집을 한다고 했어요. 제가 돌싱이라는 하자가 있으니까 저희 집보다 좀 못사는 집을 원했거든요. 제가 앞서는 게 하나라도 있어야 될 거잖아요. 미모도 엄청 뛰어나니까. 그런데 알고보니 우동집이 대규모 우동집이었어요. 종업원도 열댓 명이고, 매출도 어마어마한 그런 집이더라고요. 그때부터 고민을 했죠. 사귀는 동안은 즐겁고 그랬는데, 둘 다 문학을 아는 사람이었고 헤르만 헤세를 논하면서 밤을 보내기도 했던 아름다운 기억이 있는데요. 제가 하자가 있다는 이야기를 하고 싶은데, 못 하겠는 거예요. 그런 거 있잖아요. 말하면 이 행복이 날아갈 것 같은 불안감. 사귀는 내내 이런 불안감을 가지고 얘를 만난 거예요. 나중에 얘가 알게 되었죠. 어느 날 담판을 짓자고 하더라고요. 그 사실에 대해서 해명을 하라고 해서…….

지∷ 어떻게 알게 된 건가요?
서∷ 그거는 모르지만, 어떻게 알게 되었나 보죠. 이야기를 해주고, 미안하다고 했더니 뒤도 안 돌아보고 가더라고요. 크게 상심을 했죠. 그때가 이전에 결혼한 것을 후회했던 유일한 때였어요. 하자가 없었으면 애랑 결혼했을까 싶었는데요. 사실 전제가 잘못되었죠. 제가 전처랑 결혼을 안 했다면 그때까지 총각으로 남아 있지 못했을 테고, 적당한 여자를 만나서 결혼을 했겠죠. 그래도 그때 너무 아쉬웠어요. 지금 생각해보면 20대 여자니까, 그때 제가 서른여섯 살이고, 상대가 스물네 살이니까. 충분히 그럴 수 있다고 보는데요. 한창인 여자가 어떻게 하자 있는 남자를 받아들이겠어요. 상실감에 사로잡혀서 진하게 술을 마셨던 것 같아요. 신기한 게 저는 그럴 때 술을 마셔도 그 이야기를 안 하고, 다른 이야기를 하면서 즐겁게 놀 수 있다는 장점이 있어요. 만나서 맨날 '나 헤어졌어', '인생 실패했어' 그러면 좀 지질해 보이잖아요.

지:: 저도 좀 그런 편이기는 한데요. 슬픈 날 사람들 모아서 술 마시고 떠들고 하면 '쟤 되게 기분 좋은 일 있나 보다' 이런 소리 들을 때도 있거든요. 그런데 스스로 피에로 같다는 느낌이 들 수도 있잖아요. 웃는 얼굴인데, 속은 슬픈.

서:: 그런 것도 있지만, 맨날 우울한 이야기만 하면 사람들이 저를 술자리에서 기피하지 않을까 하는 생각이 있었던 거죠. 이혼하겠다는 이유로 10년 동안 술을 마신 친구가 있었어요. 항상 이혼할 거라고 친구들을 불러내는데, 10년 동안이나 이혼을 안 하더라고요. 나중에 걔를 멀리하게 되었죠. 똑같은 이야기를 너무 오래 하는 게 짜증이 나서요. 그리고 5년이 지나서 그 친구가 이혼을 했어요. 갑자기 미안해지더라고요. 진짜 이혼을 하려고 했던 건데 하는 생각이 들었죠.

지:: 친구한테 이야기하면서 풀었는데, 그 스트레스를 풀 길이 없어서 그랬던 거는 아닐까요?(웃음)

서:: 그럴 수도 있겠네요.

주례를 부탁하세요

지:: 사모님하고 결혼할 때는 이혼했다는 사실을 어떻게 말씀하셨나요?

서:: 집사람을 소개한 분이 제 이혼을 담당한 변호사였다고 했잖아요. 그분은 제가 고자가 아니라는 것을 믿는다고 했거든요.(웃음) 병원 검사도 그렇게 나왔고. 그런데 막상 소개해준 자리에서는 뭐라고 했냐 하면 잠자리를 한 번도 안 해서 총각이나 다름없다고 이야기하더라고요. 저를 그렇게까지 믿지는 않았던 것 같아요.(웃음) 고자라는 이야기는 전처가 말하는 것이 제일 확실한 거잖아요.

지:: 후배들이 결혼에 대해서 조언을 구하거나 하지는 않나요?

서:: 제가 지도하는 학생 중 하나가 결혼을 한다고 찾아왔어요. 주례를 서달라고. 그때는 제가 질풍노도의 시기였기 때문에 거절을 했어요. 제가 결혼 자체를 반대하는 사람인데, 주례를 어떻게 서겠느냐, 너도 잘 생각해봐라, 그 결혼을 반드시 해야겠는지 하고 타일러서 보낸 적이 있죠.

지:: 지금은 바뀌셨겠네요.

서:: 바뀌었죠. 지금은 네가 그 사람을 사랑하고 잘 맞는다 싶으면 하라고 합니다. 참고로 제 과목을 들은 여학생이 저한테 주례를 부탁했을 때 흔쾌

히 주례를 섰죠.

지:: 주례사는 어떻게 하셨나요?

서:: 주혈흡충이라는 기생충이 있어요. 수컷이 암컷한테 되게 잘해주는 기생충인데요. 수컷이 대부분의 일을 하고 암컷은 알만 낳아요. 걔네들은 일부일처를 유지하고 있는 가장 미개한 동물인데요. 그럴 수 있는 것이 수컷이 일을 많이 하기 때문이라고, 그래야 부부 금슬이 좋다면서 신랑이 요리를 못하면 설거지라도 하라고 평소 지론을 좀 이야기했는데요. 제가 생각해도 명문이었어요. 그 부부가 신혼여행 갔다 와서 주례사를 파일로 전해줄 수 있느냐는 이야기도 했는데요. 그래서 그 이후로 주례가 많이 들어올 줄 알았는데 한 건도 안 들어오더라고요. 신기하게도.(웃음) 다른 학생한테 너 결혼할 때 내가 주례를 해주면 안 될까 했더니 저희는 가톨릭이라서 신부님이 하실 거라고 그러더라고요. 누구보다 주례사를 잘할 자신이 있는데, 주례 부탁을 안 하네요.(웃음) 주례의 대가로 많은 것을 바라지 않습니다. 앞서의 부부는 저에게 야구 모자를 선물했어요.

지:: 주례의 사례로는 너무 약소한 것 아닌가요?

서:: 저는 그걸로 만족합니다. 사실 야구 모자가 급하게 필요하기는 해요. 아내가 모자 몇 개를 세탁기에 넣는 바람에.

지:: 아이가 없다 보니까 개가 자식 같이 느껴지겠네요.

서:: 제가 혼자 살 때도 벤지라는 강아지를 키웠는데, 제 아들이라고 생각했어요.

지:: 이메일 주소를 그걸로 쓰셨죠.

서:: 그 녀석도 제게 좋은 친구였고요. 술이 모자라서 방에서 2차를 할 때, 그 녀석이 상대를 해주었지요. 18년 동안 길렀어요.

그따위로 개를 키우는 게 아니었다

지:: 18년 동안 길렀으면 상실감이 엄청 크셨겠네요. 당시 알라딘 서재 활동도 잘 안 하시고 그러셨잖아요.

서:: 그때 그랬죠. 지금 생각하니 미안한 게 많아요. 저도 그때 어머니랑 살기는 했지만, 그 녀석이 저만 좋아했기 때문에 거의 혼자 키우다시피 했는데, 혼자 사는 사람은 외로움 때문에 개를 키우면 안 된다고 생각했어요. 술 먹고 늦게 들어가면 그 녀석은 밤에 나를 기다리고, 새벽같이 나가면 또 혼자 있고. 삶에 무슨 재미가 있었겠어요. 그따위로 개를 키우면 안 된다는 생각이 들고요. 혼자 있는 개들이 다 그렇잖아요. 낮에도 긴 시간을 혼자 있고, 저는 웬만하면 사람들이 개를 안 키웠으면 좋겠어요. 하루 대부분의 시간 동안 누군가 개 옆에 있어줄 수 있는 집이면 모를까. 정 키우겠다면 두 마리를 키워야죠.

지:: 애를 키우는 것처럼 책임감을 가져야 된다는 거잖아요.

서:: 그렇죠. 가족처럼 생각해야 되는데, 너무들 쉽게 개를 사고, 너무들 쉽게 버리죠. 개를 입양할 때 즉흥적으로 생각하지 말고 장기적으로 생각해야 될 것 같아요. 아파트로 이사한다고 해서 개를 버리고, 애를 가졌다고 해서 개를 버려야 된다, 이런 사람들은 개를 입양하면 안 되죠. 애를 버리

는 것과 똑같잖아요. 버려진 개가 남은 인생을 어떻게 살지 생각하면 마음이 아프지 않겠어요?

지∷ 반려 동물을 키우는 것의 장점은 어떤 게 있나요?
서∷ 누워서 잘 때 털을 쓰다듬으면서 잔다는 것이 저는 되게 행복하고요. 집사람도 그렇고요. 그게 억지로 강요한다고 되는 것이 아니잖아요. 남편이 개를 키우고 싶은데, 부인이 싫다고 하면 키우면 안 되는 거죠.

지∷ 없을 때 해코지할지도 모르고. (웃음)
서∷ 그런 것보다도 한쪽이 미워하면 개의 삶이 위축되죠. 아이들도 개를 키우자고 많이 하는데, 엄마들이 반대하는 경우가 많잖아요. 애들이 개를 사자고 할 때 개를 사주면 안 돼요. 애들이 개를 키워줄 것도 아니고 아프면 병원 가줄 것도 아닌데, 그런 식으로 키우면 안 됩니다. 지난번에 어떤 개 동호회에 한 번 갔어요. 강아지 키우는 지역 모임을 갔는데, 다들 결혼을 안 한 여자들이 개를 한두 마리씩 안고 왔더라고요. 그때 느꼈는데 개를 좋아하는 것도 남자한테는 굉장한 경쟁력이 될 수 있겠다 싶었어요. (웃음) 제가 외모가 후졌는데도 불구하고 남자랑 같이 나타난 제 집사람을 굉장히 부럽게 쳐다보더라고요. '저 여자는 좋겠다' 이러면서. 실제로 개를 좋아하는 남자가 여자에 비해서 훨씬 적어요. 거의 여자들만 왔는데, 남자가 몇명 없으니까 제가 따가운 시선을 받았는데요. (웃음) 그런 적이 제 인생에는 별로 없잖아요. 여자들이 저를 보면서 '저 남자, 내 남자였으면' 하는 느낌을 받아본 적이 없었는데, 그날 그런 시선을 받았죠. (웃음)

지:: 젊었을 때는 외모를 따지지만, 나이가 들면 저 사람이 어떤 감성을 가지고 있고, 나하고 대화가 통할 수 있느냐, 얼마나 따뜻한 사람이냐, 이런 걸 볼 테니까요.

서:: 저는 마흔이 넘어서도 계속 외모만 따지다 성공한 경우입니다만, 여자들은 안 그렇더라고요. 아무튼 개는 가족 전체가 좋아할 경우에만 키워야 해요. 부부가 개를 키우는데 1명이라도 개를 싫어하면 이런 일이 벌어져요. '개가 좋아, 내가 좋아', 둘 중 택일하라고. 개가 아파서 500만 원 정도의 치료비가 든다면 과연 그걸 감당할 수 있을 것인가, 이런 생각도 해봐야죠. 저랑 집사람은 집을 팔아서라도 치료비를 대겠지만, 보통 집은 그럴 수가 없잖아요. 그래서 치료를 안 하고 버리는 경우도 있는데요. 저는 그래서 부부가 다 개를 미친듯이 좋아하는, 좋아하는 마음으로 따질 때 둘 다 상위 1퍼센트에 속할 때 개를 키워야 된다고 생각해요. 1퍼센트가 너무 적으면 10퍼센트 정도?

지:: 사람들이 경제적으로 점점 힘들어져서 아파도 병원을 못 가는 일이 늘어나는데요. 동물을 키운다는 것도 일정한 경제력이 되어야 할 수 있는 거잖아요. 없는 집은 200만 원 카드빚 때문에 자살을 하는 판에 500만 원의 치료비를 쓴다, 이게 가족이니까 당연한 거지만, 어떤 사람들한테는 약간의 위화감을 조성할 수 있지 않을까요?

서:: 그럴 수도 있죠. 충분히 이해합니다. 저희는 개를 가족이라고 생각하지만, 다른 분들 입장에서는 개가 어떻게 사람과 같나 이렇게 따져 물을 수도 있으니까요. 그래서 개 가진 사람들은 늘 죄인처럼 조용히 살아야 해요. 저희는 개 산책을 하다가 사람을 만나면 무조건 잘못했다고 합니다. 다른

이야기인데, 자기 개한테 뭐라고 한다고 집에서 도끼를 가지고 나와 길 가는 사람을 죽인 사건이 있었는데요. 그 사람이 평소에 개한테 그렇게 잘했다고 하더라고요. 사람을 죽인 죄를 저지른 데다 그 사람이 감옥에 가게 되었으니, 남은 그 개가 어떻게 되었을까요? 개를 생각해서라도 그러면 안 되죠. 개를 기르는 사람들은 정말, 바르게 살아야 합니다.

지:: 아프리카 애들을 도와주자고 하면 우리나라 애들도 있다고 말하는 사람들은 대체로 우리나라 애들한테도 관심이 없는 것 같거든요.(웃음)
서:: 맞습니다. 남 안 돕는 사람들이 개한테 뭐라고 하는 거죠. 아무튼 개를 너무 쉽게 사는 풍토가 되면, 개를 공장에서 찍어내는 것처럼 견사에 데려다놓고 마구 교배를 시킵니다. 근친교배도 서슴지 않기 때문에 약한 애들도 많아요. 저희가 입양한 애도 그렇게 해서 낳은 개였는데, 견사에서 잘해주면 얼마나 잘해주었겠어요? 얘가 어릴 적 정신적 외상을 입어서, 처음에 안아 올리려고 하면 극렬히 저항을 했어요. 자기 기억에는 사람이 자기를 안아 올렸을 때 좋은 일이 없었다는 거죠. 견사에서 죽어가는 개들이 되게 많은 거 아세요? 새끼만 계속 낳게 하다가 어미가 지치면 그냥 죽게 놔둔대요.

지:: 환경도 열악하고.
서:: 너무 잔인하잖아요. 이렇게 할 바에는, 사람들이 개를 안 키웠으면 좋겠어요. 저처럼 개를 사람보다 좋아하는 그런 단계에 이른 사람들만 개를 길렀으면 좋겠어요.

지:: 지금도 유기견도 많고, 유기견을 누군가가 키워주었으면 하고 SNS에

올라오는 글들도 많은데요. 너무 적은 사람들이 키우면 개들이 갈 데가 없어지잖아요.

서:: 사람들이 개를 너무 적게 기르면 유기견이 그만큼 덜 생기지요. 그리고 개를 기르는 사람이 적으면 그만큼 유기견이 입양될 여지가 커지지 않겠어요? 저희가 후원하는 곳이 김포에 있어요. 그런데 유기견 센터가 어디 있다고 알려지면 사람들이 거기서 개를 입양하려고 하기보다는, 그 앞에다가 개를 버리고 가요. 슬픈 일이죠. 개를 맡기면서 사료 값을 보내겠다고 하는 사람도 있는데, 개 버리는 사람들이 사료 값을 보내겠어요? 아무도 안 보낸다고 합니다. 개를 버리는 이유도 정말 납득이 안 가는 이유예요. 개털 알레르기가 있다, 아파트로 이사 간다, 애를 가졌다 등등. 개랑 자란 아이들이 알레르기가 없다는 논문이 외국에서 많이 나와 있고요, 임신했다고 개를 못 기른다면 한 생명을 위해서 다른 한 생명을 사지로 모는 건데, 그거는 해서는 안 되는 일이 아닌가요? 개에 대해서는 제가 극우파라서 제 의견에 대해서 불편해하실 분이 많이 계실까봐 죄송하네요. 저나 집사람은 개를 아주 좋아하는 사람끼리 잘 만난 경우고, 저희 집에 온 개들도 정말 잘 온 경우죠. 제가 늘 강아지가家의 삼성가에 왔다고 이야기합니다.

지:: 가치관이 비슷해서 편한 부분이 있겠네요.

서:: 결혼한 지 얼마 안 되서 집사람이 수술을 한 번 받았거든요. 아내는 수술 전에 "다시 내가 못 깨어나더라도 우리 개들을 맡아서 키워줄 수 있는 사람이 있어서 다행"이라고 생각했대요. 마취 때문에 다시 눈을 못 뜰 수 있다는 생각을 하면서, 그래도 '우리 개들은 걱정이 없을 것이다'라는 생각을 한 거죠. 저희 부부가 잘 만난 거라니까요.

지:: 결혼과 가정에 대해 살아 있는 이야기를 알아서 다 해주시네요.(웃음)

서:: 다시 결혼한 것에 대해 잠깐만 말씀드리자면, 우리 사회에서 한 번은 용서하지만, 두 번은 용서하지 않는 것이 있잖아요. 제가 무서웠던 중 하나가, 제가 만약 두 번째 이혼을 한다고 하면 상습 이혼자가 되는 거잖아요. 그러면 사람들이 거들떠보지도 않게 될까봐 무섭더라고요. 공지영 작가도 그렇게 비난하는 사람이 있잖아요. 그런 생각이 있어서 두 번째 결혼을 망설였던 부분도 있는 것 같아요. 다행히 좋은 사람 만났죠. 저도 오랫동안 기다리다 만난 건데, 좋은 사람 만나는 것이 정말 쉬운 게 아닌 것 같아요. 제 운명의 상대가 지구 반대쪽인 브라질에 있다, 그러면 제가 브라질에 가지 않는 한 못 만나는 거잖아요. 그래서 운명의 상대보다 좀 못한 사람을 만나서 이상형이라고 생각하고 살아야 되는데, 운명의 짝이 아니니까 안 맞는 부분이 있다는 말이죠. 그래서 일정 부분 자기 것을 포기하면서 살아가야 되는 건데요, 저는 이렇게 세뇌를 해요. 이렇게 예쁜 여자랑 사는데 내가 이 정도는 참아야 하지 않겠느냐고. 이런 식으로 결혼은 자기를 설득하면서 희생을 합리화하는 과정인 것 같아요.

지:: 결혼 전도사 같으신데요.(웃음)

서:: 그렇죠. 결혼에 대해 이왕 이야기했으니 하나 더 말씀드리자면, 여자가 남자를 고를 때 집안일을 하는지를 중요한 기준으로 삼아야 합니다. 요즘은 남녀 다 일하는 시대인데, 집안일을 누군가는 해야 되잖아요. 남자가 전혀 안 하는 경우 여자가 직장과 가사를 다 하기가 힘들어요. 그러면 인생이 피곤해집니다. 저는 여자들한테 항상 이런 말을 합니다. 얼굴보다는 차라리 집안일을 할 것인지를 보라고요.(웃음)

지:: 남자들한테 공공의 적이 될 수도 있는데요.(웃음)

서:: 괜찮습니다. 저는 기본적으로 결혼은 남자한테 일방적으로 유리한 제도라고 생각하거든요. 원래 결혼은 시작이 이거지 않습니까? 남자들이 자기 유전자를 후세에 남기기 위해서 결혼하는 거잖아요. 여자의 배란기가 잘 드러나지 않기 때문에, 남자가 자기 유전자를 남기려면 일부일처밖에 방법이 없어요. 그리고 결혼을 하면 여자가 남자한테 내조라는 것을 해주잖아요. 이 내조 덕분에 남자가 결혼하기 전보다 여러 면에서 훨씬 더 좋은 사람이 됩니다. 한국 남자들이 여자에게 피해 의식이 있어서 여자들이 집에서 그냥 논다고 생각하지만, 따지고 보면 여자가 남자를 위해 희생을 많이 하죠. 저희도 지금 집사람이 서울에 있는 인적 네트워크를 포기하고, 천안 가서 혼자 있는 거잖아요. 이런 통계도 있어요. 중요한 회의가 있는데 애가 아프다는 연락이 왔다, 그럼 집에 갈 거냐고 물으면 남자들은 다 안 간다고 해요. 반면 여자들은 간다고 하거든요. 사실 애는 같이 낳는데 왜 그런 것인가, 사실 모성애라는 것도 근대 이후에 생긴 거잖아요. 옛날에 중세 귀족 부인들은 유모들이 애를 다 봐주었고요. 모성애라는 것이 근대 사회가 여자한테 강요한 거라는 거죠. 여자가 애를 보도록.

지:: 애한테는 엄마가 꼭 있어야 된다?

서:: 책 보면 엄마가 영리해야 자녀가 훌륭하게 된다는 식의 책이 너무 많아요. 인터넷 서점에 가서 '엄마'를 쳐보면 무지하게 많이 나옵니다. 아이의 성공이 엄마한테 달렸다나 뭐라나. 마치 애가 잘못되는 것이 엄마 탓인 것처럼 몰아가는 위험한 책들인데요, 그러면 아빠는 필요 없는 존재인가요?

지:: 이걸 거부 못 하다 보니까 엄마가 또 애를 때려잡잖아요. '공부해라' 하고, 영어 발음 잘하게 하기 위해서 어릴 때부터 혀 수술을 시키고, 영어 학원을 보내고요.

서:: 엄마가 자기 일이 있어서 일적으로 성취를 하지 못할 경우 자식을 통해서 성취하려고 자식을 잡는 거잖아요. 우리 여성들에게 마땅한 일자리가 없었기 때문에 애가 자라기 힘든, 이런 지옥 같은 환경이 만들어졌다고 생각하고요. 그래서 여성이 일을 하는 것이 되게 중요한 것 같아요. 여성의 대부분이 직장에서 일을 한다면 애들이 지금보다 훨씬 행복할 것 같아요. 애들을 저렇게까지 혹사시키는 것이 사랑인지, 아니면 자기만족인지를 잘 모르겠어요. 엄마들이 정말 아이들을 사랑하는지를. 애들이 이런 식으로 자라면 나중에 엄마에 대해서 기억하는 것은 따뜻함, 이런 것이 아니라 눈꼬리 올리면서 '이거 하지 마'라고 말하던 것만 기억하게 될 것 같고요. 무슨 좋은 추억이 있겠어요. 심지어 졸업식 날도 바로 학원에 가고 그러잖아요.

지:: 어머님께서는 굉장히 좋아하시겠네요. 결혼해서 행복하게 사니까.

서:: 그럼요. 근데 어머니가 욕심을 부리시더군요. 제가 어머니한테 결혼은 하겠다, 하지만 애는 강요하지 말라고 말씀드렸고, 어머니도 알았다고 몇 번이나 다짐했음에도, 제가 잠깐 화장실 가면 집사람한테 애 낳으라고 이야기하더라고요.(웃음) 그래서 집사람을 절대 혼자 두지 않습니다. 제가 보호를 해줘야 하지 않겠습니까?

지:: 그게 사모님한테 약간 스트레스일 수 있겠네요.

서:: 스트레스일 수 있지만, 제가 워낙 강력하게 방어를 해주기 때문에 저

를 믿는 거죠. 장모님에게는 제가 좀 어려움이 있습니다. 장모님이 저한테 야단을 치니까요. 제 집사람한테 그랬죠. 각자 어머니는 각자 책임지자고요. 그랬는데 집사람이 장모님을 좀 무서워해요.

지 ∷ 장모님은 애를 가지라는 입장인가요?

서 ∷ 원래 그러셨는데, 집사람이 결혼 초에 수술을 받고나서 그다음부터는 그런 말씀을 안 하시더라고요. 사실 애를 좋아하면 애를 낳아야 하고, 개를 좋아하면 개를 데려와야 하는 게 아닌가 싶었죠. 주위의 강요에 의해서 애를 낳는 것은 진짜 아닌 것 같아요. 어머니가 그러셔요. "애라는 게 얼마나 예쁜지 아느냐, 큰 보람이다"라고 하는데, 스스로 합리화하는 거라고 생각해요. 애가 없으면 나중에 외롭다고 하시는데, 저희가 2남 2녀거든요. 그런데 지금 어머니가 혼자 사십니다. 애가 없다고 해서 외롭고, 있다고 외롭지 않은 것은 절대 아니라고 생각해요. 어머니가 외롭지 않게 지내시는 거는 친구들이 많아서지, 자식들 때문은 아니에요. 쓸쓸하게 돌아가시는 부모들도 자식이 있는 경우가 많잖아요.

지 ∷ 나중에 생각이 바뀌면 입양 같은 것도 하실 수 있다고 생각하세요?

서 ∷ 그럴 수도 있겠지만, 당장은 개를 좀더 입양해서, 우리 정도 능력이면 다섯 마리 이상 키워야 되지 않을까 생각하는데요. 개를 기르다 보니 이사를 갈 때 항상 따지는 것이 개들이 놀 만한 공원이 옆에 있는가, 이런 것을 많이 따지게 되더라고요. 하루에 한 번씩은 나와서 산책을 시키니까요. 최우선적으로 그걸 생각합니다. 저한테 애를 안 낳는다고 매국노라고 하는 사람들이 있어요. 그렇게 생각할 수도 있는데, 우리 사회가 좀 웃기는 것이, 미혼모에 대한 생각이 일관되지 못하다는 거예요. 이거는 정희진 선생님도 한 이야기인데요. 정말 출산율이 중요하다면 미혼모도 장려해야 되는데 그렇지는 않잖아요. 오히려 미혼모는 끔찍하게 차별하잖아요. 종교단체에서 낙태를 반대하면서 미혼모는 끔찍하게 죄악시하는데, 이것 역시 일관성이 없다는 거죠. 남자들은 미혼모를 여자가 방종을 한 결과라고 하는데, 정자를 주는 것은 남자라는 말이죠. 그리고 관계도 대개 남자가 하자고 들이대서 이루어지는 경우가 많잖아요. 미혼모 문제에서 진짜 문제는 남자들이에요. 남자들이 피임을 하지 않기 때문에 미혼모나 낙태 문제가 발생합니다.

우리나라의 낙태가 세계적으로 상위권이라고 하는데, 70퍼센트가 기혼 여성이거든요. 남편이 콘돔을 안 썼다는 이야기죠. 여성의 피임은 정말 어려워요. 한 달 중 21일을 호르몬제제를 먹어야 되는데, 우리 호르몬이 아주 정교한 시스템에서 가동되고 있거든요. 외부에서 호르몬을 투여하면 호르몬 체계가 흔들릴 수 있어요. 피임약 먹고 그러다 불임이 되는 거는 그런 이유입니다. 반면 콘돔은 껍질만 쓰면 되는 거니, 얼마나 쉽습니까? 우리나라가 세계에서 가장 콘돔을 잘 만드는 나라입니다. 콘돔을 쓰면 느낌이 안 좋다고 하는 애들이 있는데, 꼭 잘 하지도 못하는 애들이 그런 이야기를 해요. 설사 느낌이 안 좋다고 하더라도 여자들을 위해서 느낌을 요만큼만 양보하면 되잖아요. 그걸 양보 안 하느라 많은 여성들을 임신으로 몰고, 나중에 그 책임을 여자한테 덮어씌우잖아요. 낙태를 하면 또 문란하다고 욕을 하고요. 자기랑 해서 그랬는데 말입니다. 그런 것이 어이가 없는 거죠. 남자들은 정말 간단하게 피임할 수 있잖아요. 그러니 남자들이 알아서 피임 기구를 챙겨야 합니다. 외국은 젊을 때부터 독립해서 사니까 집에다 비치를 해놓으면 편한데, 우리나라는 젊은 애들의 독립이 늦으니까, 모텔 이런 데를 가잖아요. 계획하고 가는 게 아니라서 피임 기구를 못 챙길 수가 있는 거죠. 모텔에서도 배려를 해야 되는 것이, 좋은 콘돔을 갖다놔야 되는데 진짜 질이 떨어져요. 100원, 200원짜리를 갖다놓는데, 그러면 안 된다고 생각해요. 질 좋은 것을 제공하는 배려를 해주었으면 합니다.

지 ː 너무 솔직하게 이야기한 것을 나중에 후회하지 않을까요?(웃음)
서 ː 인생에서도 후회를 별로 하지 않습니다. 오죽하면 이혼을 하기 위한 결혼도 후회를 하지 않았고요. 저를 합리화하는 면이 있어요. 제 선택에 대해서 항상 좋게 생각하는 부분이 있습니다. 기생충학을 선택한 것도 그렇고요. 스스로 그런 생각을 해요. '이 이야기를 해서 잃을 것이 학교에서 잘리는 것만 아니면 괜찮다.' 그럴 리는 없겠지만, 방송에 못 나가거나 글을 쓰는 것이 중단된다고 해도 크게 개의치 않을 것 같아요.

지 ː 아내란 어떤 존재입니까?
서 ː 제 인생의 구세주, 들개처럼 길가에서 먹고 자던 저를 구해주었고요. 위암에서 지켜주었고, 꿈꾸던 삶을 살게 해주었던 사람이죠. 하지만 다혈질이에요.(웃음)

3장

난는 왜 기생충학을 선택했는가?

"애가 나쁜 길로 빠지면 너처럼 기생충을 할 수가 있잖니?"

지∷ 기생충학은 비인기 과목인데, 선택하기까지 고민이 많이 되지는 않았나요? 본과 4학년 때 기생충학을 처음 접했다고 들었습니다. 그전에는 알고는 있었겠지만, 크게 관심은 없었던 것 같은데요.

서∷ 그렇죠. 관심 없었죠. 저는 그때 기생충학이 대변검사를 하는 학문인 줄 알았고, 선생님들이 왜 그런 것을 하나 하고 약간은 의아하게 생각해서 죽어도 안 한다고 생각을 했고요. 본과 2학년 때 기생충을 너무 좋아해서 선생님 연구실에 살다시피 하는 학생이 있었어요. 우수한 학생이었는데, 그 친구가 장차 기생충을 할 거라는 사실에 쟤는 정말 왜 그러나 의아했습니다. 그 친구는 아버지가 와서 데려갔죠. 우리 아들 그렇게 꾀지 말라고 하며 데려갔는데요. 그래서 할 사람이 없어졌고, 저는 그러고 나서도 별생각이 없었고요. '그랬다더라' 하고 남의 일처럼 생각했는데요. 선택 과목으로 좋아하는 교수 1명을 정해서 3주 동안 일을 같이 해보는 체험 학습 비슷하게 한 그것이 저의 운명을 결정했죠.

지:: 채종일 교수님이었나요?
서:: 홍성태 교수님이었어요. 홍 교수님이 학생한테 잘해서 인기가 좋았거든요. 그런데 막상 기생충학 교실에 들어간 뒤 실질적으로 저를 지도한 분은 채종일 교수님이셨어요. 그럴 줄 알았으면 채종일 교수님을 선택할 걸 그랬다 싶기도 해요.(웃음)

지:: 기생충학을 선택한 이유로 수술하는 것에 대한 두려움 같은 것이 있으셨던 건가요?
서:: 원래 그런 것은 없었는데요. 기생충이라는 탈출구가 생기니까 갑자기 수술 같은 것을 어떻게 하나, 두렵다는 생각이 드는 거예요. 기생충 연구를 하면 평생 제가 하고 싶은 것을 할 수 있겠다 싶은데, 환자 보는 것은 그렇지 않을 것 같더라고요. 개업의 선배 보면 재미없어 하는 경우도 많고요. 보람은 물론 있겠지만, 무슨 과를 하든지 거의 대부분이 감기 환자를 보는 현실에서 뭘 할 수 있을 것인가, 그런 생각을 했는데요. 다른 길이 없을 때는 그렇게 살아야겠다 싶었는데, 훨씬 더 재미있는 길이 있다는 것을 아니까 너무 하고 싶은 거예요. 선생님이 말씀하시기 전에 이미 '기생충을 해야겠다'고 생각하고 있었어요. 원래 예정된 기간 3주에다가 방학 4주를 더해서 7주간 일을 했는데, 끝까지 말씀 안 하시더니 마지막 주에 말씀하시더라고요. "혹시 하지 않겠냐?"라고. 되게 조심스럽게 "네가 하면 참 좋을 텐

데, 내가 하라고 할 수는 없고", 이렇게 말씀하셨어요. 기생충에 대한 사회적 편견이 있으니까 꼬셔봤자 안 할 거다, 이렇게 생각하셨던 것 같아요. 제가 한다니까 굉장히 좋아하시면서 조촐한 잔치를 열어주셨는데요. 선생님은 연구를 열심히 하고, 이런 것을 기대하셨는데, 그 판단은 조금 틀리신 것 같고요.(웃음)

지:: 서울대학교 의과대학 기생충학 교실 채종일 교수는 "학생 때부터 서민 교수는 범상한 인물이 아니었다. 매사 기발했고, 유머 감각이 넘쳤기에 그가 기생충학을 하겠다고 했을 때 우리 과 교수들 모두 기뻐했다"라고 하셨는데요.
서:: 그거는 제가 쓴 거죠.(웃음) 전혀 그렇지 않습니다.

지:: 본인 주장인가요?(웃음)
서:: 네, 제 주장이고요. 기생충학 교실이 거의 의과대학에 있거든요. 그래서 의대 졸업자가 좀 우대를 받아요. 의대 안 나오면 불이익을 받는 거죠. 그래서 기생충을 하신 많은 훌륭하신 분들이 의대 출신이 아니라는 이유로 교수 자리를 못 잡고, 떠나시기도 하고 그랬는데요. 그런 걸 보면 미안할 때가 있지만, 어쨌든 교수님으로서는 의대 출신이 남아야 명맥이 유지되니까, 아주 우수하지는 않더라도 대우를 받는 거죠. 제가 학생 때 그렇게 우수하지는 않았고, 심지어 기생충학도 C⁺ 정도를 맞았습니다. 그런데도 저한테 남으라고 하신 거는 제가 의대 출신이기 때문인 거죠.

지:: 의대 들어가셨을 때는 목표가 있으셨을 것 같은데요.

서:: 의사가 되겠다는 목표였죠. 무조건 의사가 되어야 하는 줄 알았는데, 막상 의학을 접해보니 다른 길도 있구나, 하는 생각을 한 거죠.

지:: 기생충학을 선택한 거는 성적에 맞춰서 간 건가요?
서:: 그랬다기보다는, 저희 때는 의사들이 웬만큼 먹고 살았기 때문에 무슨 과를 하든지 먹고산다는 마음이 있었고요. 저도 이걸 선택하면 최소한 교수는 하겠다 싶었어요.

지:: 의대 지망하셨을 때는 막연하게 수술하고 환자 보는 이미지를 많이 갖고 가셨을 텐데요. 말씀하시기를, 기생충 학과에 가면 그걸 안 할 수 있겠다고 생각했을 때는 그런 것에 대한 부담감이나 불편함이 마음속에 있었다는 이야기인데요.
서:: 전혀 없지는 않았죠. 수술 같은 걸 하는 게 너무 좋다, 이런 마음보다는 의사가 되려면 해야 한다, 이런 생각을 했던 거죠.

지:: 의사로서 책임감이기도 하고, 직업이기도 하고.
서:: 실습 돌면서 보니까 제가 생각한 우아한 의사랑은 조금 다르더라고요. 교수님도 보니까 밤늦게까지 고생하시고, 회진만 멋있었어요. 4~5명 뒤에 달고 걷는 것은 멋있는데 나머지는 그렇게 멋있는 삶을 살지는 않는 것 같더라고요. 보람은 있는 것 같아요. 환자한테는 하느님이잖아요. 그런 면은 있는데, 그 과정에서 손가락 잘린 환자들, 이런 것들을 내가 어떻게 보나, 이런 생각을 했죠. 제가 곱게 자랐어요.(웃음) 환자 배를 가르고, 그러면 장이 꾸불꾸불 나오고, 이런 것을 보면서 마음속으로 꺼려지는 게 있었죠.

해야 되니까 하겠다고 하지만, 아주 적성에 맞지는 않는다고 생각했어요.

지:: 적성이라는 표현이 맞는 것 같은데, 다른 의사들은 그렇게 생각할 수 있잖아요. 환자를 보는 게 낫지, 어떻게 기생충을 만지냐고.(웃음)

서:: 그렇죠. 특히 임상 의사들은 기초의학에 대해서 뭘 저렇게 하냐고 생각하시는 분들이 많죠. 원광대 계시는 기생충학 선생님이 학술상을 탔는데, 그분이 정신과와 기생충 사이에서 고민하다가 기생충을 택했는데요. 이 상을 받으면서 그 시절이 떠오른다고 하더라고요. 촌스러운 선택을 했다고 야단을 맞았던 생각. 저희 아버님은 저를 잘 부탁한다고 밥을 한 번 사셨는데요. 교수님께서 뭐라고 하셨냐 하면, 기생충학을 못 하게 끌고 가는 아버지들도 있는데, 밥까지 사주시니 몸 둘 바를 모르겠다고 하셨대요. 물론 아버지가 기생충을 한다는 것에 좀 실망하시기는 하셨죠. 어머니도 그렇고. 그래도 나중에 서울대 교수까지도 할 수 있지 않겠냐는 생각을 하셨대요. 저는 사실 거기에 큰 관심은 없었고요. 저는 교수만 되면 된다고 생각했고, 아버님은 꿈이 크셨죠. 저희 누나 아들이 의대를 갔어요. 그 후에도 누나가 아들을 너무 죄더라고요. 일일이 간섭하고. 그래서 제가 누나에게 '애가 알아서 공부 잘하는데 왜 그렇게 하냐'라고 했더니, "애가 나쁜 길로 빠지면 너처럼 기생충을 할 수가 있잖니?" 그러더라고요. 누나의 생각은 이렇구나 하고 알게 되었죠.(웃음)

지:: 지금은 전문성도 인정받고 있지만, 한번쯤은 다른 길을 갔다면 하고 후회한 적은 없나요?

서:: 한 번도 그런 적이 없었어요. 뒤를 잘 안 돌아보는 성격이에요. 떠난 여

자에게 미런 가지고 전화하는 스타일이 아니기 때문에.(웃음)

지:: 좋은 성격이시네요.(웃음)

서:: 제가 그런 면이 있죠. 단지 그럴 때는 있죠. 기생충을 한다고 남들이 띄엄띄엄 보는 경우가 있잖아요. 학문 자체와 제 직업을 무시할 때는 서럽죠. 그렇다고 해서 임상을 할 걸, 그런 생각을 한 적이 없어요. 왜냐하면 제가 100퍼센트 만족을 하기 때문에. 지금도 생각하는 것이 20대 중반쯤 제 진로를 선택했는데요. 지금 생각하면 나이가 많은 것도 아니고 어린 나이인데, 어린 나이에 판단을 하라고 하는 것이 잔인한 것 같은데, 그 와중에 어떻게 그렇게 선택을 잘했을까 하고 감동을 합니다. 그때로 돌아가도 저는 다시 하는 거죠. 임상이 싫어서 왔다기보다는 연구의 경이로움에 빠졌다, 이렇게 써주세요.(웃음) 청년은 연구의 아름다움에 푹 빠져서 평생 이것을 하겠다고 결심했다, 청년의 마음속에는 노벨상이 있었다, 이렇게.(웃음)

지:: 부탁하셨다는 말까지 쓸게요.(웃음)

서:: 하하.

지:: 기생충학이 비인기 학과이고, 거기다가 한국에서는 이미지 자체가 어릴 때 채변 봉투 생각나고 그렇다 보니까 터부시하는 마음이 있었을 텐데요. 어떻게 보면 운명적이라고 볼 수도 있을 것 같고요. 이를테면 철학과 간다고 하면 주변에서 걱정하고 그러잖아요. 의사를 택하셨을 때 어느 정도 생계가 될 수 있겠다고 생각했을 텐데, 기생충 학과는 전망이 불투명할 수도 있지 않았나요?

서:: 전혀 그렇지 않았어요. 7주 동안을 일하면서 느꼈는데, 기생충 학자가 모자라서 못 뽑는 대학이 많더라고요. 그걸 깨닫고 굶어 죽을 염려는 없다고 생각을 했죠. 100퍼센트 된다고 생각했기 때문에.

지:: 성격적으로 그러신 건가요? 남들이 터부시하는 것에 대해서 별로 개의치 않으시는 것 같은데요.

서:: 제가 원래 악플 같은 것도 신경을 안 쓰고요. 제가 좋으면 된다고 생각하는 편이에요. 남의 눈을 의식하지 않는 부분이 있고요. 옛날부터 어차피 남들은 저에 대해서 별로 좋은 이야기를 안 할 거라고 생각하기 때문에. 외모도 좀 그렇고. 제가 누군가에게 인정받고 이런 적이 별로 없고, 어릴 때부터 못생기고, 조용하고, 성격도 이상하기도 하고 그렇게 살아와서 제 스스로 남의 말에 신경을 안 쓰는 면이 생긴 것 같아요. 기생충을 그래서 했나?(웃음) 제가 좋으면 된다는 생각이 있어요.

기생충학 교수가 50명만 유지되면 좋겠다

지:: 기생충학이 어느 정도 전망이 있다고 생각해서 선택했다고 하셨는데요. 지금은 좀 어떤가요? "30여 개 의과대학에 50명이 넘는 기생충학 교수가 포진한 지금이 기생충학계의 마지막 봄날이 될 것 같다"는 말씀도 하셨는데요.

서:: 그 이유가 뭐냐 하면 선생님께서 우려했던 사태가 나타나고 있죠. 기생충 학과에 의대생들이 남지 않는 것 때문에 앞날을 걱정하셨는데요. 외환 위기 이후부터 진짜로, 서울대만 따지면 1995년에 군대에 다녀온 제 친

구가 마지막으로 남은 이후로 1명도 안 남았어요. 사실은 위기죠. 교수 공채할 때 항상 의사 자격증을 보는데, 의대 출신이 남지 않다보니 위기일 수 있어요. 의대 졸업생만 계속 들어온다면 그럭저럭 유지할 수 있을 것 같은데요. 정말 이해할 수가 없는 것이 왜 그렇게 안 하죠?

지∷ 기생충학이 왜 필요한지에 대해서 설명해주셔야 될 것 같은데요. 대학에서 많이 공부해야 될 이유도 좀 말씀해주셔야 될 것 같습니다.

서∷ 많이 할 필요는 없다고 생각하지만 최소한은 있어야죠. 지금 우리나라에 기생충에 걸린 사람이 130만 명 정도 있다고 나오는데, 이거는 대변검사를 통해 나온 숫자일 뿐 그 이외에 소간을 먹어서 개회충에 걸린다든지 하는 식으로 통계에 안 잡힌 사람이 200만 명 정도 된다고 생각하거든요. 기생충학 교수가 지금처럼 30~50명 정도만이라도 유지가 되었으면 좋겠어요. 한 학교에 1명씩 정도는 있어야겠죠. 그래야지 혹시 있을지 모르는 기생충 질환에 대처할 수 있죠.

의사들이 사실은 기생충에 대해서 전혀 모르고 졸업하는 사람이 많거든요. 나중에 기생충을 보면 이런 것이 있냐고 다들 놀라는데요. 환자도 계속 나오고 있고, 물론 일어나지는 않았지만, 연가시라는 것이 사람에게 피해를 줄 수도 있다고 하면 연가시를 연구하는 사람들이 있어야지 대책도 세울 수 있잖아요. 그런데 〈연가시〉가 막상 개봉되었을 때 연가시 전문가를 찾았는데 아무도 없어서 제일 나댔던 제가 인터뷰를 많이 했습니다. 그것도 참 웃기는데요. 연가시를 한 번도 본 적이 없는 사람이 인터뷰를 하고 있는 거잖아요. 실제로 멧돼지의 기생충이라든지, 얼마 전에도 자라 먹고 기생충에 걸린 사람이 있었거든요.

이런 식으로 야생동물의 기생충 질환이, 우리가 더불어 사는 다른 동물의 기생충이 사람한테 끊임없이 넘어와요. 의과대학에서는 사람의 기생충을 연구하고 있는데요. 개인적인 바람은 동물의 기생충도 연구하는 사람이 있었으면 좋겠어요. 외국에는 동물 기생충 연구하는 사람이 굉장히 많고요. 어떤 사람은 연가시만 죽어라고 평생을 연구하는데, 일부러 수염도 안 깎고, 그래서 더 대가처럼 보이는 사람들이 되게 많거든요. 기생충을 연구하다 보면 굉장히 흥미로운 게 많아요. 예를 들면 사람의 기생충은 아니지만 개미의 기생충 중 하나는 자기가 새한테 가야 하니까 개미의 배를 딸기처럼 보이게 만들어서 새한테 잡아먹히게 만들어요. 그런 재미있는 지식이 환자를 고치고 이런 것에 도움이 될 수도 있지만, 과학이라는 게 흥미로운 분야라는 것을 애들한테 말해줄 수 있잖아요. 어린이들한테 과학자의 꿈을 심어주는 것 중 기생충만 한 것이 없다고 생각하고요. 의과대학마다 최소 1명씩 정도는 기생충 연구자가 있고, 자연대에도 기생충 연구하는 사람이 좀더 많고 그래야 하지 않을까 싶어요. 기생충은 어린이를 과학의 길로 인도하는 좋은 수단이라고 생각합니다.

지:: 그런 이야기를 많이 하지 않습니까? 기초과학이 당장 쓸모가 없을지는 몰라도 과학이 발달하는 데 꼭 필요한 요소잖아요. 아까 연가시 이야기도 나왔지만, 영화의 상황이 현실에서 실제로 벌어진 상황은 아니지만, 막상 그런 일이 벌어진다면 그때 대응하면 굉장히 늦을 수밖에 없지 않습니까? 그래서 그런 것을 평소에 연구하는 사람들이 필요하고, 그게 기초과학의

필요성 중 하나일 텐데요. 지금 아카데미는 기초과학뿐만 아니라 인문학 같이 돈 안 되는 분야를 경시하는 풍토가 있어서 더 어려워진 것 같아요.

서:: 기생충학 말고도 모든 기초 분야에 의대생들이 남지 않아요. 해부학을 두고도 단지 시체 해부만 한다고 오해하는 사람이 있어요. 그러다 보니 임상 의사 중에서는 이런 사람들이 있어요. 해부학 교수가 꼭 있어야 해? 이비인후과에 필요한 해부학은 내가 가르치고, 정형외과 해부학은 정형외과에서 가르치면 되지, 이런 분들이 많은데요. 신경이 여기 있고, 혈관이 여기 있다, 이걸 떠나서 이 신경과 근육과 인대와 혈관, 이런 것들의 조화를 통해서 우리 몸이 이루어진다는 걸 배우다 보면 정말 경이롭거든요. 기생충학도 살아 있는 기생충을 보여준다는 것이 애들한테 자극이 되고 경이로울 수 있잖아요. 특히 어린애들한테는. 사실 어린애들이 과학에 대해서 어떻게 생각하는지 몰라도, 막연하게 어렵고 지겹다고 생각하는 것 같아요. 네이버에 제가 쓴 기생충 관련 글을 읽고 남기는 댓글들을 보면 나는 문과라서 과학은 어렵다고 생각했는데, 그게 아니더라, 이렇게 생각하는 사람들이 많잖아요. 과학은 어려운 것이 아니고 신비롭고 재미있다는 것을 보여주는 데 기생충만 한 것이 없는 것 같아요.

지:: 영화 소재로는 많이 쓰이지 않았나요?
서:: 연가시가 유일했죠. 바이러스 같은 것들을 다룬 것은 많지만.

지금 연구 성과가 나와도 30년 후에나 탈 수 있는 게 노벨상

지:: 연가시가 곤충한테만 있는 거죠? 산란기에 곤충이 물에 빠지도록 숙주

를 조정한다는 건데요. 기생충이 곤충을 조종할 수 있다면 사람도 조종할 수 있지 않을까 하는 의문에서 영화가 나온 것 같습니다.

서:: 실제로 사람을 약간 조종한다 싶은 기생충이 있지 않습니까? 톡소포자충 같은 것이 있기 때문에 기생충은 연구할 만한 가치가 있는 거죠. 전 세계에서 보면 우리는 '기생충도 없는데, 뭘 연구해' 라고 하지만, OECD 국가들은 기생충을 정말 많이 연구한다는 말이죠. 어떤 기생충은 미국이나 영국에서 많이 하고 있거든요. 우리나라가 50명을 가지고 연구해봤자, 사실 얼마나 하겠냐는 생각도 들어요. 미국은 그 많은 인력이 하나의 주제를 가지고, 예를 들어 말라리아 백신을 연구하는데 의학 박사 몇십 명이 달라붙어서 한 가지 프로젝트를 하거든요. 우리는 1인당 서너 개 정도 과제를 따야 실험실을 굴릴 수 있는 시스템이기 때문에, 공동 연구고 뭐고를 떠나서 다들 가내수공업 같은 4,000만 원짜리 연구를 세 개씩 하고, 외국 학자들은 10억, 20억 단위의 연구를 하죠. 그런 것이 부러울 때가 있습니다. 우리가 항상 노벨상을 가지고 이야기를 하는데요. 언제쯤 탈 수 있겠나 그러면 '한 30년' 이러는데, 30년이라는 기간이 긴 것 같지만 그렇지도 않아요. 사실은 지금쯤 뭐가 나와야 30년 후에 탈 수 있는 게 노벨상인 거죠.

지:: 서른 살짜리 학자가 30년 후를 목표를 하겠다고 하면 길면 길지만, 짧으면 짧은 건데요. 개인으로 쳐도 그 정도 연구 성과를 축적해야 될 거고, 사회 전체적으로 그런 시간을 보내야 될 텐데요.

서:: 제가 보기에는 이런 시스템에서는 안 나올 것 같아요. 정책도 그렇고요.

지:: 그것뿐만 아니라 예전처럼 기생충 감염률이 높지 않고, 굉장히 낮아진

것도 있지만, 외국에는 사람들에게 치명적인, 말라리아 같은 기생충도 있고요.

서:: 말라리아가 지금은 아프리카에 있지만, 지구 온난화가 되면 전 세계로 퍼질 수가 있다는 우려도 있고요. 아프리카 사람을 100만 명씩 죽이는데, 그렇다면 이걸 박멸시켜야 하지 않을까 하는 '위 아 더 월드' 정신도 필요하잖아요. 제가 강의 때마다 하는 이야기인데, 말라리아는 모기에 물려서 걸리니 모기장만 있으면 많은 사람을 구할 수 있는데, 아프리카에 '모기장 보내기 운동' 이런 것을 별로 안 하잖아요. 관심도 없고요. 우리가 남을 돕는 것에 대해서 너무 인색한 것이 아닌가 싶어요. 아프리카처럼 기생충으로 고통받는 많은 나라가 있고, 그 사람들을 구하기 위해 연구하는 사람이 많습니다. 선진국이라는 것이 별건가요? 오지랖이 넓어서 남의 고통에 관심을 갖는, 이런 게 선진국이잖아요.

지:: 조금 전에 말씀하신 것처럼 지구 온난화로 아열대 기후가 되면 거기서 발생할 수 있는 질병이나 기생충이 있잖아요. 그게 아니더라도 외국에 일하러 갔다 오거나, 여행 갔다 오거나, 외국인 노동자가 들어와서 발생할 수도 있고요. 발생되고 나면 그때부터 연구할 수도 없는 것이고, 〈감기〉 같은 영화를 보면 속수무책이잖아요. 그런 것 때문에라도 기초적인 과학 연구가 많아져야 될 텐데요.

서:: 2010년 월드컵 때 한국 홍보를 위해 나이지리아에 갔던 국악단원이 말라리아에 걸려 죽은 사건이라든지, 외국 여행을 갔다가 말라리아 걸려서 오는 사람들도 있고, 외국인 노동자가 우리나라에 와서 기생충을 전파시킬 수도 있는 거죠. 여기에 대해서 생각을 좀 하는 기생충 학자가 있어야 됩니

다. 제가 지금 마흔여덟인데요, 기생충 학자 모임을 가면 이 나이에 서빙을 하고, '여기 주문 받아주세요' 이런 것을 제가 하고 있습니다. 어이가 없는 거죠. 앞날이 갑갑합니다. 저희가 세계적인 학회를 유치하려고 해도 젊은 사람이 없으니까 걱정이 돼서 추진을 못 해요.

지:: 후배 학자들이 있어야 되는데.
서:: 환갑 되서 서빙하고 이런 것을 할 수 없잖아요? 호텔 예약하고 이런 일 하기 어렵잖아요.(웃음) 보통 한 교수 밑에 10명씩 대학원생이 있거든요. 그들이 의대 출신이 아니라는 것 때문에 취업에 제한이 있다는 것을 이 사람들도 알아요. 젊은 친구들은 석사만 따고 나온다는 생각만 하지, 실제로 기생충에 대해서 애정을 가진 사람이 별로 없어요. 당연히 그렇지 않겠어요. 앞날도 불투명한데.

지:: 직업이 되고, 먹고 살 수 있어야 연구도 할 텐데요. 굶으면서 하라고 할 수도 없고요.
서:: 그렇죠.

지:: 기생충 학과는 대부분 의대에 포함되어 있다고 하셨잖아요. 생물학과 의 영역일 수도 있지 않나요? "우리나라에서는 의과 대학 중심으로 기생충 연구가 이루어지다 보니, 인간 기생충의 진단이나 치료 쪽만 부각되고 진 짜 기생충 연구는 뒷전인 것 같아서 아쉽습니다"라고도 하셨고요. 사람 몸 에 들어오는 기생충을 치료하는 대상으로만 생각하는데, 기생충 자체를 연 구하다 보면 인체와의 관계를 더 정확하게 알 수도 있을 것 같은데요.

서:: 그럼요. 야생에서 넘어올 수도 있고요. 지금 실제로 사람이 걸려 있는 기생충 대부분이 야생동물한테 넘어온 거거든요. 야생동물을 잡아다 가축으로 키우다 그렇게 된 거니, 야생동물 기생충을 연구하는 사람이 따로 있어서 같이 조화를 이루어야 되는데요. 사실은 이쪽이 죽어 있는 거죠. 아무도 안 하고 있으니까. 그런 게 안타깝죠.

지:: 그런 상황을 개선하려면 어떤 노력이 필요할까요? 지금 하시는 작업 자체가 그런 상황을 개선하기 위해서 '기생충학 전도사'로 방송 활동도 하시는 걸 텐데요.

서:: 그렇죠. 의대 들어올 때 기초의학을 하겠다는 마음으로 들어오는 학생들이 많아졌으면 좋겠는데요. 그런 마음으로 들어오는 학생들이 있기는 한데, 걔들이 병원 실습을 돌 때 의사 가운을 한번 입어보면 사람이 달라져요. 하얀 가운의 매력을 절대 벗어나지 못하는 거죠. 그거는 이발사도 입고, 다른 사람들도 입는다, 기초의학을 해도 가운을 입고 일하면 된다고 그렇게 이야기하는데도 잘 안 먹힙니다.(웃음) 심지어 교수 임용을 보장해줘도 안 하는 것은 이해가 안 가는 거죠. 의사가 3,000명씩 나오고, 소아과만 해도 길 건너 사이에 몇 개씩 있는 판에, 군이 임상만 고집하는 것은 이해가 안 가요.

지:: 기생충 학과를 나오면 진로는 어떻게 되나요? 학계 외에는 없나요?
서:: 개업을 못 하니 대학에 있는 수밖에 없어요. 하지만 의과 대학에 근무하면서 학생들 가르치는 것만큼 큰 보람이 어디 있겠습니까? 어떤 사람이 저한테 보건복지부 장관 정도는 되어야 하지 않나, 이런 이야기하는 사람

도 있는데요. 저는 야심이 없는 것 아시죠?(웃음) 사실 학자의 길이 제일 좋은 건데, 어느 순간부터 바뀐 것 같아요. 외환 위기가 결정적이었고요. 학자보다는 기업, 돈 많이 버는 사람들이 인정받고 있는데요. 돈이 학문을 누른 것 같아요.

지 :: 학자들이 정치권에 가는 것도 학자에 대한 대접 자체가 그런 사람들의 욕심을 채워주지 못하는 부분이 있어서 그런 것은 아닌가요?

서 :: 전혀 그렇지 않습니다. 사농공상 덕분인지 학자들은 충분히 잘 대접받고 있고요. 저만해도 과한 대접을 받고 있는데요. 그럼에도 교수들 중 누가 잘 나가면 정치권에 가야 되지 않느냐고 말하는 그 말 자체가 정치권을 학계보다 높이 평가한다는 이야기잖아요.

지 :: 한국 사람들은 '남자가 한 번은 정치를 해야지' 하거나 최종 목표로 삼는 경우가 많은 것 같아요.

서 :: 이거는 좀 바뀌었으면 좋겠어요. 교수가 학생들을 가르치는 것이 성스러운, 최고의 직책이 되었으면 좋겠고요. 교수 좋지 않나요? 외환 위기 이후에 각 직종마다 정년이 많이 짧아졌잖아요. 교수는 상대적으로 긴 편인데요. 보통 예순다섯 살인데, 정치권은 나이와 관계없이 할 수 있으니까 그래서 정치권을 좋아하는 것은 아닐까요?

지 :: 그러면 정년퇴직하고 정치권에 가도 될 텐데요.(웃음)

서 :: 그래도 갑자기 하려면 안 되겠죠.

지∷ 기생충 학과에서는 어떤 것들을 배우나요?

서∷ 의대니까 인체에 해를 주는 기생충 위주로 배우고요. 그 기생충의 생활사 이런 것을 배우죠. 지금 생각하면 기생충을 재미없게 배웠던 것 같아요. 기생충 자체가 신기하기는 한데, 과학적 호기심을 불러일으키게 배우지는 못 한 것 같습니다. 이걸 밝혀내기 위해서 어떤 연구들이 있었는지 이게 우리 삶과 어떻게 연관되는지, 이런 것 있잖아요. 학교 강의 때는 그러기 힘들지만 외부 강의 나가면 재미 위주로 하려고 해요. 이게 얼마나 재미있는 학문인지 많이 이야기합니다.

지∷ 책도 재미있게 쓰셨고요.(웃음)

서∷ 부끄럽습니다.(웃음) 바뀐 것 같아요. 물론 어린애들한테도 중요한데, 의대생들한테 기생충이 이렇게 재미있는 거라는 이야기를 해주어야 하는데, 그런 게 아니라 지식만 전달하고 마니까 애들이 기생충에 흥미를 안 가지는 것 같아요. 다른 기초과학도 마찬가지겠지만, 강의 시간이 짧은 것 같고요.

지∷ 기생충학을 연구하면서 애환도 있었을 텐데요. 눈에 동양안충을 넣었다는 기사도 보았는데요.

서∷ 사실 기생충을 자기가 먹는 것 자체는 큰 애환이 아니에요. 애들이 안 하는 게 문제지.

지∷ 눈이 작아서 동양안충을 키우는 데 실패했다고 하셨는데요. 농담이신 거죠?(웃음)

서:: 농담인데요. 실제로 그 기생충이 사슴이나 눈 큰 동물을 좋아하는 것이 맞고요. 원래 사람은 그 기생충이 좋아하는 숙주가 아니에요. 왜냐하면 사람 눈은 숨을 데가 별로 없어요. 개의 눈을 보면 눈꺼풀이 하나 더 있어서 그 속에 들어가면 되거든요. 또 사람은 예민해서 티끌만 들어가도 난리를 치잖아요. 그래서 살 수가 없어요. 개들은 1년 이상 아무 말 없이 있고요. 그래서 좋은 숙주인 거죠.

지:: 어떤 학자는 장기간 설사를 한다든지 고열에 빠진다든지 위험한 경우도 생기는 것 같던데요.
서:: 기생충은 사람에게서만 자라니까 가끔 먹어야 할 때가 있지만, 기생충 자체가 사람에게 해를 주지 않는 온순한 생물체라 그렇게 위험한 경우는 없습니다.

지:: 어떤 면에서는 굉장히 윤리적인 분들이 많다는 이야기인데요. 조교한테 먹여서 실험하지 않고, 자기가 먹고 자기 몸을 실험 대상으로 삼아 관찰을 하는 거니까요.
서:: 그게 사실은 윤리적인 것을 떠나서 못 믿는 거죠. 조교의 몸을.(웃음)

지:: 성실하게 관리를 할까?(웃음)
서:: 성실하게 키워줄 수 없을 것이다.(웃음)

지:: 내가 맡아서 해야지 하는 것도 어떻게 보면 책임감일 수 있겠네요.
서:: 그렇죠. 사실 기생충이 술 좀 심하게 마신다고 죽는 애들이 아니기는

한데요. 새끼를 키우는 마음으로 조심하는 거죠.(웃음)

항문으로 나오면 괜찮은데, 입으로 나오면 안 된다?

지∷ 예전에 중국산 김치에서 기생충이 나왔다고 난리가 난 적이 있는데 사실 기생충학회에서 잘못 대응한 것이라고 말씀하셨고, 호들갑 떨 일이 아니었다고 하셨는데요. 그때 언론을 많이 타셨죠.

서∷ 그때는 듣보잡에 가까워서 별로 안 탔어요. 약간 나대는 듣보잡 정도였죠.(웃음) 국회의원이 기생충 학자들한테 김치에서 이런 게 발견되었다, 이거는 어떤 거냐 하고 먼저 물어보면 우리가 의견을 모아서 답을 할 거잖아요. 그래야 되는데, 먼저 언론에 터뜨린 거죠. 그게 굉장히 잘못된 거라고 보는데요. 사실 별것 아니었는데도 불구하고, 그렇게 해서 국회의원 이름은 다 기억하게 되었지만, 이게 누구를 위한 건가요? 덕 본 사람이 아무도 없잖아요. 이런 게 있으면 최소한 뭔가, 이후로 만전을 기하게 되었다, 이런 게 있어야 되는데 그런 게 전혀 없고요. 모두에게 상처만 주고 말았던 거죠. 사람들은 김치를 불신하고, 김치 회사는 장사가 안 되고. 이 기생충알이 인체에 어떤 영향이 있을까, 이런 것만 물어보았어도 대답을 해주었을 텐데요.

우리는 항상 음지에서 일하고 양지를 지향하는데, 신문 1면에 나오고 갑자기 인터뷰 요청이 들어왔어요. 질문이 대충 이래요. '기생충알이 있는데, 이게 김치에서 살 수 있냐?' 고 하면 놀라 가지고, 우리가 "살 수야 있죠" 그러면 "살 수 있답니다" 이렇게 보도를 하는 거예요. 사실은 100개의 회충알이 있으면 얼마나 살겠습니까? 1개 살까 말까 한 것이고, 그나마도 5일, 일주일, 열흘 지나면 다 죽는 건데, 그걸 가지고 그렇게 이야기할 것은 아니죠.

지:: 돼지회충알이라 사람에게 옮기도 어려울뿐더러 그렇게 된다고 해도 큰 문제가 발생하지는 않는다면서요.
서:: 네. 큰 문제는 아니죠. 사실은.

지:: 증세가 나타나면 회충약 정도 먹으면 된다는 거였고요.
서:: 그게 비료를 안 쓰고, 유기농을 했다는 강력한 증거죠. 사실은 그렇게 생각하고, 중국산 김치를 먹어도 되겠구나 하고 생각하면 되는데요. 크게 보도했다가 태산명동서일필(泰山鳴動鼠一匹, 태산이 떠나갈 듯이 요동하게 하더니 뛰어나온 것은 쥐 한 마리뿐이었다)로 끝난 대표적인 경우죠. 어쨌든 국회의원이 전문가 의견을 수렴하는 절차가 있었으면 참 좋겠다는 생각이 들고요. 그래서 '한탕주의에 빠진'이라는 글을 썼다가 그 의원의 보좌관하고 싸웠지 않습니까? 그때 많은 경험을 했죠.

지:: 그게 일종의 기생충에 대한 편견이나 두려움 때문에 그런 걸 텐데요.
서:: 그렇죠. 국민들의 기생충에 대한 편견이나 공포를 십분 이용한 거죠.

지:: 예전에 채변 봉투의 기억 이런 것 때문에도 남아 있는 거겠죠.
서:: 그렇죠. 그런 것도 있고요. 회충을 겪은 사람들은 3대에 걸쳐서 이야기

를 해줍니다. 기생충을 조심하라고. 애들 강의 때마다 물어봅니다. 기생충 때문에 고생한 사람, 사돈의 팔촌까지 포함해서 있느냐고. 그러면 아무도 손을 안 들어요. 그런데 기생충을 다 싫어해요. 편견이 무섭다는 거죠.

지:: 예전에 전쟁 때처럼 환경이 안 좋고 하면 기생충이 코로 나오기도 하고, 그런 끔찍한 경험을 했잖아요. 그런 게 머릿속에 잔상으로 남아 있어서 그럴 것 같은데요.

서:: 어쨌든 기생충이 몸에서 나가면 좋아해야 될 텐데, 끔찍한 기억으로 생각하는 것은 문제가 있죠. 사실은. 기생충이 항문으로 나오면 괜찮은데, 입으로 나오면 안 된다는 것도 편견이지 않습니까?(웃음)

지:: 기생충학의 대중화를 위한 노력을 하고 계시지 않습니까? 방송 출연도 하시고, 글도 쓰시고, 다른 분들도 같이 하셨으면 좋겠는데, 어떤 노력들을 했으면 좋겠다는 제안을 좀 해주실 수 있을까요?

서:: 제가 왜 그걸 하게 되느냐 하면 사실은 제가 연구를 잘 못하더라고요. 그래서 '넌 뭐하니? 그랬을 때 할 말이 있어야 된다고 생각해서 그렇게 한 거고요. 저는 교수들이 대중 강연을 좀 많이 했으면 좋겠어요. 강의를 다녀 보니까 세상에는 많은 고등학교가 있고, 그 애들도 다 기생충이라는 것에 대해서 목말라 있고, 징그럽다는 편견도 있지만 알고 싶은 마음도 있더라고요. 이런 애들한테 강연을 해주는 것이 좋겠다 싶어요. 서울 말고 지방만 내려가면 강사 구하기가 어려워서 그런지, 제가 갔더니 교장 선생님이 마중을 다 나오시더라고요.

지∷ 서울에서 유명인이 온 거니까.(웃음)

서∷ 극진히 잘해주시고 그러는데, 좀 귀찮더라도 내려가서 강의 한번 하고 그러면 참 좋을 텐데, 어쨌든 학문이라는 것도 우리끼리 공유하는 것도 있지만, 다른 사람하고도 나눠야 하는 거잖아요. 그렇게 강의를 하다보면 어렵게만 가르치는 것도 개선이 되지 않을까요? 여러 가지로 좋을 것 같습니다.

지∷ 기생충과 바이러스의 차이는 무엇인가요?

서∷ 바이러스는 미개한 애들이죠. 최소한 자기 앞가림은 자기가 해야 되는데, 숙주 것을 이용하는 애들이죠. DNA만 들어와서 나머지는 니네들을 이용하겠다고 하면서 막 증식하는 건데요. 목표는 똑같아요. 증식해서 우리 세계를 만들자는 것은 똑같은데요. 기생충은 같이 공존하면서 '이만큼만 주면 여기서 잘 살겠다' 이런 거고, 바이러스는 '우리가 널 다 먹겠다' 이렇게 기본이 안 되어 있는 미개하고 진화상에서도 밑바닥에 있는 애들이죠. 기생충이 정말 착하다는 증거가 오랫동안 약을 먹어왔는데도 전혀 내성이 생기지 않는다는 겁니다. 회충약만 해도 벌써 30년 정도 먹어왔어요. 그런데도 회충은 지금도 회충약 한 알에 죽습니다. 이런 애들이 없죠.

바이러스는 약이 없고, 박테리아는 내성이 정말 심해요. 슈퍼 박테리아는 어떤 항생제도 안 듣는 경우고요. 사람을 고민하게 하는 정도를 굳이 비교하면 기생충은 손가락 일부만큼 작고요. 박테리아 바이러스는 양손으로 큰 원을 그릴 만큼 큰데요. 사람들은 기생충을 미워하잖아요. 얼마나 기가 막힌 현실입니까? 자기가 특히 합리적이라고 생각하는 사람들이 더 기생충을 미워하는 그런 현실에 저는 항상 당황스럽더라고요. 강의 때마다 거대한 벽하고 싸우는 것 같아요. 1시간 동안 '기생충은 그렇지 않다, 착한 애들이다'라고 이야기하고 나중에 물어봐요. "이제 기생충이 징그럽지 않죠?" 하고. 그러면 "징그러워요, 싫어요" 이래요. 물론 징그러울 수는 있지만, 계속 싫다고 하면 문제가 있는 거죠. 우리는 친구라고 그렇게 이야기하는데. 저도 외모 지상주의의 피해자라서요. (웃음)

4장

재미있는 기생충의 세계

기생충학의 6대 미스터리를 풀겠다

지∷ 기생충은 정의하는 학자마다 조금씩 다른데요. 바이러스나 세균, 심지어 뻐꾸기까지 기생생물로 보는 학자가 있다던데요. 본인은 어떻게 정의하시나요?

서∷ 그거는 좀 극단적인 정의라고 생각해요. 인간은 지구의 기생충이다, 이렇게 보는 사람들도 있잖아요.(웃음) 보편적으로 봐야죠. 저는 최소한 핵막 정도는 있어야 된다, 인간의 친구가 되려면. 예를 들면 미개하게 생긴 아메바가 와서 '우리 친구하자', 이러면 거부감이 있잖아요. 우리가 저런 애들하고 놀면 똑같아진다는 생각이 드는데요. 핵막 정도가 있는 깔끔한 애들이 와서 친구 하자고 하면 같이 놀아줄 수 있잖아요. 우리는 사자나 호랑이를 친구로 삼을 마음이 있잖아요. 웬만큼 모양이 되기 때문에 그런 거지, 바퀴벌레가 와서 친구를 하자, 그러면 안 한다는 말입니다.(웃음) 최소한 어느 정도의 형태가 갖추어져야 교감을 할 수 있는데, 바이러스나 박테리아와 친구가 된다는 것은 상상할 수가 없는 거죠. 그래서 기생충처럼 핵막, 핵을 둘러싼 막 정도는 있어야 한다는 겁니다.

지:: 인간의 생명을 빼앗지는 않더라도 불편하게 하는 기생충이 있는데요. 대체로 날것으로 먹는 식습관 때문이라면서요. 생선회, 뱀, 소간 이런 것들을 먹고 많이 걸린다고 하는데요. 그걸 조심해야 된다는 말씀을 많이 하셨는데, 그걸 여전히 먹는 사람들이 많잖아요. 뱀은 군인들이 훈련하다 먹는 경우도 있고요.

서:: 우리가 항상 정력이 약하다는 생각을 하고 있기 때문에, 우리나라뿐 아니라 어디나 그렇겠지만, 주위 사람 중에서는 이 기쁨을 혼자 알기보다는 다른 사람에게 이야기해주고 싶은 그런 사람이 많잖아요. 예를 들어 갑상선에 개불이 좋다, 이런 것도 혼자 알고 계시고 혼자 실천하면 좋은데, 꼭 이야기를 하시잖아요.

지:: 고양이가 신경통에 좋다, 이런 거요?(웃음)

서:: 우리가 워낙 정이 깊은 민족이라서, 그러다 보니까 안 좋은 게 많이 생기는 것 같아요. 개구리 먹고 안 좋고, 뱀 먹고 안 좋고, 민물게도 그렇게 되는 거고요. 그런 것들이 좀 문제가 되죠. 혼자 알고 그러면 좋은데, 우리가 제일 조심해야 할 것은 사실 주위 사람들이에요. 우리가 평소 먹던 것은 검증된 것이고요. 그것만 먹어도 평생 먹을 수 있을 것 같은데, 굳이 새로운 것을 찾잖아요. 뭐가 좋다더라, 혹시 해서 먹게 되는데요. 욕심이죠.

지:: 스파르가눔인가요? 뱀을 날로 먹고 걸리는. 그거는 인체에 안 좋은 영향을 주지 않습니까?

서:: 원래 그거는 고양이 겁니다. 야생 고양이나 늑대 같은 동물한테 있는데요. 야생에서 나름대로 사이클이 돌아가요. 쥐를 고양이가 먹고, 뱀이 먹고, 독수리가 뱀을 먹고, 이런 식으로 기생충이 유지되는데 거기에 사람이 끼어드는 거죠. 사람은 원래 거기 멤버가 아닌데 몬도가네 비슷한 면이 있다보니까. 이것을 추구하는 이상 계속 기생충의 위험에 노출될 수밖에 없죠. 그것도 해로운 기생충에. 좋은 기생충이 얼마나 많은데, 왜 군이 해로운 기생충의 세계에 끼어들어서 한자리를 차지하려고 합니까?

지:: "정년퇴임 전까지 남은 20년간 기생충학의 9대 미스터리를 다 풀겠다'라고 술자리에서 호언장담한 적이 있다. 그때 술자리에 있던 친구들이 그 이야기를 기억 못 했으면 좋겠다"라고 하셨는데요. 9대 미스터리는 어떤 것들이 있나요?

서:: 아, 그거요. 9대를 6대로 고쳐주세요.(웃음)

지:: 3개는 해결된 건가요?

서:: 그거는 아니고요. 6대라고 하면 왠지 없어 보이고 금방 끝날 것 같아서, 9대라고 한 거고요. 사실은 6개입니다. 그중 하나가 스파르가눔은 뱀을 먹고 걸린다, 하지만 뱀을 먹지 않고 걸리는 사람도 있다, 그렇다면 그 사람은 과연 뭘 먹고 걸리는가? 하는 겁니다. 교과서에는 민물고기나 약수라고 되어 있는데요. 그런데 우리나라에서는 아직까지 담수어나 약수에서 발견된 적이 없는 거죠. 두 번째는 간질이라고, 소의 간에 사는 기생충인데

요. 이것은 뭘 먹고 걸리는가, 우리는 미나리를 의심하죠. 왜냐하면 걸린 사람들이 다 미나리를 먹었고, 미나리즙을 시아버지께 드렸는데 걸렸다는 경우도 있고요.

지:: 예전에 학교 다닐 때 보면 거품 물고 쓰러지는 애들이 있었는데, 그걸 간질이라고 했잖아요. 그게 기생충에 감염이 된 건가요? 치료가 안 되는 건가요?

서:: 간질이라는 것이 참 문제인데, 뇌 이상으로 쓰러지는 간질이 있고요. 간에 사는 기생충을 지칭하는 간질도 있는데, 둘은 전혀 관계가 없습니다. 이게 미나리를 먹고 걸린다고 하는데, 미나리에서는 아무도 본 적이 없는 거죠. 또 하나가 유구낭미충은 국내에서 정말 멸종했는가? 갈고리촌충은 정말 멸종했는가? 그런데 왜 환자가 생기는가? 마지막으로 광절열두조충은 송어를 먹고 걸린다고 되어 있는데, 송어에서 발견된 적이 없습니다. 이런 식으로 6개가 있어요. 이런 것들을 왜 아무도 안 하냐 하면 무지 어렵기 때문입니다. 송어만 해도 광절열두조충 감염률이 0.1퍼센트가 안 돼요. 송어 1,000마리 조사해야 하나 나올까 말까, 많은 고생을 하면서 결과도 장담 못 하는 일들이에요. 그런 일들을 하고 싶다는 거죠. 우리나라 연구 시스템이 그걸 지원해주지 못하는 거고요.

제가 사실은 멧돼지한테는 선모충이 얼마나 있을까 조사를 한번 했어요. 당연히 결과가 잘 안 나왔어요. 연구 보고서 냈더니 평가가 C로 나왔고, 앞으로 그쪽에는 연구비 신청을 못 하게 된 건데요. 이래서 사람들이 안 하는 구나 싶었어요. 이제는 제가 방송도 나가고 돈도 좀 벌고 하니까 이런 연구를 제 돈으로 하면 어떨까 생각을 하는 거죠.

지:: 광절열두조충은 큰 것은 12~15미터 정도 된다고 하던데요. 하루에 밥 한 숟가락 밖에 안 먹는다면서요.

서:: 한 숟가락도 안 먹죠. 몇 톨 정도일 거예요.

지:: 피해를 주지는 않지만, 그게 몸에 있다고 생각하면 무섭잖아요.(웃음)

서:: 무섭기는 하죠. 아무튼 우리에게는 중요한 기생충인데, 생활사를 규명할 때 뭘 먹고 걸리는지 제대로 말해줄 수 없으니까 좀 아쉽더라고요. 학생들한테 가르칠 때도 '이 생선일 것 같은데' 그러면 없어 보이잖아요.(웃음) 구차해 보이고요. 이걸 찾는 게 제 목표예요. 송어에서 광절열두조충 비슷한 것이 있으면 무조건 제가 먹고 키운 다음에 '이거다'라고 목에 감고 사진을 찍을 건데요. 송어에는 이것 비슷한 것들이 좀 많기 때문에 찾기가 굉장히 어려워요. 일본에서 비슷한 실험을 했는데요. 연어에서 35퍼센트가 양성이 나왔어요. 세 마리에 하나. 그런데 알고 보니 그게 광절열두조충이 아니라 물고기 기생충이었던 거죠. 제가 기생충학 덕분에 떴기 때문에 빈자리를 채워나가는 일을 하고 싶은 거죠. 이런 것을 보면 제가 천생 학자예요. 방송 좋아하고 이런 것 같지만, 정말 학자죠. 학문 이야기를 할 때 가장 눈이 빛나고, 논문 쓸 때 손이 말달리듯 달리는 그런 사람이죠.(웃음)

지:: 논문을 여덟 편이나 쓰셨다면서요.

서:: 잘하면 열 편까지는 쓸 것 같은데요. 2013년이니까 열세 편을 썼어야 되는데, 부끄러운 일이죠. 2014년에는 일을 더하지는 않고요. 밀린 논문만 써서 열 편 정도를 쓸 계획을 가지고 있습니다.

지:: 어떤 종류의 논문들인가요?

서:: 제가 주로 연구하는 주제가 미라에서 기생충을 찾는 것, 또 하나가 철새 연구예요. 혹시 철새가 기생충에 미치는 영향 아세요?

지:: 철새가 가는 데 따라서 기생충을 전파하는 거 아닌가요?

서:: 맞습니다. 철새가 기생충 전파의 주범이거든요. 그래서 철새를 잡아서 무슨 기생충을 갖고 있는지, 사람한테 전파하는지를 연구하죠. 이것 말고도 제가 인지도가 올라가니까, 전국의 기생충 환자 중에서 해결 안 되는 것이 있으면 저한테 연락이 옵니다. 아주 특이한 기생충에 걸린 환자면 논문으로 써서 다른 이에게 알리는 게 원칙이니, 그러다 보면 논문이 좀 많아질 수밖에 없는 거죠. 역시 인지도가 높아야 되는 것 같아요.(웃음)

변이 나오는 줄 알고 힘을 주었더니……

지:: 환자가 의뢰든 제보든 하는 건데요. 특이한 환자가 있나요?

서:: 광절열두조충이라는 것을 보면, 작은창자에 융모가 카펫처럼 깔려 있는데 기생충이 여기를 입으로 꽉 문 채 매달려 있는 거거든요. 그런데 얘가 한 번 이것을 놓쳐버리면 다른 데는 부착을 못 해요. 바로 항문으로 밀려나는 거예요. 살아 있는 동안 평생 물고 있어야 하니까 정말 고단한 삶이죠. 얘가 머리 부분은 가늘고 몸통은 점점 굵어져서 손가락 2개 굵기만큼 되거든요. 그런 몸통을 가냘픈 머리가 다 떠받치고 있다보니까 얼마나 부담감이 크겠어요. 이 기생충에 걸린 분이 한 2주 동안 설사를 했어요. 설사라는 것이 장이 요동을 치는 거잖아요. 광절열두조충이 얼마나 힘들었겠어요.

그래서 결국 창자의 융모를 놓친 거죠. 결국 그 벌레는 점점 항문 쪽으로 밀려납니다. 장의 연동운동이 있으니까 내려갈 수밖에 없는 거죠. 한 번 놓치면 다시 잡는 게 안 되니까요. 톰 크루즈는 다시 잡을 수 있는데, 얘는 안 돼요.(웃음) 항문 근처에 벌레가 있으니까 환자는 변이 나오는 줄 알고 화장실로 가서 힘을 주었는데, 변이 안 나오고 항문에 뭔가 걸린 느낌이 들더래요. 손을 뻗어보니까 뭔가 축축하고 기다란 것이 만져지는 거죠. 결국 그 환자분이 벌레를 빼냈죠. 원래 수명이 5년 정도 되는 앤데, 환자분이 설사를 한 탓에 밀려나서 생을 마감한 거죠. 나중에 길이를 재어보니까 6미터쯤 되었대요.

지:: 보통 그런 걸 보내달라고 하면 버렸다고 한다면서요.

서:: 왜 버렸냐고 하면 화를 내시는 거예요. 그 징그러운 것을 왜 가지고 있냐? 사진 찍었냐고 하면 그걸 어떻게 찍느냐며 화를 내세요.(웃음) 좀 아쉽죠. 그게 기생충인지 아닌지 제가 봐야 알잖아요. 파 줄기 같은 걸 가져와서 기생충이라고 우기는 분들도 계시니까요. 그리고 제 목표가 기생충 박물관을 만드는 건데, 그러려면 기생충을 좀 많이 모아야 하니까요. 그런데 진짜 안타까운 분은 이런 분이죠. 기생충이 아닌데, 기생충이라고 의심하는 분들이 있어요. 그분들한테 기생충 나온 걸 보내달라고 하면 보내주기는 하시는데, 딱 보면 기생충이 아닌 거죠. 피부조직이나 귓밥, 기타 몸속의 물질들, 이런 걸 보내주세요. 제가 기생충이 아니라고 말씀드려도 믿지 않고, 그러면서 기생충이 있다고 생각하며 너무 괴로워하시는 거 있죠. 어떤 분은 기생충이 절대 아닌데 스스로 감염되었다고 생각해서 집에도 못 들어가고 여관에서 사신대요. 가족한테 전염시킬까봐요. 기생충에 대한

편견이 나중에 공포로 바뀌면서 내 몸에 기생충이 있다고 생각하는 건데요. 그것 때문에 결국 직장도 그만두고, 정상적인 생활도 못 하시죠. 이런 분들이 제일 안타깝죠. 근데 그런 환자가 너무 많아요.

지 :: 그게 기생충 염려증이라는 거잖아요. 그분들은 여기저기 계속 다니면서 기생충이 아니라고 하면 '기생충이 맞는데 왜 아니라고 하냐?'고 화를 내신다면서요.

서 :: 의사들은 그럴 때 정신과를 권하거든요. 그러면 더 화를 내시는데요. 사실 항우울제 같은 거 드시면 좋아질 텐데, 우리나라는 또 정신과에 대한 시각이 안 좋잖아요. 기생충을 가지고 살면 알레르기가 안 걸리고, 건강에도 더 좋다고 말씀드려도 별 소용이 없는 것 같아요. 기생충에 대한 편견이 없어지면 이런 분들이 좀 줄어들지 않을까 싶은데요. 그래서 제가 항상 하는 이야기가 세종대왕은 회충 몇백 마리를 가지고 살았을 것이다, 그런데도 한글을 창제하셨지 않느냐.

지 :: 그래서 그 이야기도 하셨죠. 그런 편견이 나아질까 해서 "조선 왕들의 기생충 검사 프로젝트도 추진해보고 싶다"는 표현도 하셨는데요. 진짜로 나중에 하실 건가요?(웃음)

서 :: 유생들이 반대를 하지 않을까 싶은데요.(웃음) 그 프로젝트가 아니더라도 제가 미라의 기생충을 연구하면서 미라 스무 구를 보았는데, 기생충 없는 사람이 하나도 없더라, 옛날에 다 그렇게 살았다, 당신에게 기생충이 있다고 해서 무슨 문제가 있겠느냐 증상도 없는데, 이렇게 이야기를 합니다.

지:: 미라에서 나온 기생충을 보면서 연구한다고 하는 건데요. 기생충알이 굳어 있는 건가요?

서:: 그렇죠. 성충은 죽고 알만 남아 있는 거죠.

지:: 알이 부패하거나 그렇지 않나요?

서:: 알도 환경이 안 좋으면 분해되어 없어집니다. 그런데 미라라는 게 워낙 보존이 잘 되어야 생성될 수 있는 거니까, 알이 남아 있을 수밖에 없죠.

지:: 시체 자체가 보존이 되어 있으니까.

서:: 시체가 다 없어져도 관의 유기물만 좀 남아 있는 상태에서도 알이 나오기도 하죠. 여기서는 100퍼센트 보존되는 것은 아니고요. 그보다 옛날에는 전 국민의 100퍼센트가 감염되어 있었다는 사실이 중요한 거죠. 기생충이 우리 친구라는 것이 괜한 이야기가 아니고 우리가 전통의 보존 이런 이야기를 한다면 기생충을 예뻐해야 되지 않을까 싶어요.

지:: 기생충이 예전에 비해 많이 줄어든 데는 어떤 이유가 있나요? 우선은 환경이 깨끗해진 게 있을 거고요.

서:: 우리나라에서 갑자기 기생충이 없어진 것도 역시 돈이 많아져서 그런 거죠. 아프리카 국가들한테 회충약 나눠주는 사업을 몇 년씩 해도 별로 도움이 안 되거든요. 낫고, 또 걸리고, 또 걸리고 하기 때문인데요. 걸리는 루트를 차단하는 것이 제일 좋은 방법입니다. 우리나라는 상하수도 시설을 완벽하게 갖췄고, 인분 비료도 못 쓰게 했어요. 옛날에는 회충알이 들어 있는 대변을 밭에 거름으로 뿌렸잖아요. 그럼 회충 엄마는 자기가 낳은 자식

이 곧 돌아오겠구나 하고 예상할 수 있었는데요. 지금은 변을 보고 물을 내려버리면 회충알이 너무 멀리 가지 않습니까? 다시는 못 만나는 이별을 하는 거죠. 기생충에게는 수세식 화장실이 가장 어려운 환경이죠. 극복하리라고 생각합니다. 그동안 버텨왔기 때문에.(웃음)

지:: 수돗물에는 기생충이 없다고 봐야 하나요?
서:: 왜 없겠어요. 수돗물이 있으니까 거기에 맞는 맞춤형 기생충이 있죠. 와포자충이라는 기생충이 수돗물을 타고 전파돼요. 1993년 미국의 밀워키 사건은 대단했죠. 40만 명이 걸렸던 사건인데요. 나중에 원인이 물이라는 것을 알게 되어서 시장이 물 끓여 먹기 캠페인을 벌이기도 했는데요. 거기서 대단한 것이 뭐냐 하면, 처음에 단체로 사람들이 배탈이 나서 출근을 안 했고, 그 이후에도 계속 환자가 생겼어요. 이걸 불과 5일 만에 진단을 한 건데, 너무 대단한 거죠. 미국의 환경보건국인가 여기는 대단한 것 같아요. 어떻게 그렇게 바로 알아내는지.

지:: 중국산 김치에서 회충알이 나왔을 때처럼 범인을 찾아내기 힘들 때 엉뚱한 데를 범인으로 지목할 수도 있지 않나요?
서:: 논점 일탈을 말씀하시는 건가요?

지:: 논점 일탈이라기보다는요. 경찰이 수사를 할 때 뭔가 심증이 가서 잡았는데, 알고 보면 범인이 아닌 경우도 있고요.
서:: 과학적인 수사를 할 때는 충분한 심증이 없으면 발표를 안 하기 때문에. 이게 되게 어려운 문제잖아요. 예를 들면 이런 게 있어요. 비슷한 기생

충인데요. 과테말라에서 수입된 라즈베리가 원인인 적이 있었어요. '과테말라산 라즈베리가 범인이야' 그렇게 되었는데, 그 뒤로 수입량이 크게 줄었거든요. 그런데 사실은 과테말라가 범인이 아니었다면 외교적 문제로 비화될 수도 있지 않겠어요?

나탈리 걸비스Natalie Gulbis라는 섹시한 골프 선수가 있는데요. 이 선수가 주로 달력 모델로 활동을 하고, 성적도 그저 그래서 이렇게 끝나나 했는데, 갑자기 기사에 났기에 보았더니 이 사람이 말라리아에 걸렸다는 거예요. 싱가포르 대회에서 걸렸다고 했는데, 싱가포르에서 '우리한테 말라리아가 없어진 지가 언제인데' 하고 화를 낸 적이 있었죠. 이런 식으로 기생충이 있다는 거는 어느 곳에서나 좋은 이미지가 아니기 때문에 항상 신중해야 되는데요. 걸비스와 미국 환경보건국의 차이는 증거 없이 우겼다는 거고요. 제가 보기에는 너무 기삿거리가 없어서 떠보려고 말라리아 드립을 친 것 같아요. 매니저는 말라리아에 걸린 것을 부인했고요. 그 뒤로 역시 기사에 안 나고 있죠. 예쁘기는 예뻐요. 여전히 가장 아름다운 스포츠스타 10위 안에 들죠. 찾아보실 거죠?(웃음)

지:: 이 이름이 맞나 안 맞나 검색하는 척 하면서 사진도 좀 보고 그러겠죠.(웃음) 세계 최초로 발견한 '참굴큰입흡충' 연구를 위해 전라도 신안군에 내려가 '똥 좀 달라' 하면서 이 집 저 집 돌아다녔다고 들었는데요.

서:: 그런 적이 한두 번이 아니죠. 1993년에 우리나라 환자에게서 전 세계 최초로 발견된 기생충알이니, 대체 얼마나 유행하는지 보려고 근처 마을 이곳저곳을 다 뒤지고 다녔습니다. 그런데 신기한 것은 참굴큰입흡충의 알이 400년 전 조선 시대 미라에서 발견되었어요.

지:: 여인의 미라였죠.

서:: 논문이라는 게 말이죠. 어떤 미라를 보았더니 회충이 나왔다 그러면 논문을 한 편 쓸 수 있어요. 또 다른 미라를 보았더니 역시 회충이 나왔다, 그걸 논문으로 또 쓰면 저도 미안하고 학술지에서도 받아주지 않을 거라는 말이에요. 다른 뭔가가 있어야 해요. 이 사람은 회충과 더불어 편충도 걸렸다든지, 회충이 원래 있어야 할 장소인 작은창자에 있지 않고 간으로 가 있다든지 이래야 논문으로 실려요. 그게 아니면 회충 유행지가 아닌데 회충이 나온다든지. 참굴큰입흡충은 이런 시나리오가 멋지게 작동을 해서 외국 학술지에 실린 거죠. 원래 참굴큰입흡충은 우리나라 남서 해안 지방에만 있는 기생충인데, 이게 500년 전 경상남도 하동에서 발견된 미라에서 나왔다, 어떻게 된 거냐? 그 시대에는 참굴큰입흡충이 하동에서도 유행했다, 이런 스토리가 나오잖아요. 단순히 참굴큰입흡충을 발견했다는 것보다 재미있죠? 이런 식으로 논문 쓸 때 중요한 것이 스토리예요. 스토리를 짜는 것. 턱없이 짜면 안 되고, 증거를 모아서 스토리를 만드는 거죠.

지:: 가설을 제시할 때 그 가설을 위한 여러 가지 근거를 가지고 이야깃거리를 만들어야 된다는 말씀이시죠.

서:: 그렇죠. 과학은 스토리랑 결합이 되어야 더 멋진 과학이 된다는 거고요. 거짓말이 아니라 충분히 그럴듯한 가능성, 고찰에서는 원래 그런 내용을 쓰는 거예요. 제가 스토리를 쓴 논문을 하나 더 소개할게요. 하동에서 또 다른 미라가 발견되었는데, 서른 정도 된 여인이었어요. 무덤에 들어 있던 족보를 보니까 이 여인은 두 번째 부인이었어요. 첫 번째 부인은 애가 없었으니 거의 씨받이처럼 살았고, 네 번째 애를 낳다가 죽었는데요. 처음

에는 출산 중에 죽었다고 기사가 났는데 나중에 보니까 장과 폐, 간에 폐디스토마의 알이 잔뜩 있는 거예요. 폐디스토마는 가재나 게장을 덜 익혀 먹어서 걸립니다. 그 당시에는 민물 가재즙이 보양식이었고, 이 여인은 민물 가재즙을 잔뜩 먹다가 다량의 폐디스토마에 걸렸을 것이라는 추측이 가능한 거죠. 제가 이것에 대해서 소설 비슷하게 쓴 게 있어요. 이 여인 이름을 '미자'라고 하면, "미자는 속이 안 좋았다. 가재즙을 먹으면서 그렇게 된 거 같았지만, 시어머니는 또 가재즙을 보냈다. 미자가 거부하니까 시어머니는 화를 냈다. '네가 지금 애 셋 낳았다고 유세하냐?'" 이런 내용인데요, 제가 논문으로 이 이야기를 쓰니까 기사에는 이렇게 났어요. "서민 교수, 400년 전 미라 사인 밝혀……가재즙 먹고 폐디스토마 걸려." 그런데 사실 그분의 사인은 아무도 모르는 거지 않습니까? 제가 그랬다면 그런 게 되는 거지요.(웃음) 미라 연구는 이래서 유리한 것이 있습니다. 그런데 이런 스토리를 잘 짜려면, 제가 항상 제자들한테 하는 이야기인데, 책을 많이 읽어야 된다, 특히 소설을 많이 읽어야 된다고 합니다. 저도 소설을 많이 읽었더니 논문, 특히 고찰 부분을 잘 쓰게 되더라고요. 그러니 소설은 훌륭한 과학자가 되는 기본 요건인 거죠.

지:: 물리학자 중에서 파인만 같은 사람도 글을 잘 쓰고, 아인슈타인도 굉장한 문장가였지 않습니까?

서:: 그렇죠. 마이클 크라이튼이 쓴 『쥐라기공원』이 있잖아요. 크라이튼이 하버드 의대를 나왔는데요. 아이디어도 대단히 독특하지만, 이 아이디어를 훌륭한 소설로 만들 수 있었던 것은 그의 탁월한 문장 덕입니다. 이 사람이 책을 읽어온 내공이 담겨 있는 거죠. 존 그리샴도 그렇고요. 과학자나

변호사가 우리나라에서는 글하고는 정말 관계가 없는 사람 같은데요. 이런 사람들이 글을 너무 잘 쓴다는 말이죠. 우리도 직종에 관계없이 모두 글쓰기 교육을 해야 하고, 이렇게 해야 소설의 저변이 넓어지는 것 같아요. 『7년의 밤』을 쓴 정유정 씨가 나옴으로써 우리도 할리우드에 맞먹는 대작을 만들 수 있지 않을까 하는 생각이 드는 거죠. 영화의 저변이 넓어지려면 각 분야에 종사하는 사람들이 자기 이야기를 많이 써서 '이런 분야도 있다'며 소설가의 상상력을 자극해야 하는 거죠. 그런데 우리나라는 그게 없어요. 이게 다 책 읽는 교육을 하지 않은 탓이에요.

"당신의 영달을 위해 똥을 달라고?"

지:: 신안군에 내려가 '똥 좀 달라'고 하며 이 집 저 집 돌아다니던 이야기 좀 해주세요.

서:: 신안군이고 뭐고 마을은 진짜 많이 갔어요. 마지막으로 간 것이 2010년쯤 갔죠. 그때 갔을 때는 사람들이 굉장히 적대적이었죠. 민심이 점점 흉흉해지는 것 같아요.

지:: 왜 이런 것을 달라고 하냐?

서:: 우리가 왜 대변을 달라고 하는지 사람들이 깨달은 게 있는 거죠. "주민들을 위한 게 아니라 당신의 연구, 당신의 영달을 위해 똥을 달라는 것 아니냐?", 정확하게 알고 계시더라고요.(웃음) 할 말이 없어서 그런 야단을 치면 달게 받고, 그분한테는 변을 받지 않는 거죠. 옛날에는 우리가 변을 받으러 돌아다니고 있으면 주민들이 감동하고, 이렇게 훌륭한 분들이 있냐고

했거든요.

지∷ 영달을 위해서 한다고 하더라도 그분들에게 피해가 가는 것은 아니잖습니까?

서∷ 아닙니다. 그렇지 않습니다. 신안군 일은 잘못한 것이 뭐냐 하면, 언론에서 '신안군 굴에서 기생충 나와' 이러면 굴의 판로가 막히지 않습니까? 좀 미안하죠. 언론을 조심해야 되는데, 꼭 매스컴에 실리지 않아도 되거든요. 왜냐하면 그 기생충 자체가 해롭지도 않아요. 진짜 인간의 친구입니다. 그런데 매스컴에 실리면서 신안군 사람들이 오히려 피해를 보는데, 이런 것은 굳이 매스컴을 타지 않고 논문으로 쓰는 것만으로도 충분한 것들입니다. 그러다 보니 대변 받기가 점점 힘들어지는 것 같아요. 어떤 기생충이 대체 어느 정도 있는지 알아보기 위해서는 대변검사만큼 좋은 방법이 없는데 말입니다.

지∷ 기생충을 구하러 다니면서 기억나는 에피소드 같은 게 있으신가요?

서∷ 송어에서 나오는 기생충을 찾으려고 송어집을 몇 번 갔는데요. 손님으로 가장해서 갔다가 송어회의 참맛을 깨닫게 되었는데, 이게 애환이라고 할 수는 없겠죠.(웃음) 기생충을 해서 생기는 애환은 이런 거죠. 왜 너는 기생충 같은 걸 공부하냐, 이런 식으로 학문에 대한 폄하가 종종 있거든요. 예를 들어 기생충을 하는 교수가 결혼하는데, 기생충 같은 것을 해서 먹고 살 수 있느냐며 처가에서 기생충 학자들이 어떻게 사는지 뒷조사를 했다내요. 그런 것을 보면 씁쓸하죠. 이런 것도 애환인지 모르겠지만 기생충을 쥐한테 찔러넣다가 자기가 걸리는 경우도 있죠. 그거야 세균이나 바이러스

학자는 훨씬 더 많을 텐데요. 이런 애환들이 있어요.

지:: "임상 의사는 눈앞의 환자 1명을 고치지만, 기생충 연구자는 큰 거 한 방을 노린다"라고 말씀하셨는데요. 구체적으로 많은 사람을 살릴 연구 성과로는 어떤 것이 있을까요?

서:: 이거는 연구하려다 말았는데요. 스파르가눔 가지고 성장 호르몬을 뽑아서 애들 키를 크게 하려는 시도를 한 과학자가 있고요. 또 톡소포자충이라는 것이 있어요. 톡소포자충은 눈앞에 보이는 모든 세포를 다 때려부수거든요. 혹시 암에다 주입하면 톡소포자충이 암을 다 죽일 테니, 그다음에 톡소를 치료하면 되지 않느냐 생각한 사람도 있었고요, 최근 연구에 의하면 톡소포자충이 치매를 고친다, 이런 결과도 있습니다. 하지만 지금까지 기생충을 통한 치료 중에 제일 유망한 것은 알레르기인 것 같습니다. 이게 미래의 블루칩이고요. 현재는 말라리아 백신이 가장 뜨거운 연구 테마죠.

지:: 계속 변종이 생겨서 치료제가 잘 안 들어서 새로운 치료제가 나왔는데, 그것에 대한 저항성이 생긴 말라리아가 나왔다면서요.

서:: 세계보건기구에서는 새로 개발된 이 약을 절대로 혼자 쓰지 말고 다른 약과 병행해서 쓰라고 권장하는데요. 말라리아는 정말 골치 아픈 거예요. 빨리 없어져야 되는데요. 세계 지도를 놓고 보면 점점 말라리아 지역이 줄고 있기는 해요. 아프리카, 동남아, 남미 등 못사는 나라에만 남아 있는데요. 문제는 박멸된 지역의 말라리아는 전부 사람을 죽이지 않는 말라리아예요. 악성 말라리아는 도대체 줄지가 않고 있어요. 제가 DDT 이야기 쓴 것을 보셨죠? DDT가 사용 금지된 게 저로서는 안타까워요.

지∷ "현재 말라리아는 여전히 세계보건기구가 가장 시급하게 박멸해야 할 무서운 질병 1위다. 말라리아가 없는 미국이야 DDT가 없어도 상관이 없겠지만 당장 말라리아 때문에 수없이 많은 사람들이 목숨을 잃는 아프리카를 생각하면 DDT 사용 금지가 과연 옳은 조치였는지 의구심이 든다"라고 하셨는데요. 이거는 좀 복잡한 문제잖습니까?

서∷ 이거는 환경과 개발의 문제죠. 잘사는 나라들이 항상 개발을 해놓고 나서 환경을 지키라고 이야기하잖아요. 사다리 걷어차기와 비슷한 이야기인데요. DDT에 대해서도 비슷한 이야기를 할 수 있는 거죠. DDT가 환경에 특별히 해로운가, 아무리 해롭다 하더라도 사람들이 말라리아로 죽는 것보다는 낫지 않느냐는 거죠. 게다가 DDT가 그렇게 환경을 파괴하는 약은 아니라는 연구 결과도 나온 바 있고요. 그래서 요즘에는 제한적으로 다시 쓰고 있다는데, 그때 DDT를 금지시킴으로써 말라리아가 박멸 직전까지 갔거든요. 유일하게 말라리아를 박멸할 수 있는 기회가 아니었을까 싶어요.

지∷ 에이즈가 아프리카만큼 유럽이나 미주 지역에 창궐했다면 좋은 약이 더 빨리 나올 수 있었을 텐데요. 연구에도 박차를 가했을 거고요. 이게 후진국에서 많이 발생하는 병이라 고치기 어려운 부분도 있는 건가요?

서∷ 그런 부분도 있지요. 빌 게이츠가 말라리아 백신에 돈을 많이 후원하고 있는데, 대머리에는 돈을 많이 쓰고 말라리아에는 관심이 없다고 비난한 적도 있어요. 샤가스병Chagas' disease이라는 병도 그래요. 이게 남미, 특히 브라질에서 유행해요. 1,000만 명 정도가 걸려 있는데요. 이 기생충에 감염되면 멀쩡하던 사람이 갑자기 심장 때문에 죽어요. 그런 질환인데 샤가스라는 사람이 1907년부터 1920년까지 10여 년 동안 이것에 대해서 연구를 하고 치료법까지 만들었어요. 샤가스병이라고 병에다 자기 이름을 붙일 자격이 있는 거죠. 그런데 그 뒤로 연구가 전혀 안 되고, 진단법, 치료약제 등이 그때나 지금이나 똑같아요. 왜 그러냐, 선진국에는 이 기생충이 없으니까 아무도 연구를 안 하는 거죠. 더 어이없는 것은 샤가스가 노벨상을 못 탄 겁니다. 이 정도 중요한 병의 알파에서 오메가까지, 모든 것을 혼자 다 밝힌 경우는 샤가스병이 거의 유일하거든요. 그런데 노벨상을 못 탄 거는 너무하죠. 선진국에서 한두 명이라도 죽는 질환을 연구하는 게 후진국에서 수십만 명이 죽는 것을 연구하는 것보다 각광을 받는다니까요.

지∷ 숙주의 몸에서 알듯 모를 듯 기생하면서 숙주를 해치지 않는 것이 기생충의 정의 중 하나인 것 같은데요. 말라리아는 숙주를 죽게 하는 일이 너무 많은데, 왜 그런 것 같아요?
서∷ 모기가 종숙주고, 사람은 중간숙주기 때문에 그런 거죠. 중간숙주는 잠시 머무는 숙주고, 종숙주는 기생충이 그 안에서 출산도 하고 남은 여생을 보내야 할 숙주니, 대접이 다를 수밖에요.

지∷ 공중 화장실을 더럽게 쓰는 것처럼, 중간숙주는 막 대한다는 거죠.
서∷ 그렇죠. 말라리아는 사실 사람이 의식이 없고, 열이 나서 쓰러져 있고, 이래야 모기가 더 편안하게 피를 빨 수 있잖아요. 그렇기 때문에 말라리아가 사람을 아프게 만드는데, 이 과정에서 사람이 죽을 수가 있는 거죠.

지∷ 의도하지 않았지만, 사람한테 치명적인 거네요. 한국에서도 한때 말라리아 환자가 좀 발생하기도 했죠. 북한에서 넘어온 모기도 있고.

서:: 지금도 발생하고 있죠. 치명적인 말라리아는 아니지만요. 우리나라에 말라리아가 있다는 것을 모르는 사람들이 많은데요. 말라리아 때문에 1명이라도 죽었다고 하면 난리가 날 거예요, 아마. 휴전선 부근에 유행하는데 통일전망대 쪽으로 데이트 가는 사람도 없어질 거고, 기생충 학자도 더 각광을 받겠죠. 그런데 우리 말라리아는 너무 온순하고 착하죠.

지:: 온도가 올라가서 아열대 기후가 되면 말라리아 이야기가 달라지지 않을까요?

서:: 우리나라에 매개하는 모기는 있거든요. 모기가 없다면 걸린 사람이 들어와도 상관이 없지만, 모기가 있기 때문에 만일 걸린 사람이 들어왔는데, 모기가 그 사람의 피를 빨고, 배가 안 차서 또 다른 사람을 그 모기가 물었다고 하면 다른 사람에게도 전파가 되는 거죠. 실제로 2007년에 응급실에 있던 그리스인 때문에 말라리아에 걸려 죽은 사람이 있어요. 그리스인을 물었던 모기가 거기 있던 국내 환자를 물어서 걸렸다고 추정하고 있어요. 북한에서 건너온 말라리아가 국내에 토착화된 것처럼, 아열대 기후만 되면 악성 말라리아도 국내에 토착화될 수 있을 거예요. 말라리아는 겨울에 15도 이하로 떨어지면 전파가 안 되는데, 우리나라 겨울이 장난 아니게 춥지 않습니까? 그런데 자꾸 기온이 올라가면 어떻게 될지 알 수 없는 거죠.

지:: 우리나라에는 어떤 종류의 기생충이 존재하나요?

서:: 제일 많은 것은 간디스토마죠. 4대 강 중 한강을 뺀 나머지 강 유역에 유행하고 있어요. 또한 해안가를 중심으로 장디스토마가 유행하고 있어

요. 해산물을 먹고 걸리는 게 많지요. 어린애들한테는 요충, 머릿니 이런 것들이 있고요. 소간 먹고 걸리는 개회충이 의외로 많이 걸립니다. 편충은 여전히 명맥을 유지하고 있는 정도고. 아 참, 야생동물에서 건너오는 기생충이 가끔씩 발생합니다.

지:: 디스토마는 증세가 좀 심하지 않습니까?
서:: 간디스토마는 열 마리 정도 있으면 별일이 없는데요. 그것들이 한 번에 삼십 년 이상 살기 때문에 회를 계속 드시면 누적 마리수가 백 마리가 넘어가면 증상이 생길 수 있는 거죠. 사실 그것보다는 디스토마가 있으면 담도암에 걸릴 확률이 다섯 배가 올라가기 때문에 그게 문제가 되는 거죠. 또 면역의 문제가 있어요. 현지 사람들은 장디스토마가 백 마리, 천 마리 있어도 별일 없는데, 여행객이 가서 숭어회를 먹고 기생충이 걸렸다, 그러면 마릿수가 많지 않아도 응급실 가야 될 경우가 있는 거죠. 장디스토마 같은 애들은 착해요. 크게 사람을 죽이거나 하지는 않기 때문에.

간장게장과 디스토마

지:: 밥도둑이라고 하는 간장게장은 어떤가요?
서:: 구별을 해야 할 게 뭐냐 하면요. 바닷게가 아니라 민물게장에만 폐디스토마가 있는 건데요. 민물게장이라고 해서 다 그런 것은 아니고요. 이것도 한 천 마리 먹으면 한 번 걸릴까 말까 이 정도죠. 제가 다른 기생충은 착하다고 하는데요. 폐디스토마는 정말 문제가 있습니다. 질이 안 좋은 애들이에요. 원래 그 이름처럼 폐에 살아야 하는데, 워낙 길치라 폐로 가는 도

중 길을 잃고 간이나 뇌, 기타 다른 조직으로 갈 수 있어요.

지:: 그래서 머리까지 갈 수도 있고. 확률이 낮다고 해도 재수 없으면 걸릴 수 있다고 보면 민물게장 먹는 분들로서는 찝찝하겠네요.
서:: 정말 찝찝하죠. 안심을 하려면 숙성을 오래 시킨 간장게장을 내놓아야 된다는 거죠. 막 담근 것 말고. 걸린 사람들 보면 괜찮은 데서 먹었다고 하는데, 숙성을 오래 안 시키는 것 같습니다.

지:: 간장게장 업소에서는 펄쩍 뛸 이야기인데요.(웃음)
서:: 뛰어도 괜찮은 것이, 환자가 있으니까요.

지:: 숙성을 오래 시킨 간장게장 업소를 찾아가야겠네요.
서:: 간장게장은 5일 이상 숙성을 한다, 이런 식으로라도 가이드라인을 주었으면 좋겠어요. 우리나라 사람들은 많은 숫자가 회충약으로 모든 것을 다 해결하려 하거든요. 회충약이라는 것이 물론 필요하기는 하죠. 가족끼리 모여서 뭔가를 같이 한다는 것이 요새는 회충약 먹을 때 말고는 없는 것 같기도 하고요. 약을 먹고 나서 기생충 걱정을 안 해도 되겠다는 심리적 안정감도 주는데요, 이왕이면 약국에서 회충약만 팔지 말고 디스토마 약도 자유롭게 팔게 했으면 좋겠어요. 사실 간디스토마는 담도암이 있으니까 치료할 필요가 있는데요. 병원 가서 대변검사를 하고 결과가 양성 반응이 나와야 디스토마 약을 주고, 그래야 보험이 된다고 하면 까다로워서 사람들이 기피하게 된다는 거죠.

지:: 회충약은 그냥 살 수 있는데.

서:: 얼마든지 살 수 있죠. 약국에서 구충제 달라면 주는 게 회충약이에요.

지:: 디스토마 약도 처방전 없이 살 수 있게 해줘야 된다는 거죠?

서:: 저는 그렇게 주장하고 있죠.

지:: 약을 남용하다 보면 부작용이 있을 수도 있지 않나요?

서:: 부작용이 있기는 있죠. 그런데 부작용이라는 것이 어지러움, 구역질 이 정도인데요.

지:: 크게 해롭지는 않다는 거네요.

서:: 그렇습니다. 그런데 부작용 말고 약을 남용할 수 있다는 문제가 있기 는 해요. 사실 회충약은 남용을 하고 있잖아요. 대부분 걸리지 않은 사람들 이 먹고 있으니. 디스토마 약을 약국에서 팔면 그것 역시 남용의 소지가 있 죠. 그것 때문에 생각을 해봐야 되는데, 이걸 또 어떻게 해야 할지 모르겠 네요. 어쨌든 개인적으로는 디스토마나 기다란 벌레 있잖아요. 촌충이라 고 하는데요. 촌충 걸린 사람들이 변에서 촌충의 조각이 나오면 혼자 힘으 로 해결하려고 듣지도 않는 회충약을 사먹는 게 좀 안타까워요. 그럴 때는 이걸 좀 허가해줘야 되지 않을까 싶다가도, 우리나라 사람들의 약 남용이 세계적 수준이잖아요. 그런 생각을 하면 또 지금처럼 하는 게 맞는 건가 싶 기도 하고, 어떻게 해야 될까요?

지:: "항생제 남용도 심각하지만, 구충제 남용도 심각하다"고 하신 적도 있

으신데요.

서:: 제가요? 구충제는 별로 부작용이 없기 때문에, 먹고 싶으면 먹는 거죠. 특히 회충약은 맛도 괜찮아요.

지:: 기생충은 바이러스나 이런 것과는 달리 우리하고 친구인 부분이 있기 때문에 꼭 박멸할 필요도 없고, 박멸하려다 보면 부작용이 생길 수도 있다는 견해신 거죠.

서:: 없이 잘 사는 게 더 좋겠죠. 물론. 그런데 없애니까 문제가 생기면 달리 생각해야 되지 않을까요. 제가 강의 때마다 "기생충 한두 마리 갖고 있어도 괜찮다"고 하는데, 이런 질문을 하는 분이 있어요. "그럼 선생님은 기생충 키우고 있나요?" 그래서 저도 빨리 기생충에 좀 걸렸으면 좋겠는데, 아무리 노력해도 잘 안 되더라고요. 저는 없으면서 남한테 기생충 있으면 어떠냐고 하는 게 이중적이라고 느껴질 것 같아 걱정이 됩니다. 이상하게 전 태어나서 한 번도 기생충에 걸린 적이 없어요.

지:: 정준호 씨는 "최근에 양서류가 급감하는 이유가 항아리곰팡이 때문인데요. 이 항아리곰팡이 때문에 많은 양서류가 멸종 위기에 놓여 있는데, 그렇게 항아리곰팡이가 퍼지는 이유가 환경오염 때문에 기생충이 사라졌기 때문입니다. 기생충이 사라지면서 양서류의 항아리곰팡이에 대한 저항성이 떨어진 거예요. 그런 점에서 지금 전 세계에서 기생충을 박멸한 또 박멸하려는 시도가 어떤 결과를 낳을지는 정말 불확실합니다. 생태계의 다양성 또 저항성을 유지하는데 기생충이 해왔던 긍정적인 역할을 부정하고 기생충을 너무나 억지로 없애려 하다가는 생각지도 못한 재앙을 낳을 수도

있어요"라고 서민 교수님과 프레시안 대담 중에서 말했는데요.

서:: 기생충 학자들은 항상 그렇게 이야기해야죠.(웃음) 우리끼리의 묵계라고 할까요? 상상도 못 할 끔찍한 일이 일어날 수 있다, 이렇게 해야 남들은 듣지 않습니까? 그래서 그렇게 말씀하시는 거고요. 솔직히 말해서 저는 기생충 없앤다고 해서 상상도 못 할 일이 벌어질 것 같지는 않습니다.(웃음)

지:: 만일의 사태에 대비한 위험성을 경고하는 거라는 말이죠.(웃음)

서:: 크론병이나 이런 병들이 기생충이 없어져서 생기는 거라면 이거는 끔찍한 일이기는 합니다. 얼마 전에 친구 하나가 자기 면역이 스스로를 공격하는, 소위 자가면역질환으로 죽었거든요. 그럴 때는 이 친구가 기생충이 있었으면 그게 안 걸렸을까, 그런 생각을 하게 되죠.

아이들이 주는 과자를 조심하라

지:: 요즘 아이들은 요충에 많이 걸린다고 하던데요. 회충은 영점 영 몇 퍼센트로 감염률이 떨어졌는데, 요충은 5퍼센트까지 된다고 하셨지요. 아이들이 어린이집에 가면 옮겨오기 때문에 어린이집 아이들이 다 요충 치료를 받아야 된다고 하셨는데요.

서:: 요충은 치료를 해줘야죠. 항문을 가렵게 만들거든요. 항문 주위에 알을 낳고, 애들이 긁으면 그 손을 통해서 새로운 숙주로 가겠다는 게 요충의 전략이죠. 그런데 밤에 이런 일이 이루어지니까 애들이 긁느라고 잠을 못 자고, 성장 장애 같은 것도 일으킬 수 있어요. 애들도 문제지만 어른도 문제입니다. 애들은 항문을 원할 때 긁어도 누가 뭐라고 할 사람이 없는데요.

어른은 엉덩이 만지는 것을 들키면 크게 망신을 당할 수 있잖아요.(웃음) 그 래서 어른이 요충을 더 조심해야 되는데요. 항상 강의할 때 이렇게 말하거 든요. 애들이 주는 과자를 조심해라, 애들이 왜 과자를 주겠느냐, 기생충이 애들을 조종하는 거라고 이야기하죠.

지:: 숙주를 조종한다?(웃음)

서:: 요충이 아이에게 요충알이 묻은 과자를 아빠한테 먹도록 하는 거죠. 실제로 요충은 애한테서 옮는 경우가 많아요.

지:: 아주 심각하지는 않지만, 요충이 숙주를 조종한다고 할 수 있겠네요.

서:: 그럼요. 인간의 기생충은 거의 대부분 야생동물에서 옮겨왔는데, 요충 만큼은 사람에게 생겨서 사람으로 옮는 겁니다. 우리가 계승해야 될 기생 충이라고 생각할 수도 있는데요.(웃음) 사람 손을 통해서 옮는 기생충은 요 충밖에 없습니다. 다른 것은 그렇지 않거든요. 보통 기생충들은 알이 외계 로 나갔다가 숙성되어서 다시 들어오는 과정이 필요하고, 감염자와 같이 살아도 전염이 안 되거든요. 근데 요충은 사람에서 사람으로 감염됩니다.

지:: 지금 우리나라에 약으로도 치료가 힘든 기생충들이 있나요?

서:: 있지요. 스파르가눔, 개회충, 선모충, 이런 것들이 있잖아요. 이런 것들 은 전부 유충, 즉 새끼들이 사람을 공격하는 거거든요. 유충은 약이 잘 안 들어요. 기생충 약이라는 것이 다 성충한테만 효과가 있고, 유충 약은 따로 없어요. 그래서 유충 질환들이 약이 안 들어요. 개회충도 회충약을 무려 7 일간 먹으라고 처방을 하거든요. 그런데 조사를 해보았더니 그래봤자 70

퍼센트 정도밖에 치료가 안 돼요. 그래서 일본에서는 아예 4주를 먹이자고 이야기도 하고 하는데요.

비슷하게 유충이 문제를 일으키는 선모충도 보름간 회충약을 먹어도 안 좋아지더라고요. 그래서 한 달 가까이 약을 먹었어요. 역시 유충인 스파르가눔은 아예 듣는 약이 없다시피 해서, 수술을 해야 합니다. 회충이나 편충이 인간의 좋은 친구지만, 유충들은 결코 친구가 될 수 없는 이유가 이런 거죠. 말라리아도 사람이 걸리면 죽을 수도 있잖아요. 모기가 종숙주라, 사람에게는 유충이 있는 거니까 그래요. 모기는 걸려 있어도 잘 날아다닙니다. 사실 기생충의 정신이 그런 거죠. 종숙주를 잘 보살핀다는 점에서는. 메디나충처럼 종숙주인데도 심한 증상을 일으키는 기생충의 정신을 갖지 못한 기생충도 있지만, 그걸 가지고 전체를 평가하는 것은 문제가 있죠. 사실 사람을 제일 많이 죽이는 동물은 사람이지 않습니까? 그렇다고 해서 사람을 멸종시켜야 되는 것은 아니지 않습니까? 그러니까 일부 그런 게 있어도 관대한 시선을 가져주었으면 좋겠습니다.(웃음)

지:: 이런 유충들은 소의 생간이나 아니면 뱀 이런 날것들만 조심하면 예방할 수 있는 건가요?

서:: 그럼요. 날것만 조심하면 예방할 수 있죠. 광우병의 프리온 이런 것은 끓여도 안 죽지 않습니까? 기생충은 그런 거 없습니다. 100도도 아니고, 60도 정도면 다 죽습니다.

지:: 익혀서 먹으면 기생충은 별로 걱정 안 해도 된다는 거네요.

서:: 그럼요.

지∷ 음식은 익혀 먹으면 되지만, 모기가 옮기는 기생충에는 어떻게 대처해야 하나요?

서∷ 아프리카 사파리 같은 데 갈 때는 예방약을 잘 먹어야죠. 클로로퀸이라고 원래 말라리아 예방약이 이거였는데, 지금은 모든 말라리아가 이 약에 저항성이 있기 때문에 예방약으로 다른 약을 씁니다. 메플로퀸이라는 약인데요, 이걸 먹으면 부작용이 너무 심해서 하루 종일 아무것도 못 해요. 지금은 다행히도 말라론이라는 약이 나왔어요. 이게 비싸기는 한데, 말라리아가 생명을 빼앗을 수 있다는 점을 고려하면 먹을 가치가 있어요. 문제는 1~2주 정도는 예방약을 매일 먹을 수가 있지만, 6개월간 매일 먹는 거는 어렵잖아요. 그때는 어떻게 하느냐, 모기장이 최고입니다.

지∷ 모기한테 안 물리는 것이 가장 좋은 방법이군요.

서∷ 모기장 가져가서 사용한 후에 돌아올 때 다른 사람 주고 오면 되죠. 요새 모기장은 모기가 닿으면 바로 죽도록 약품 처리가 되어 있답니다. 기사를 보니까 LG에서 모기 박멸하는 에어컨을 개발했다는데, 진짜 효과가 있는지는 잘 모르겠어요. 이런 게 나오면 저희 기생충 학자한테 한 대씩 줘서 '어떻습니까?' 하고 의견을 듣고 그러면 좋잖아요.(웃음) 그렇게 안 하더라고요. 장사를 못해.

지∷ 모기장을 설치해서 모기를 막는 것이 제일 좋은 방법이라는 거네요.

서∷ 모기장은 간단하게 설치할 수 있잖아요. 모기장에서 자면 1970년대 생각이 나서 좀 없어 보이기는 하는데, 말라리아를 예방하는 것이 중요하니까. 외국 여행 갔다가 말라리아에 걸려서 죽는 사람이 좀 되더라고요. 몇

백 명, 몇천 명까지 되니까. 그런 걸로 죽으면 안타깝잖아요. 마음먹고 아프리카 간 건데.

지:: 자라 먹고 기생충에 걸리는 경우도 있다면서요.
서:: 자라하고 멧돼지하고 같은 기생충에 걸려요. 선모충이라고, 2012년과 2013년 한 번씩 자라를 통한 집단 발병이 있었어요.

지:: 또 조심해야 되는 음식들이 있나요?
서:: 달팽이도 그렇고.

지:: 뭐든지 날로 먹는 것은 위험하다.
서:: 오소리를 날로 먹고 선모충에 걸린 경우도 있고요, 평소 먹던 게 아니라 새로운 날것에 도전하는 거는 늘 위험을 수반하죠. 한 번 데쳐서 먹는 것을 권합니다.

지:: 삼겹살을 덜 익혀서 먹으면 위험하다고 흔히들 이야기하는데, 그거는 틀린 이야기라고 말씀하셨죠.
서:: 그렇게 말했죠.

지:: 남들이 먹기 전에 빨리 먹어야 된다.(웃음)
서:: 바짝 익혀서 먹어야 한다는 말은 더 많이 먹으려는 사람들의 음모라고도 이야기했어요. 이게 다 갈고리촌충 때문인데, 국내에서 갈고리촌충은 20여 년 전을 마지막으로 멸종이 되었거든요. 그런데 신기하게도 1년에 1명

씩 유구낭미충 환자가 생겨요. 이게 어디서 왔을까, 여기에 대해 조사가 필요해요. 외국에서 수입한 삼겹살에 뭔가 있을까 하는 생각도 드는데요. 수입하려면 냉동을 할 거라는 말이에요. 그런데 냉동했는데, 어떻게 안 죽었을까 싶기도 하고요.

지:: 삼겹살 먹고 기생충에 감염되는 사람이 1년에 1명 정도는 나타나는 것으로 추정된다는 건가요?

서:: 꼭 삼겹살이라고 단정 지을 수는 없어요. 갈고리촌충에 걸린 사람이 그 유충인 유구낭미충에 걸리기 쉽지만, 유구낭미충은 사실 갈고리촌충의 알만 먹어도 감염이 되거든요. 그래서 제가 북한 이야기를 한 거예요. 간첩이 갈고리촌충의 알을 여기저기 뿌리는 게 아닐까? 어쩌면 외국인 근로자가 의도하지는 않았지만 알을 뿌리는 것일까? 하여튼 누군가가 지금 갈고리촌충의 알을 조금씩 뿌리고 있는 것 같아요. 그 사람을 잡아야 합니다.

지:: 개구충이나 분선충은 흙을 통해 감염이 된다고 하던데요. 피부를 뚫고 들어오는 건가요?

서:: 그렇습니다. 우리나라에서는 흔한 경우는 아니지만, 외국 환자들 보니까 증상이 심각하더라고요. 우리나라에도 흙 밟는 것에서 기쁨을 느끼는 분들이 있는데, 사실 조심해야죠. 신발이라는 문명의 이기가 있는데 왜 원시시대를 동경하는지.

지:: "기생충은 모두에게 평등하게 감염이 되는 건데, 이제는 특수한 계층에만 있는 병이 되었다"고 하셨는데요, 이를테면 경제적으로 취약한 쪽이

걸릴 확률이 높다는 건가요?

서:: 우리나라에 국한하면 그렇다는 거고요, 아주 못사는 분들 말고 중산층을 노립니다. 그것도 지방의 중산층. 강가에 살면서 생선을 잡아 회로 드시는 분들이나 해안가 마을에 사는 분들이요. 서울은 물론이고 도시에 살면 사실 기생충이 없어요. 97퍼센트가 기생충이 없고 3퍼센트만 있다는 것은 더 이상 기생충이 평등의 상징이 아니라는 거잖아요. 옛날처럼 세종대왕과 일반 서민들이 누가 더 회충을 많이 가지고 있느냐 하고 겨루던 그런 시절의 기생충은 최소한 아니라는 거죠.

지:: 편충이 가장 아름답다고 하셨는데요. 실제로 예쁘게 보이는 건가요?(웃음)

서:: 편충은 진짜 예쁘죠. 어떻게 저렇게 생겼을까 하고 넋을 잃게 만드는 면이 있죠. 일반적인 기생충의 모습은 아니에요. 알도 멋지고요. 편충 알이 그려진 티셔츠가 나올 정도였죠.

지:: 가장 애착이 가는 기생충이 있나요? 연민이 간다, 짠하다 싶은.(웃음)

서:: 광절열두조충을 좋아하고요. 제왕의 풍모를 가졌잖습니까? 크기에서도 압도하고, 그 큰 애들이 몸을 접고 숨어 있는 것을 보면 짠하기도 하고 대견하기도 하고 그렇습니다. 이런 애들이 좀 많아져야 할 텐데요.

지:: 기생충 전도사로서 대중한테 하고 싶은 핵심적인 이야기는 무엇인가요?

서:: 처음에는 기생충은 나쁜 애가 아니라고 하다가 너무 그렇게만 이야기

하니까 없어 보여서 기생충의 정신을 인간이 배워야 한다고 이야기하고 있어요.

지:: 특히 정치인이 배워야 한다.(웃음)

서:: 네, 그렇게 말하면 좀 지식인 같잖아요.(웃음) 그래서 그런 이야기를 좀 하죠. 인간이 너무 지구를 파괴한다, 네안데르탈인을 죽인 게 인간이다, 반면 기생충은 숙주와 공존하려 한다, 공존을 하자, 이렇게 이야기를 하는데요.

지:: 기생충의 공존정신을 배우자?(웃음)

서:: 제가 기생충 한 마리를 키워서 확실한 공존의 아이콘으로 부각될 수 있어야 되는데. 최소한 광절열두조충 정도는 몸에 지니고 다녀야 실천까지 하는 멋진 사람이 될 텐데, 그게 아쉽습니다.(웃음)

지:: 시체(?)만 구하고, 살아 있는 것을 보신 적은 없으신 건가요?

서:: 광절열두조충은 꺼낼 때 다 죽어 있죠. 구충제 먹여서 꺼내야 하니까요. 수술로 꺼낸 게 움직이는 경우는 많이 보았어요. 20년 된 스파르가눔도 움직였고요. 제가 논문에도 썼어요. 꺼냈을 때 꿈틀댔다고.(웃음)

지:: 의사들도 기생충에 대한 편견이 아주 많고, 일반인과 똑같은 것 같은데요.

서:: 아주 많죠. 아무래도 기생충학이 없는 의과대학이 41개 중에서 11개나 되고요. 기초의학이 위축되는 시대라서 수업이 많이 줄어든 게 의사들이 기생충을 잘 모르는 원인이 아닐까 싶어요.

지:: 기생충에 편견을 가진 의사들에게 해주실 말씀은 없으신가요?

서:: 드물기는 하지만 기생충을 한 번 정도는 의심해보라고 말씀드리고 싶습니다. 백혈구 중에서 기생충에 감염되면 올라가는 호산구라는 게 있거든요. 호산구가 높아질 때는 기생충 검사를 의뢰해주면 좋겠습니다. 그리고 의과대학이라면 기생충학을 제대로 가르치는 게 맞다고 봐요. 루게릭병이라고 있는데요, 그게 빈도가 10만 명에 하나 나올까 말까 하는 굉장히 드문 질환입니다. 그런 병에 대해서는 배우면서 백만 명 이상의 감염자가 있는 기생충을 가르치지 않는다는 것은 말이 안 되는 거죠.

지:: 루게릭병은 영화 소재로 쓰이기도 했잖아요.

서:: 드라마에서 불치의 기생충에 걸린 사람을 해주면 좋겠는데요. 불치의 기생충이 없는 게 문제라는 거죠. 기생충에 걸린 사람을 주인공으로 만들려고 해도 약 한 알이면 낫기 때문에 드라마에 쓸 수가 없어요. (웃음)

지:: 세계보건기구에서 뽑은 반드시 박멸해야 될 6가지 질환이 있잖아요.

서:: 세계보건기구가 20세기가 가기 전에 꼭 박멸하겠다고 다짐한 질환이 6개인데, 나병 빼고는 5개가 다 기생충이에요. 말라리아, 림프사상충, 수면병, 실명을 일으키는 회선사상충, 주혈흡충이 그건데요, 주혈흡충 얘네들이 금슬은 좋은데 증상은 심각해요. 금슬이 너무 좋아도 문제예요. (웃음)

지:: 이 질환들이 우리나라에서는 발생하지 않는다는 거죠?

서:: 그래서 우리나라가 좋은 나라라는 거죠. 딱 하나, 림프사상충 하나만 발생했는데, 그나마 박멸이 되었죠.

지:: 환경적으로 열악한 상황이 되면 발병할 수도 있는 거잖아요. 전쟁이 난다거나.

서:: 그러면 다시 기생충이 창궐을 할 수가 있죠. 그래도 전쟁은 안 났으면 좋겠어요. 기생충이 창궐하는 것은 저 같은 학자한테는 기회일 수 있지만.(웃음) 전쟁은 정말 아니라고 생각합니다. 그렇게 되면 기생충 환자는 늘어나지만, 연구를 못 하잖아요. 연구를 해서 학술지에 내는 일을 하기가 어려워지죠. 전쟁이 나면 삼성 반도체가 제일 아깝겠죠. 세계 1위를 빼앗기면 회복하기 어렵잖아요. 제가 가진 게 있는 사람이라 그런 걱정을 하는 것 같은데요.(웃음) 천안에 크게 삼성전자 공장이 있잖아요. 그것 때문에 천안이 먹고 산다고 하더라고요. 제가 천안에 이사 간 뒤부터는 삼성을 욕하는 글을 쓴 적이 없는데요. 제가 이렇게 권력에 굴복하는 인간이라는 게 부끄럽네요.

지:: 〈라디오스타〉 식으로 물어볼게요. 서민에게 기생충이란?
서:: 서로에게 잘 맞는 것 같아요. 기생충은 저 때문에 오해를 좀 덜었고, 저는 기생충 때문에 방송에도 나올 수 있었고, 최초로 팔리는 책을 쓴 것도 기생충 때문이니까요. 서로에게 궁합이 잘 맞는 것 같아요.

5장

천생 학자, 서민

"연구나 해라" VS "논문 있는데?"

지∷ 연구하면서 가장 보람 있거나 즐거웠을 때가 언제인가요?

서∷ 기생충학계에 뛰어든 지 23년째인데, 가장 보람 있는 순간은 역시 기생충 연구로 상을 받았을 때죠. 논문 많이 썼다고 연구 업적상을 한 번 받았고, 논문 한 편이 우수하다고 학회 학술상을 받았죠. 가장 영광스러운 순간이었죠. 상을 받고나니 그간의 상황이 주마등처럼 스쳐지나가더라고요.

지∷ 연구자로서의 삶을 인정받았다는 거니까요.

서∷ 그렇죠. 지금 생각하니 기생충학회에서 학술상을 받았을 때가 더 기쁜 것 같네요. 같은 길을 걷는 학자들 사이에서 인정받았다는 거니까요. 저희 학회에 미녀 교수님이 계신데요, 그분이 2006년에 학술상을 받았어요. 저랑 동갑인데. 제가 군대를 다녀왔으니 3년을 빼준다고 해도 2009년에는 받았어야 하는데, 이런 생각을 하면서 참 부러워했거든요. 그런데 늦게라도 상을 받았으니.

지:: 말씀하시는 것을 들어보니 천생 학자로서 연구에 대한 애정이 있으신 건데요. 다른 데 시간을 빼앗기면 연구할 시간이 줄어들잖아요. 방송만 해도 하루 종일 녹화하기도 하고, 준비할 것도 있을 텐데요.

서:: 시간을 빼앗기기는 하지요. 보통 하루, 길게는 이틀까지 시간을 빼앗겨요. 그걸 만회하기 위해 가정을 포기하다시피 했어요. 그래서 집에 와서 일하고, 주말에도 계속 일만 하고 그렇게 보냈어요. 아내랑 강아지들하고 놀아주고 그래야 되는데, 그런 것을 포기하는 것이 마음이 아프죠.

지:: 가정생활을 포기한 부분은 사모님한테 출연료로 보상을 하는 건가요?(웃음)

서:: 그렇기는 하죠. 아내한테 출연료 송금할 때마다 뿌듯하기는 해요.

지:: 원래 연구를 잘 안 하셨다면서요?

서:: 연구 안 하고 어영부영하면서 술만 마시던 시절을 제가 들개 시절이라고 부르는데요, 그때는 제가 연구에 자신이 없었어요. 술을 마신 거는 현실을 잊기 위해서고요. 잘릴지도 모른다는 불안감으로 술을 마셨던 세월이죠. 그래도 지금 생각해보면 그 생활이 많이 도움이 되었던 것 같아요. 술만 마신 게 아니라 책도 많이 읽고, 글도 많이 쓰고, 그런 것이 논문왕이 되기 위한 준비 단계가 아니었을까, 그런 생각이 듭니다.

지:: 논문에 스토리를 입히는 데 큰 도움이 되는 과정이었다?

서:: 그렇죠. 큰 도움이 되었고. 그때 같이 술 마신 사람 중에서 저랑 같이 연구를 하게 된 친구도 있었으니까 어찌 보면 네트워크를 만드는 과정이기도 했죠. 연구도 사실 연줄이 중요하니까요.

지:: 갑자기 연구를 열심히 하게 된 계기가 있나요?

서:: 기자는 기사로 평가받고 투수는 공을 얼마나 잘 던지느냐로 평가받는 것처럼, 교수는 정말 논문으로 평가받는 건데요, 제가 연구를 한창 안 할 때는 사람들이 저를 보는 시각이 '쟤는 논문도 안 쓰고, 교수가 아니라 엔터테이너야' 이렇게 비웃었어요. 부끄러운 시절이죠. 겉으로는 웃지만, 속으로는 썩어들어가고 그랬던 시절이죠. 우리 학교 교수들도 저하고는 일체 연구 이야기를 하지 않았는데요. 막상 연구를 하고, 논문을 한 편, 두 편 쓰니까 시각이 달라지고, 나중에 업적상도 타고 하니까, 동료 선생들이 저한테 공동 연구를 하자고 하더라고요. 그전에는 저한테 술 한잔하자고 하는 사람은 있었지만, 연구를 같이 하자는 사람은 없었는데요. 사람이 이렇게 평가가 달라지는구나 싶어서 뿌듯했죠. 교수들 중에는 논문 점수가 안 되서 고생하는 분들도 좀 있거든요. 저는 그 마음을 누구보다 잘 알기 때문에 따뜻하게 격려도 해주고 그래요. 원래 논문 많이 쓰는 교수들은 안 그래요. 논문 없는 사람을 차별하고, 상대도 안 해버려요.

제 들개 시절 때 어떤 교수님 한 분을 영안실에서 만났어요. 논문 업적이 굉장히 뛰어난 분인데, 저랑 마주 앉아 있으면서도 저하고는 단 한마디도 나누지 않고 제 옆에 있는 사람이랑만 1시간 넘게 이야기하더라고요. 물론 그 교수님이 예의가 없기는 하지만, 어쨌든 다시는 그런 대접을 받는 시절로 돌아가고 싶지 않은 거예요. 제 인생에 도움이 되었다 어쨌다 해도, 사실 떳떳하지 못한 세월이었잖아요.

지:: 지금 학자로서 인정받는 부분이 많이 깨질 것 같다는 두려움도 있다는 건가요?
서:: 그렇지요. 게다가 저처럼 방송을 나가거나 외부 활동을 할 때, 논문이 있다는 것이 떳떳하게 외도를 할 수 있는 면죄부 같은 것이 되더라고요.

지:: '학자가 공부는 안 하고' 이럴 때 '어, 논문 있는데?' (웃음)
서:: 실제로 『경향신문』 칼럼에 "기생충이나 연구하지"라는 댓글이 가끔 달려요. 논문을 많이 쓰니까 그런 말을 들어도 찔리지가 않는 거죠. 실제로 "저 올해 논문 열 편 썼습니다"라고 댓글을 단 적도 있는데요. 그렇게 할 수 있다는 게 되게 좋더라고요. 앞으로도 매년 열 편씩은 쓰자고 스스로에게 다짐하고는 해요. 들개 시절에는 컴퓨터 앞에 앉아 논문을 쓰려고 해도, 하루에 한두 줄도 못 쓰고 그랬어요. 뭐든지 안 하다 하면 어렵잖아요. 세 편 정도만 써보면 그 벽이 허물어지고 논문 쓰는 게 별게 아니구나 싶지만, 그때는 어찌나 괴롭던지.

지:: 글 쓰는 것도 처음에나 어렵지, 조금 해보고 나면 익숙해지잖아요. 논문을 쓰는 노하우랄까, 이런 게 생기셨겠네요.
서:: 그렇죠. 노하우가 생겼죠.

지:: 비결이 있다면 어떤 게 있나요?

서:: 역시 책 읽기가.(웃음)

『네이처』와 『사이언스』는 신적인 존재

지:: 기생충 학자로서의 목표나 포부를 말씀해주세요. 이를테면 노벨상 수상이라든지.(웃음)

서:: 노벨상 수상은 처음에 세상을 잘 모를 때 하는 이야기고요. 들어와서 보면 노벨상 수상보다는 『네이처』나 『사이언스』 같은 유명 학술지에 논문을 내는 것을 꿈으로 가지게 되요. 그런데 세상을 좀더 알아가면 갈수록 '이거는 어렵구나' 하고 목표를 바꾸고 하는데요. 저는 목표를 완전히 바꿔서 편수로 밀고나가려는 목표를 세웠어요. 세상을 바꿀 훌륭한 논문 한 편을 쓰기보다는 차라리 자잘한 논문을 10개씩 써서 먹고살겠다고 목표를 바꾼 거죠.

지:: 자잘한 논문도 다른 사람의 연구에 도움이 될 수 있나요?

서:: 그럼요. 훌륭한 논문만큼은 아니지만, 나름대로 세상에 공헌할 수 있죠.

지:: 이를테면 강준만 교수님처럼 다작을 하겠다는 거네요.(웃음)

서:: 강준만 교수님은 한 권 한 권이 다 걸작이니 경우는 다르지만, 다작이라는 면에서는 같다고 할 수도 있죠. 그리고 외국 학술지에 싣는 것도 필요하지만, 국내 학술지에 논문을 싣는 것도 필요합니다. 국내 학술지도 살려야 하니까요. 실제로 우리나라에 '기생충학잡지'라는 이름의 기생충 학술

지가 있는데, 세계적으로 인정받은 괜찮은 학술지예요. 동남아나 중동, 심지어 프랑스 같은 나라에서도 우리 학술지에 투고를 해요. 기생충 학술지가 전 세계적으로 여러 가지가 있는데, 유럽 것과 미국 것이 패권을 놓고 피 터지게 싸우고 있어요. 일본 학술지는 그 틈새를 노려 동유럽을 석권했거든요. 반면 우리나라는 동남아시아나 중국, 이란, 사우디 등 아시아를 다 먹은 셈입니다. 논문 거절률이 국내 학술지로는 드물게 50퍼센트가 넘어요. 그런데 그 학술지에 제가 논문을 제일 많이 냈더라고요. 지난 학회 때 통계를 내보았더니 5년 동안 스물네 편이나 낸 거 있죠. 기생충 학자 중에서 1등이라고 상을 주더라고요. 상을 받고 나니 앞으로 더 열심히 써야겠다는 생각이 들더라고요. 우리 것이 좋은 거라고, 제가 논문을 많이 쓰면 쓸수록 우리 잡지가 풍성해지고 좋지 않겠습니까? 사실 이런 논리가 『네이처』에 논문을 안 쓰는, 아니 못 쓰는 애들이 자기를 합리화하려고 하는 거죠.(웃음)

지:: 기생충과 관련해서 『네이처』나 『사이언스』에 실리는 것이 아무래도 어렵겠죠. 어떤 연구를 해야 그런 데 실릴 수 있나요?
서:: 노벨상 비슷하게 되게 창의적인 연구를 하고, 만인이 알 만하다고 할 때 실릴 수 있지요. 우리나라에서 1997년인가, 어떤 젊은 기생충 학자가 『네이처』에 논문을 실었어요. 제가 그 이야기를 들었을 때 밥을 먹고 있었는데, 놀라서 젓가락을 떨어뜨렸어요. 경북대 생물교육과에 계시는 분인데, 원래 기생충을 사랑해서 기생충학 교수를 하고 싶었는데, 의대 출신이 아니라서 거기로 가신 거예요. 『네이처』에 논문을 실었던 유망한 친구가 우리 학회랑 등지게 된 거는 슬픈 일이죠. 개인적으로 그런 훌륭한 사람은

『네이처』 같은 유명 학술지에 논문을 실으면 서울대나 연세대 같은 곳에서 불러줘서, 아니면 다른 대학의 기생충 학과에서 불러서 꿈을 펼칠 기회를 주었으면 좋겠다 싶은데요.

그 후로는 『네이처』에 제1저자로 쓴 사람이 나오고 있지 않죠. 저 같은 과학자에게 『네이처』나 『사이언스』는 북극성 같은 존재예요. 지난번에도 황우석 박사 사태가 났을 때, 과학계 사람들은 처음에 다 황우석을 지지했죠. 왜 그랬냐 하면 『사이언스』에 실린 논문이 설마 조작이겠냐, 우리는 상상조차 할 수 없었으니까요. 『네이처Nature』, 『사이언스Science』, 『셀Cell』, 이걸 NSC라고 부르는데요, 이게 우리한테는 거의 신이에요. 저는 그 꿈을 다 버리고, 쪽수로 하겠다는 거고요.(웃음)

지∷ 나중에 하다 보면 나올 수 있겠지만, 굳이 『네이처』 같은 데 실릴 큰 연구 논문을 위해서 시간을 보내기보다는 여러 편의 논문을 꾸준히 쓰시겠다는 거네요.

서∷ 그런 연구를 하려면 공장을 만들어서 돌려야 해요. 사람을 밑에 많이 둬야 하고, 그중 몇 명은 박사급으로 해야 되고, 공장 경영자처럼 밑에 있는 10여 명의 사람들에게 월급 주고 해야 되는데, 제게 그런 능력이 없더라고요. 그래서 저 혼자, 혹은 저랑 조교 단 둘이서 할 수 있는 소소한 연구를 하겠다, 그렇게 생각한 거고요, 우리나라는 아직도 그런 게 먹혀요. 제가 "올해 논문 아홉 편 썼어" 이렇게 말하면 다들 '우와' 하고 놀라거든요. 아직은 쪽수로 좀 버틸 수 있는 시대니까, 당분간은 밀고나가려고요.

지∷ 조교와 교수님 두 분 이름이 올라가는 건가요?

서:: 두세 명 이렇게 올라가는 거죠. 논문이라는 게 그렇더라고요. 들개 시절에는 뭘 연구하지 하고 항상 머리를 쥐어뜯고 있어도 아무 생각이 안 났는데요. 논문을 좀 써보니까 '이런 것도 논문감으로 괜찮겠네' 하는 것이 눈에 보여요.

지:: 공부를 하다 보면 더 궁금한 것이 생기고, 더 알게 되면 새로운 것이 보이잖아요.

서:: 그렇죠. 한 가지 남들이 잘 모르는 게, 기생충 학자 50명 중에서 연구 순위를 따져보았을 때 제가 한 25위 정도 되거든요. 제가 편수만 많지 논문의 파괴력 이런 거는 많이 떨어져서요. 그런데도 "서민 교수가 우리나라 기생충의 대가다, 초전문가고, 모든 기생충에 대해서 알고 있다"고 생각하는데, 이게 매스컴의 착시 효과지요. 남들이 그걸 잘 모르고 있는데요. 기왕 모르시는 거 계속 몰라도 크게 해로울 것 같지는 않습니다.(웃음) 언젠가 내과학회 쪽에서 우리나라 기생충을 총정리하는 논문을 써달라고 했어요. 제가 그 요청을 받고 나서 굉장히 기뻐서 베란다에 서서 만세를 좀 부르고 했는데요. 학자로서 그런 게 영광이죠. 원래는 제가 논문을 쓰고 나서 실어달라고 학술지에 투고를 하는 건데, 그 경우에는 내과학회에서 저를 기생충학을 총정리할 수 있는 대가라고, 돈까지 주면서 써달라고 모신 거거든요. 방송을 하면서도 학술적인 것도 인정받는다는 게, 두 마리 토끼를 다 잡는다는 것이 되게 기분이 좋았어요.

지:: 논문도 많이 쓰시고 그런 부분도 있지만, 국내 유일의 기생충 학자 이런 표현이 언론에 나오기도 하는데요. 그러면 기생충학계 내부에서는 본

의 아니게 오해받고 '왜 그렇게 이야기하지?' 이런 경우도 있지 않나요? 거기에 대해서 반감을 가진 분도 계실 수 있고요.

서:: 들개 시절에 기생충 학자들에게 술을 많이 사서 괜찮을 것 같습니다.(웃음)

지:: 평소의 인간성을 보고, '아, 그럴 사람이 아니다?'

서:: 술을 한 번씩 마셔보면 그다음에는 욕을 안 하시더라고요. 선배한테도 제가 술을 사고 그랬으니까요.

지:: 애들은 기생충에 대한 인식이 옛날 어른들이 채변 봉투 생각하는 것하고 굉장히 많이 달라진 것 같습니다. 텔레비전 보니까 기생충 같이 생긴 게 주인공으로 나오는 애니메이션도 있더라고요. 인식이 상당이 바뀌었다는 건데요.

서:: 이렇게 말하면 우습지만, 제 공이 아닐까요?(웃음)

〈연가시〉는 내 은인

지:: 그렇다고 봐야겠죠.(웃음) 그런 것을 많이 피부로 느끼시죠? 애들 생각이 바뀐 부분이.

서:: 그거는 저보다는 영화 〈연가시〉 때문인 것 같아요. 〈연가시〉 덕분에 기생충에 대한 관심이 급증했으니까요. 사실 책 하나 쓰는 것보다 영화 하나 멋있는 게 만들어지는 것이 훨씬 더 영향을 끼치는 것 같아요.

지:: 영화의 시대죠. 어쨌든 〈연가시〉가 긍정적인 역할을 한 거네요.

서:: 긍정적인 역할을 했죠. 제 인생은 〈연가시〉 전과 후로 나뉜다니까요. 실제 〈연가시〉 덕분에 『서민의 기생충 열전』을 쓸 수 있었던 거고요. 그 덕분에 강의도 많이 들어왔습니다.

지:: 〈연가시〉 덕분에 기생충에 대한 관심이 늘어나고, 거기에 『서민의 기생충 열전』에 실린 글들이 네이버에 연재되면서 인기를 끌었고, 게다가 방송과 강의 요청이 들어오고, 이런 게 맞물린 거군요. 영화 〈연가시〉가 대중에게 기생충이라는 존재를 알리는 데 큰 역할을 한 거군요.

서:: 그럼요. 제 은인이라니까요.

지:: 지금 기생충학이라는 것이 후학도 안 생기고 어렵기는 하지만, 최근 방송 활동도 많이 하고 관심이 늘어나면서 전망이 밝아질 수 있는 요소가 있지 않습니까?

서:: 별로 그런 것 같지는 않아요. 기초의학이 위축된 거는 외환 위기가 결정적이지만, 의학전문대학원도 큰 영향을 끼친 것 같아요. 한 학기에 1,000만 원 이상씩 비싼 등록금을 내고 학교를 다니니, 그걸 한탕에 만화하기 위해서는 기초의학 같은 것을 해서는 절대로 안 된다는 마음을 가진 것 같아요. 실제로 매년 의대를 졸업하는 3,000명 중에서 2,000명이 의전원생인데, 처음 의전원을 만든 취지는 의전원생은 졸업 후 기초의학에 많이 갈 거라고 생각한 거거든요. 그런데 아니더라고요. 물론 의전원의 긍정적인 면이 있기는 하죠. 임상의학도 많은 연구가 필요하고, 의전원 출신이 그전 의대 출신보다 연구를 잘 할 수 있을 거예요. 하지만 기생충학이나 기초의학에는

안 좋은 영향을 끼친 것 같아요.

지:: 인기를 높이기 위해서 상황을 개선해야 될 텐데요. 어떤 방법이 있을까요? 대중들한테 지속적으로 기생충을 알리고 화제가 되었지만, 학문 환경을 변화시킬 정도는 못 된다는 건데요.

서:: 변호사를 예로 들면, 로스쿨 출신 변호사는 상상을 초월하는 선택을 하지 않습니까? 그게 갈 데가 없어서 그런 측면도 있을 텐데요. 그에 비하면 아직은 의사가 먹고살 만하다는 이야기도 되는 것 같아요. 뭘 해도 기생충학 교수보다는 돈을 더 벌 수 있다는.

지:: 외국에는 위험한 기생충이 도는 경우가 많다고 하셨잖아요.

서:: 뇌를 파먹는 아메바 같은 것이 있죠. 그래서 우리나라가 좋은 나라라니까요. 기생충으로 죽는 경우가 없으니까요.

지:: 리슈만편모충 이런 것도 인간에게 피해를 많이 준다고 하던데요.

서:: 진짜 공부를 많이 하셨네요. 모르는 게 없으세요.

지:: 책에 쓰셨잖아요. (웃음)

서:: 리슈만편모충은 『기생충 열전 2』에서 쓸 건데, 예지력이 있으신 것 같네요. (웃음) 리슈만편모충 같은 것은 우리나라에서 유행할 가능성이 없어요. 모래파리가 옮기는데, 우리나라에 그게 없어서.

지:: 『기생충 열전 2』를 준비 중이신가봐요.

서:: 1탄의 성공에 도취되어 2탄을 쓰겠다는 것이 아니라 이미 한 편을 쓸 때부터 저 자신과 약속이 되어 있었어요. 출판사는 제가 쓴다는 걸 아직 몰라요. 미리 이야기를 하면 '언제까지 할 거냐?' 이렇게 독촉을 받기 때문에.

지:: 마감의 고통 때문에.(웃음)

서:: 많이 느끼고 있기 때문에. 그중에 리슈만편모충도 물론 들어갈 거고요. 유극악구충도요.

지:: 턱 쪽에 사는 건가요?

서:: 보통 악구충 하면 악성 구충 이런 식으로 생각하기 쉬운데, 턱顎이라고 바로 말씀하시네요. 대단하십니다.(웃음)

지:: 2탄에는 어떤 기생충이 들어가나요?

서:: 주로 원충을 다룰 겁니다. 샤가스병, 머릿니, 가시아메바, 자유생활아메바 등 거기 들어갈 리스트를 30개 정도 뽑아놓았거든요. 또 뭐가 있냐면 질편모충이라든지, 이질아메바, 람블편모충 등이 있는데요, 사실 서른 가지 정도를 정해놓았다고 하면 서너 가지만 말하면 되었다고 하고 넘어갈 줄 알았는데, 계속 적으시기에 많이 당황했습니다.(웃음)

지:: 많이 당황하셨어요?(웃음)

서:: 저도 이 리스트를 만들 때가 한 달 전이라, 다시 기억한다는 게 지금 머리로는 고통스럽네요.(웃음)

지:: 『서민의 기생충 열전』 내고 나서 성과나 이런 데 대해서 만족스러우신 가요?

서:: 외부 강의에 가서 제 소개를 할 때마다 "저서에는 『기생충 열전』이 있습니다"라고 자신 있게 이야기합니다. 다른 책 이야기는 일체 안 해요. 기존 저서를 부인하고 싶은 거죠.(웃음) 저는 제 책이 나오면 나온 순간에 이 책은 쓰레기구나, 이런 것을 알아채요. 만들기 전에 알면 더 좋겠지만, 아무튼 누가 그 책에 대해 물으면 '아, 그거는 우리 형이 썼어. 형이 나랑 동명이인이야' 이렇게 이야기를 해요. 그런데 『서민의 기생충 열전』은 나온 지 벌써 6개월이 지났는데도 아직도 '내 저서다, 내가 썼다' 하고 이야기를 하고 다닌다는 것이 만족스럽다는 이야기죠. 제가 글쓰기 지옥 훈련을 했다고 했잖습니까? 그 결정체가 바로 이 책이고요. 책을 쓰다가도 몇 번이나 '아니 어떻게 이렇게 잘 썼지' 하고 감탄을 했던 책이기 때문에 만족스럽죠.(웃음)

지:: 계속 쓰시다 보니 잠재력이 터진 셈이네요.(웃음)

서:: 보통 책을 쓰다가 안 되면 좌절을 하는데, 저는 좌절하는 대신에 자신을 채찍질하면서 언젠가는 베스트셀러를 쓰겠다는 마음으로 갔던 것이 큰 도움이 되지 않았을까 싶습니다. 기회라는 것이 언제 올지 모르니, 미리 준비를 해두는 게 중요하구나 싶었어요. 그리고 제가 『서민의 기생충 열전』을 쓰고나니까, 그전에 제가 전문가가 아니었나보다 하는 생각이 들었어요. 무슨 말이냐면, 『서민의 기생충 열전』에 나왔던 기생충을 학교 수업 때 애들한테 가르치는데, 너무 잘 가르치는 거예요. 각 기생충에 대해서 쓰려고 열댓 편씩 참고 문헌을 읽다 보니까 그렇게 박식해진 거예요. 2탄을 쓰

겠다는 것도 책에 안 나온 기생충을 가르치려니 제가 답답해서 그러는 것도 있어요. 역시 사람은 책을 써야 전문가가 돼요.

지:: 그전에 하던 강의하고, 이 책으로 정리해보고 하는 강의하고 완전히 다를 것 같네요. 콘텐츠 자체가 확 바뀌었다기보다는 콘텐츠를 전달하는 방법이 달라지셨을 것 같아요.

서:: 확실하게 말씀드릴 수 있는 것이, 제 강의는 『서민의 기생충 열전』을 쓴 이전과 이후로 나뉩니다. 이전에는 제가 강의를 진짜 잘 못했어요. 어렵다고도 하고, '애들이 왜 잘까?' 이것에 대해서 상처받고 그랬는데요. 그 이후에는 학생들의 집중도가 장난이 아닙니다. 책을 쓰고 나서 강의에도 눈을 떴죠. 제가 항상 말씀드리는 것이, 제가 서울대 교수도 아닌데 그 이전부터 기생충 전문가로 불렸던 것은 역시 저서가 있기 때문이라고 생각합니다. 기자들이 전문가의 조언이 필요할 때 책을 쓴 사람을 검색해서 전화를 거니까요. 일찍부터 저서에 눈떴던 제가 기특하더라고요.

지:: 이번에는 학술서에 가깝게 쓰셨는데, 그전에는 소설이나 에세이 형태로 많이 쓰셨지 않습니까? 『딴지일보』에 연재할 때도 인기가 있으셨고요.

서:: 그전에는 블로그 연재한 것을 모아서 쓴 거고요. 물론 네이버 캐스트도 연재는 연재지만, 블로그 연재에는 통일성이 없잖아요. 『기생충의 변명』을 보면 똑같은 이야기가 서너 번 나오고, 나중에 분량이 모자라니까 의학에 대한 제 생각을 근거도 없이 떠들고, 이거는 책이 아니죠. 그런 식으로 책을 내면 안 됩니다. 반성하고 있습니다. 그 책을 산 분들께는 죄송하고요. 『서민의 기생충 열전』을 그 책을 산 분들한테 다 나눠주고 싶은데,

그런 분이 몇 분 안 돼요. 그게 반전이죠.(웃음)

지:: 그전에는 정준호 씨가 쓴 것이 기생충 관련 대중 서적으로는 거의 유일했던 거죠.

서:: 칼 짐머의 『기생충 제국』 이후로 국내 학자로는 정준호 씨 책이 유일했죠.

지:: 외국에도 거의 없나요?

서:: 외국에는 많죠. 그런데 제 책처럼 유머러스한 책은 없어요. 그래서 제 책을 영어로 만들어서 팔자는 사람도 있어요. 제 집사람이 한 이야기니까 큰 임팩트는 없는데요.(웃음) 저는 그러고픈 마음은 없어요. 한국적 상황에 맞추어 쓴 것이기 때문에 그렇기도 하고, 제 유머의 맛이 영어로는 살지 않을 것 같아요. 안 웃을 거 아니에요. 장하석이라는 제 친구가 있는데요. 『온도계의 철학』이라는 엄청난 책을 영어로 썼어요. 올해 그 책의 한국어 번역판이 나왔는데, 자기가 번역한 게 아니고 영문과 나온 분이 했더라고요. 놀랍지 않습니까? 우리말을 너무나 능란하게 잘하는 친구가, 그 번역을 다른 사람에게 맡겼다는 게요. 그만큼 번역이 어려운 겁니다. 저자도 하기 어려운 것이 번역입니다.

지:: 두 언어에 다 능통해야 되니까요.

서:: 제가 영어를 배워서 다시 해보겠습니다.(웃음)

지:: "우리나라에 기생충 학과가 생긴 거는 1954년, 지금은 돌아가신 서병설 교수님이 서울대 의대에 만드신 게 최초다. 그 후 연세대 의대를 비롯해

다른 의대에 기생충 학과가 생기기 시작, 지금은 30개 의과대학에서 50명의 교수가 활동 중이다"라고 하셨는데요. 앞으로 전망이 밝지는 않다는 말씀이신 거죠?

서:: 1명이 그만두면 그 자리를 채울 만한 사람이 없어서 다른 과에 교수 TO를 빼앗기고 이런 상황이 되었기 때문에 굉장히 안타깝죠.

지:: 정교수가 되신 것은 언제인가요?

서:: 2012년에 되었죠.

지:: 교수가 되신 것은.

서:: 1999년이고요. 서른둘이었으니 무지 빠른 나이에 되었는데요. 그만한 능력이 없던 때라 부끄럽기는 하네요.

지:: 군대로 치면 이등병이 자대에 갔는데, 병장만 있어서 그분들이 곧 제대하고 바로 고참이 되는 것하고 비슷한 상황이었나요?(웃음)

서:: 적절한 비유네요. 아무튼 단국대는 오랫동안 저를 기다리고 있었던 것 같아요. 제 생각에는.(웃음)

지:: 자리를 마련해두고?

서:: 기생충 학과 교수 자리를 비워둔 게 사실 꼭 저를 기다린 거는 아니에요. 의사자격증 소지자를 원했던 건데, 지원자가 아무도 없었던 거죠. 그러니까 저는 의사 면허 하나로 교수가 된 거죠. 제가 2007년부터 연구를 열심히 했으니까, 1999년부터 2006년까지 7년 동안 제가 들개처럼 살았는데

요.(웃음) 교수에게 요구되는 논문 기준이 지금처럼 높았으면 진작 잘렸을 거예요. 실제로 지금 몇몇 교수들이 논문 점수 때문에 잘리기도 하는데요, 그랬으면 단국대와 저는 아름다운 이별이 아니고, 슬픈 이별을 했을 거예요. 그런데 다행히 2007년부터 정신 차려서 논문을 썼고 정교수까지 되었지요. 승진하는 것을 허들 넘는 것에 비유하면 과거에는 조교수, 부교수가 되는 데 허들 높이가 무릎 높이도 안 될 만큼 낮았어요. 그런데 논문 점수 기준이 점점 높아져서 정교수가 되려면 2미터 높이의 허들을 뛰어넘어야 했어요. 다행히 제가 2007년부터 열심히 연구한 덕분에 그 허들을, 마지막 장애물을 넘었던 거죠. 뒤늦게라도 각성한 것이 대견하죠.

지:: 커리큘럼이라고 하나요? 배우는 과정이나 내용이 예전 학생 때하고 달라졌나요?

서:: 그럼요. 옛날에는 회충 가지고 하루 종일 강의하기도 했어요. 회충의 외모부터 시작해서 우리 몸에 들어오고 난 뒤의 행적 등을 1시간이 넘게 강의했죠. 요즘은 우리나라에 없는 것들은 한 번에 모아서, 이런 게 있다는 식으로 강의하고 말아요. 지금 문제가 되는 기생충 위주로 강의하고 있죠. 이거는 물론 자랑인데요. 2012년에 전국 30개 의과대학이 동시에 기생충 과목 시험을 본 적이 있어요. 거기서 우리 학교 애들이 5등을 했습니다. 다른 과목은 안 그랬는데요. 제가 탁월하게 강의를 잘했다는 이야기죠.(웃음) 물론 문제 출제 위원 중 1명이 저였다는 것도 중요하지만, 출제 위원이 누구든 간에 우리 학생들의 실력이 좋았다는 거잖아요.(웃음)

지:: 기생충 학자가 되고 싶은 학생들한테 어떤 이야기를 주로 해주시나요?

이런 것을 좀더 주의해서 공부하라든지, 어떤 철학 같은 것들.

서:: 의대생 중에는 기생충을 하겠다고 찾아오는 학생이 거의 없어요. 저를 좋아하던 어떤 여학생이 웃자고 "선생님 저 기생충 하면 안 되나요?" 한 적은 있지만, 실제로 하겠다는 학생은 없었고요. 의대 출신이 아닌 학생이 찾아온 경우는 몇 있어요. 그럴 때는 이야기하죠. 박사를 따도 교수 자리 잡기가 어려울 수 있으니, 생각해보시라고. 그렇게 이야기하면서도 좀 미안하죠. 의욕이 있는데 불투명한 미래 때문에 접어야 하니까요. 의대 졸업생이 와도 갑갑할 것 같기는 하네요. 교수 자리야 얻을 수 있겠지만, 앞으로 40년간 기생충 학자 모임을 할 때마다 그 친구가 주문을 받아야 될 텐데, 이게 권할 만한 길인가에 대해서 생각해봐야 할 것 같아요.

기초의학을 전공하면 배고프다는 인식

지:: "요즘 의대생들은 더 이상 기초의학을 전공하려 들지 않는다. 기생충학은 물론이고 해부학, 생화학 등도 사정은 마찬가지라는데 예전과 달리 요즘은 개업을 해도 큰돈을 벌지 못하니 기초의학을 외면하는 현 세태가 더더욱 이해되지 않는다. 우리나라 의학은 대체 어디로 가고 있는 걸까"라고 한탄하신 적도 있으신데요. 기초의학이 왜 필요하고, 많은 사람이 해야 되는지에 대해 설명해주세요.

서:: 기초의학을 전공하면 배고프다는 인식이 너무 커요. 그게 기생충에 대한 편견보다 큰데요. 사실 지금은 그렇지도 않아요. 교수로서 월급 받는 것도 그렇고, 논문 하나 쓰면 논문 격려금이 100만 원에서 1,000만 원, 2,000만 원씩 되고요. 『네이처』에 쓰면 1억 원까지 주는 학교도 있거든요. 그런

현실에 대해서 모르는 것 같아요. 기초의학이 뭘 하는지에 대해서 관심도 없고, 오직 돈 벌겠다는 마음으로 의대에 들어왔고, 지금까지 이걸 위해서 노력했기 때문에 의사가 될 거야, 이것 말고는 어떤 말도 귀에 안 들어오는 것 같아요. 안타깝죠. 막상 기초 교수가 어떻게 사는지를 좀 보면 생각이 달라질 것 같은데요. 제 월급이 임상 선생님보다 30~50퍼센트 가까이 적기는 하지만, 알바를 통해서 얼마든지 극복할 수 있잖아요. 그리고 임상 의사들의 삶이 사실은 만만하지 않아요. 새벽 2시까지 일하고, 당직도 서고 그러잖아요. 저도 학교에서 밤새고 이럴 때가 있지만, 그거는 제가 원해서 '이 논문 오늘까지 끝내야겠다' 이런 생각으로 하는 거거든요. 그런 것하고 어쩔 수 없이 돌아가며 순번대로 하는 것하고는 기쁨의 정도가 다르다는 거죠. 하고 싶은 것을 하는 것과 언제 올지 모르는 환자를 기다리는 것은 하늘과 땅 차이죠.

단지 돈 말고 그 이면에 있는 플러스알파를 봐주면 좋겠어요. 참고로 방송 출연료까지 합치면 제가 임상보다 번다는 설도 있어요.(웃음) 그러니까 너무 돈에 목을 매지 않았으면 좋겠어요. 하는 일에 대해서도 잘 모르는 게, 해부학은 다 시체 해부만 하는지 알거든요. 교수가 되어도 시체 해부를 하는지 아는데, 교수가 시체 해부를 무엇하러 합니까? 아니거든요. 의학적인 연구를 하거든요. 연구해서 논문도 쓰고 하는데, 자기 논문이 학술지에 실리는 보람이 얼마나 큰지. 거기서도 얼마든지 명예를 찾을 수도 있고, 부도 누릴 수 있습니다. 『네이처』에다 1년에 한 편씩 실으면 매년 1억 원씩 버는 거잖아요.(웃음)

지:: 『네이처』에 실리는 것이 어렵잖아요.(웃음)

서:: 그보다 조금 떨어지는 학술지는 2,000만 원 정도 되거든요. 그거 다섯 편 쓰면 되죠.(웃음) 그 돈은 다 술값으로 써도 되는 돈인데. 안 되면 알바하면 되죠. 알바가 얼마든지 가능하잖아요.

지:: 학생들에게 의사의 직능적인 부분 외에 의료 인문학 교육의 필요성을 제기하셨는데요. 의료 인문학이라는 것은 어떤 의미인가요?

서:: 의사들의 인성을 기르고 이런 이야기인데요. 사실은 인성이라는 것이 대학에서 길러지는 것도 아니고, 개인적으로는 사실 좀 늦었다고 봐요. 의료 인문학이라는 것이 만들어지는 과정을 보면, 그런 게 있으면 왠지 인성이 더 길러질 것 같고 그런 것 때문에 대학 평가에서 이걸 꼭 만들라고 지시가 와서 대학마다 만들고 있는데요. 저희는 변호사랑 의사랑 동시에 가진 친구가 의료 인문학 교실에 왔어요. 그 친구가 법과 윤리 이런 것을 가르치면 도움이 되겠지만 인성이라는 것, 인문학이라는 것은 사실은 학교에서 배운다고 되는 것은 아닌 것 같아요. 우리 학교는 토익 800이 안 되면 본과 진급이 안 돼요. 사실 토익이 의사랑 얼마나 관계가 있겠어요? 그것보다는 예과 2년 동안 100권의 고전을 읽고 그 시험에 통과해야 본과로 갈 수 있다고 하는 것이 차라리 의료 인문학 교실을 만드는 것보다 좋지 않겠어요?

외과와 성형외과의 급여 차이

지:: 이것도 어떻게 보면 편견일지 모르겠는데, 예전 의대생 하면 책임감도

강하고, '외과 의사 정도 되어야 의사 아니냐?' 이런 분위기도 있었던 것 같은데요. 점점 응급 같은 것을 기피하기도 하고, 공부 잘하는 학생들이 예전에는 내과나 외과를 선택했다면 지금은 피부과나 성형외과 같은 것을 선택하는 것 같습니다. 예전에 의대 다닐 때하고 지금 가르치는 의대생들을 보면 가치관이 좀 달라진 게 있나요?

서┊: 저는 달라진 게 없다고 봐요. 과거에는 외과가 보람도 있었지만, 외과를 해도 충분히 잘 살 수 있었기 때문에 외과를 한 거죠. 외과뿐 아니라 다른 과도 마찬가지였어요. 그런데 지금은 외과 의사로 수련을 받고 난 뒤 취직할 곳이 없는 시대기 때문에 기피하는 거죠. 외과의 어려움에 비해 그에 걸맞은 보상이 없다는 이야기죠. 지금은 애들이 절박해요. 낮은 의료 수가 때문에 하루 100명의 환자를 봐야 병원 경영이 되니까요. 친구가 개업한 병원에 앉아서 기다리는데, 간호사가 "3,000원입니다" 이런 이야기를 수십 번 하더라고요, 한 환자에게 4,000원이라고 하니까 그 환자가 "뭐가 그렇게 비싸냐" 하고 따지는 거 있죠. 노력해서 의사가 된 건데 그 수가가 설렁탕 값도 안 된다니, 좀 슬플 수 있죠. 반면에 성형외과는 30분짜리 수술 한 번에 몇백 만 원을 벌거든요. 너무 급여 차이가 크니까 비교를 안 할 수가 없죠. 박탈감을 느낄 수밖에요.

지┊: 의사들의 직업윤리나 당위성만 가지고 문제 해결이 안 된다는 거네요.
서┊: 그럼요. 사실 돈이 중요하죠. 저만 해도 다를 것이 없는 것이, 제가 〈나는 의사다〉라는 팟캐스트 방송에 몇 번 나간 적이 있어요. 제가 그 방송을 그만두면서 천안에 살기 때문에 서울에 오기가 힘들다고 했어요. 한 달에 한 번 하는데도 불구하고요. 그런데 제가 MBC 〈컬투의 베란다쇼〉를 찍는

답시고 매주 올라온다는 말이죠. 재연 촬영까지 하니까 일주일에 두 번 올라갈 때도 여러 번이에요. 그러니까 팟캐스트 방송은 출연료가 없고 〈컬투의 베란다쇼〉는 출연료가 많다는 게 진짜 이유죠. 인간에게 돈은 중요하고, 저도 그 유혹에서 자유롭지 않은데요. 의대생들한테 돈에 초연하라고 강요할 수는 없는 것 같아요. 저희 때도 졸업생 중 1~3등이 모두 안과를 지망했고, 4등을 한 학생이 안과를 하고 싶었는데, 내과를 한 일이 있었어요. 그때는 안과가 최고 인기과였거든요.

지∷ 자리가 3개밖에 없었나 보죠.

서∷ 그렇죠. 그런 걸 보면 우리 때나 지금이나 크게 변했다고 생각하지는 않습니다. 모두가 잘 먹는다고 하면 뭘 해도 관계가 없죠. 응급을 기피하는 원인이 뭐냐 하면 응급의학과를 한다고 월급을 더 많이 주는 것도 아닌데, 밤을 책임져야 되잖아요. 그러니까 별로 하고 싶지 않은 거죠. 월급을 세 배쯤 받는다, 그러면 할 만도 하겠지만요.

지∷ 거기다 응급 환자는 의료사고에 휘말릴 가능성도 높고요.

서∷ 의료사고도 있지만, 응급실에 있으면 의사가 맞을 수가 있죠. 술 먹고 때리는 사람도 있고, 시비 거는 사람도 있고요.

지∷ 의사에 대한 인식도 이중적이잖아요. 존경하고 어려워하는 부분도 있지만, 돈 쉽게 번다, 도둑놈이다, 환자에게 뭘 빼내기 위해서 노력한다고 생각하기도 하고요. 말씀하신 것처럼 응급실 같은 데서는 가족들이 살려내라고 하면서 때리기도 하고, 그런 어려움도 많을 텐데요. 그런 인식들 때문에 의사들도 고민이 많을 것 같습니다. 〈나는 의사다〉에서도 "저는 의사들을 좀더 이해할 수 있게 되었으면 합니다. 의사에게 생활에서도 성직자 같은 높은 도덕 수준을 요구하는 것은 아니라고 봐요. 그런 게 좀 희석되었으면 좋겠습니다. 물론 진료에 있어서는 높은 도덕성이 요구되어야 하지만"이라고 하셨는데요. 의사는 생명을 다루는 사람이니까 굉장히 높은 수준의 도덕성을 요구하는 경우도 많고, 그래서 일이 터지면 멱살을 잡히는 경우도 생기는 것 같고요. 의사를 같은 인간이라고 보지 않는, 우리랑 다른 사람이라고 보는 데서 문제가 생기는 것 같거든요. 제가 아는 의사분이 그런 이야기를 하더라고요. '나도 의사지만 100명 중 1명은 사이코패스 같다, 그중 9명은 좀 싸가지가 없고, 나머지 90명 정도는 보통 사람들, 착한 사람들이다. 역으로 환자들도 마찬가지다." 그런데 문제가 생기면 사이코패스 같은 의사는 오히려 빠져나가고, 그런 일에 대한 대처 능력이 뛰어나니까, 나머지 의사들이 뒤집어쓰는 경우가 많다고 하는데요. 서로에 대한 오해 때문에 이런 일이 생기는 것 같습니다. 의사와 환자가 불신을 해소하기 위해서는 어떤 것들을 해야 할까요?

서:: 의사뿐 아니라 모든 직업이 마찬가지죠. 식당을 운영해도 그렇고요.

지:: 감정 노동 하는 사람들로서는 '무슨 저따위 인간이 있나?' 싶은 손님이 있고, 이상한 주인도 있을 수 있겠죠.

서:: 저는 의사들에 대해서 좀 안타까운 것들이 뭐냐 하면 이미 의사들이 예전 같이 먹고살 수 있는 시대는 지났거든요. 어느 정도 사회가 자리 잡히면 재벌이 안 나오는 것처럼 의사 재벌도 마찬가지인데요. 아직도 생각이 거기 머물러 있어서 의사 하면 큰돈이 된다고 생각하고 의대에 오는 분들

이 있는데, 불가능한 것을 목표로 만들어놓고, 대우가 만족스럽지 못하다고 불만에 차서 사는 분을 보면 안타까워요. 기준을 조금만 낮추면 행복해지거든요. 그런 게 아쉽죠. 많이 떨어졌다 어쩐다 해도 아직도 의사가 좋은 직업인 것이 뭐냐 하면요. 의대생들한테 한번은 이런 강의를 했어요. 얼마 전에 외교관을 하던 분이 우동집을 냈어요. 말이 우동집이지 강남에 초호화 우동집을 낸 건데요. 언론에서 '외교관이 우동집을 내서 화제'라고 해서 그 사람이 방송 프로그램 열 몇 개에 출연했어요.

지:: 고급 식당을 만든 거군요. 저도 일본처럼 장인 정신으로 만든 건지 알았는데.(웃음)

서:: 어머니한테 돈을 빌렸다고 해서 왜 그랬지 했는데, 엄청나게 크고 음식 값도 되게 비싸요. 그런 가게를 차렸는데요. 그 사람이 외교관이기 때문에 신문에 난 건데, 아직까지 의사 중에서는 우동집 연 사람이 없다는 말이에요. 그래서 학생들에게 너희도 방송에 나가고 싶으면 우동집 열었다가 닫으면 된다고 했어요.(웃음) 훨씬 더 크게 소개해줄 거고, 방송에 열댓 번 나갈 수 있는 기회를 무조건 주는데, 이런 특혜는 다른 직업을 가진 이는 절대 가질 수 없다, 아직도 의사는 좋은 직업이고, 보람도 있다, 이렇게요. 그런데 항상 타워팰리스를 기준으로 삼으면 평생 불행할 수밖에 없는 거죠. 의사 자격증으로 누릴 수 있는 게 얼마나 많은데요. 의사가 택시 운전을 한다면, '닥터 택시'라고 이름을 붙이고, 요금을 두 배 이상 비싸게 받아도 남들은 이럴 거 아니에요. '나 닥터 택시 한번 타봤다', '어 나도 타보고 싶어'.

지:: 가는 동안 의료 상담을 받을 수도 있고요.(웃음)

서:: 그렇죠. 택시 탔다가 교통사고가 나도 다 알아서 치료해줄 것 같은 믿음이 있잖아요. 아직은 의사가 먹어주는 시대인데, 참 이상한 게 뭐냐 하면, 우리 업계에서 가장 잘나가는 사람들과 비교하면서 의사의 시대는 갔다고 이야기하는 거 있죠.

지:: 그래도 의대 가잖아요.

서:: 자기 애들은 죽어도 의대에 넣으려고 하죠. 의사 아들딸들도 하나같이 의대 가겠다고 하는 걸 보면 의사는 분명 좋은 직업이고, 잘 나가는 거죠.

지:: 의사가 예전만큼 좋은 직업은 아닐지 몰라도 기대치만 좀 떨어뜨리면 다른 직업에 비해서 훨씬 괜찮은 편이라는 거네요.

서:: 아내가 미대를 나왔는데, 이렇게 말한 적이 있어요. "미대 교수들은 절대 죽지 않는다. 내가 대학원 다니던 시절에 날 지도하던 교수들이 지금도 여전히 교수를 하고 있다. 그러니 새로 교수를 뽑을 수가 없다." 미대뿐 아니라 다른 분야도 다 그렇죠. 교수되기까지 오랜 세월 시간강사를 하며 기다리잖아요. 근데 의사가 의대 교수 되는 것은 너무 쉬워요. 말도 안 나오게 쉬워요. 그냥 가서 원서 내면 되는 거거든요. 서울만 벗어나면 어디든지 될 수 있고요. 서울에 가고 싶으면 다른 데서 교수를 하면서, 시간강사가 아니라 그냥 교수 하면서 기다리고 있으면 됩니다.

지:: 지금 의대 가는 사람들도 비슷한 상황인가요?

서:: 그렇죠. 대학에 있는 사람 중 개업한다고 그만두는 사람도 많이 있으

니, 교수 자리는 항상 있는 편이죠. 저는 서른셋에 교수가 되었고, 여자 선배 한 분은 스물아홉에 조교수가 되었어요. 이런 것들이 의대가 아니면 그리 쉬운 게 아니잖아요. 이런 특혜를 받고 사는데, 자신의 삶에 만족하지 못하는 의사가 많아요.

지:: 환자들의 인식은 많이 바뀌지는 않았나요?
서:: 환자들이 의사를 대하는 태도는 많이 달라졌죠. 멱살을 잡힐 수 있는 시대가 되었잖아요.(웃음) 저희 때만 해도 의사가 반말을 하는 경우도 있었어요. 그래도 아무 말 안 했는데요, 지금은 그렇게 하면 큰일 나죠. 예전에는 1~2시간 기다리는 것은 일도 아니었는데, 지금은 10분 기다리게 했다고 화내고, 지금은 민주적으로 바뀐 거죠.

지:: 그런 부분들이 의사들에게는, 어떻게 보면 안 좋아진 부분이겠네요.
서:: 사실 반말 자체가 좋은 거는 아니죠.

지:: 그전만큼 존경을 못 받는 거잖아요.(웃음)
서:: 그래도 결혼 시장에서 점수가 높은 것만 해도 좋은 것 아닌가요.(웃음) 거의 최상위 계층에 있잖아요.

'도박왕 송중기와 저축왕 옥동자'

지:: 학교 강의는 매주 몇 시간 정도 하세요?
서:: 주당 여섯 시간이라는 의무 규정이 있어요. 사실 많은 거는 아니죠. 전

에 말씀드린 것처럼 교수가 하는 일이 강의가 다가 아니잖아요. 그런데 사람들은 교수라고 하면 방학 때는 학교에 안 나가는 줄 알아요. 그렇지 않습니다. 연구하고 논문도 쓰고 그러느라 학교 열심히 갑니다.

지∷ 요즘 외부 강연도 많이 하시잖아요.
서∷ 많이는 안 하고요. 주당 한 번 정도 하죠.

지∷ 일반인들 교양 강좌는 학생들 상대로 하는 것과는 다르죠.
서∷ 우리 학생들처럼 의무적으로 듣는 게 아니라 자신이 원해서 듣는 거니, 많이 다르죠. 강의에 대한 열의가 엄청나요. 잘 들어주고, 리액션도 좋아서 보람을 느끼죠.

지∷ 경향신문 강좌 제목이 '도박왕 송중기와 저축왕 옥동자' 였는데요.(웃음) 그런 식으로 대중들이 호기심을 가질 만한 화두를 던져놓고 하시는 것 같은데요.
서∷ 〈코미디빅리그〉에 비슷한 콘셉트가 있거든요. 그걸 따라한 건데요.

지∷ 〈사망토론〉이죠. '도박 왕 김태희와 저축 왕 오나미, 누굴 택할 것인가?' 그런 것을 가지고 토론하는.(웃음)
서∷ 결론이 이거죠. 남자라면 김태희를 고르는 게 맞는데, 여자라면 달리 생각해야 된다, 못생긴 남자가 여자에 대한 존경심도 많고, 그래서 더 좋은 남편이 될 수 있다는 거죠.(웃음)

지∷ 기생충 관련된 것 말고도 다른 주제의 강연 요청도 들어오나요?

서∷ '진정한 건강이란 무엇인가?'에 대해, 병을 만드는 사회에 대해서 강의한 적이 한 번 있었고요. 대체 의학 같은 것의 허구성에 대해서 강의를 하기도 했어요. 그 밖에 '독서를 왜 해야 되는가', '저서 쓰는 것을 목표로 삼아야 된다' 같은 강의를 하죠.

지∷ 의대생에게 독서나 글쓰기 강좌를 여셨잖아요.

서∷ 교양 강좌로 한 적도 있는데, 그전에 의대생들한테도 했죠.

지∷ 진중권 선생도 강사로 섭외를 하시고는 했잖아요.

서∷ 그때 진 선생님은 못 모셨어요. 연락이 잘 안 돼서. 아무튼 우리 사회에서 존경받는 분들을 모셨는데, 지금 생각하니 괜히 그랬다 싶어요. 저만 좋아하지, 학생들은 별 관심이 없더라고요. '이런 분들이 오셨는데, 애들이 왜 저렇게 담담하지?' 그런 생각을 했죠.(웃음)

지∷ 의대생들이 좀 보수적인 부분이 있나요?

서∷ 사회적인 의제에 관심 없어 하는 부분이 있죠.

지∷ 상대적으로 부유한 학생들이 갈 확률이 높고, 그러면 다른 과보다는 정치에 관심이 없거나, 상대적으로 보수적일 수 있을 것 같은데요.

서∷ 다행인 것이 학생들이 집에다 이르지 않았다는 거죠.(웃음) 요즘 같으면 좌파를 불러다가 강의를 했다고 하면 문제가 될 수 있죠. 애들을 망치는 지름길이라고.(웃음)

지:: 요즘은 더 나빠졌죠. 좌파라고 분류되는 분들의 강연이 대학에서 취소되는 경우가 많더라고요.

서:: 옛날에는 좋은 시절이었기 때문에 가능했을 텐데, 지금은 바로 문제가 되죠. 저는 다행스러운 점이 뭐냐 하면, 제가 좌파라는 것을 사람들이 잘 몰라서 외부 학교에 강연을 갔다가 저지당한 적은 없어요.

지:: 글 자체는 선명하게 쓰시는 편이라고 생각하거든요. 반어법 형식이기는 하지만. 그런데도 사람들이 아주 정치적이라고 생각하지는 않는 것 같아요. 가끔 KBS〈아침마당〉같은 데 출연하면 게시판에 '편향적인 사람을 출연시키지 마라'는 글이 올라오기도 하는데요. 그런 분이 계시기는 하지만, 보편적인 것 같지는 않습니다. 그거는 글쓰기의 기법 문제라고 생각하십니까? 아니면 성향 자체가 남들이 볼 때 정치성이 강해 보이지 않아서 그런 걸까요?

서:: 제 글을 읽는 사람이 한정되어서 그런 것 같아요. 제가 글을 쓴다는 것 자체도 잘 모르는 분들이 많고요. 그리고 외부 학교에서 제지를 받으려면 먼저 방송국에서 출연 정지부터 되어야죠. 블랙리스트에도 오르고 그 정도는 되어야 학교에서 제지를 하지, 아직은 잘 모르지 않습니까?(웃음)

지:: 아직은 학교를 알리는 측면이 있고, 학교의 명예를 드높인다는 평가가 큰 것 같은데요.

서:: 제 고교 선배가 학교에서 총무처장이라는 고위직에 있는데요. 그 선배가 학교 측을 세뇌시키고 있더라고요.(웃음) 우리 학교에 스타 교수가 있어야 된다, 서민이를 밀어줘야 된다, 이렇게요.

지:: 교수들이 공부를 안 한다는 이야기들도 많이 있지 않습니까? 주위 교수분들은 공부를 많이 하십니까?

서:: 옛날보다는 많이 하죠. 모든 학교가 논문 업적 기준이 높아졌기 때문에 무서워졌어요. 제가 들어왔을 때만 해도 양 떼가 풀을 뜯는 그런 곳이었는데, 지금은 정글로 바뀌었죠. 너무 그러니까 교수와 학생의 관계가 예전처럼 친밀하지 않아요. 연구 때문에 학생을 돌볼 시간이 없거든요.

지:: 예전처럼 정치력만 발휘해서는 살아남을 수 없다는 거네요.

서:: 옛날에는 논문 하나도 안 쓰고, 다른 교수들이 조금씩 도와줘서 정교수가 되고, 결국 정년 퇴임까지 한 교수들이 있었죠. 하지만 앞으로는 이런 일이 더 이상 없을 것 같아요. 자기 논문 점수 채우기도 바쁜데, 논문에 다른 교수의 이름을 넣어주면 자기 점수만 깎이니까요.

지:: 괜히 좋은 일 한다고 넣어주었다가.

서:: 자기가 잘릴 수도 있죠. 논문이 안 급한 사람이 하나도 없더라고요. 높아진 논문 점수 때문에 허덕이고, 나름대로 그러고 있는데요. 교수들은 여기에 대해 불만을 갖기도 하지만, 저는 이렇게 스스로를 위안합니다. 그래도 삼성 같은 대기업에서 일하는 사람들과 비교하면 우리가 더 편하잖아? 실제로 기업은 밤늦게까지 불이 안 꺼지는데, 대학은 여섯 시쯤 되면 많이들 퇴근하죠. 아직은 교수가 좋은 직업인 것 같습니다. 정년도 길잖아요.

6장

의학 상식에 대한 진실과 거짓

의사에 대한 반감을 이용해 쓰인 잘못된 의학 서적들

지 :: "요즘 소아청소년과 전문의 친구와 매주 한 번, 2시간씩 대화를 나누고 그 내용을 정리해 '잘못 알려진 육아 상식'이라는 제목의 책을 쓰고 있어요. 그다음에는 감염내과, 정형외과, 암 관련 등 번호표 뽑고 대기하고 있는 일들이 수두룩합니다"라고 하셨는데, 그 책은 언제 나오나요?

서 :: 2014년 여름쯤 나올 것 같아요. 이 책을 써야겠다고 생각한 이유는 이래요. 『병원에 가지 말아야 할 81가지 이유』라는 책이 있어요. 나름대로 꽤 팔린 책인데요, 정말 어이가 없다는 생각이 드는 책이었어요. 의학적인 지식을 갖지 않은 사람이 의사에 대한 적대감을 가지고 쓴 책인 것 같은데, 책 뒤표지만 봐도 얼마나 말이 안 되는지 알 수 있어요. 임신할 때 철분을 먹지 말라고 하는데, 그 이유가 철분을 통해 바이러스가 태아한테 감염된다는

거예요. 바이러스는 철분과 관계가 없거든요. 박테리아면 모를까. 게다가 저자는 백신이 정말로 감염을 막아준다는 증거가 없다고 합니다. 백신이야말로 인간의 수명을 드라마틱하게 늘려준 일등 공신인데 말입니다. 정말 궁금해요. 그 친구가 진짜 아플 때 병원을 안 가는지.(웃음) 그 사람이 혼자 병원에 안 갈 생각을 가지고 있다, 그런 거는 괜찮아요. 그런데 그 책에 달린 서평을 보면, '나도 이제 병원에 가지 말아야겠다'는 댓글을 다는 사람들이 있어요. '임신 5개월인데 철분제 안 먹을래요'라는 댓글을 보면 한숨만 나오죠. 의료가 잘못하는 부분도 있지만, 국민들에게 필요한 것이라는 인식을 좀 해야 되는데요. 그런 책들은 존재 자체가 국민 건강에 해롭죠. 물론 그 책에 대해 의사들이 조목조목 반박을 했어요. 그런데 일반 사람들이 보면 그런 행위가 좀 치졸해 보이거든요. 왠지 자기들 돈벌이가 줄어드니까 변명을 하는 것 같고, 그렇잖아요. 누가 논문 표절했다고 기사가 났는데 뭐라 뭐라 변명을 하면 뭔가 구린 것 같고 그렇잖아요. 프레임을 한번 선점해버린다는 것이 의미가 있는 것 같아요. 좀 너무한 것은 그 책을 쓴 사람이 1년쯤 있다가 그 비슷한 콘셉트의 책을 또 내는 겁니다. 『의사를 믿지 말아야 할 72가지 이유』 이 책은 완전히 의사에 대한 우리 사회의 반감을 이용해 돈을 벌자는 거잖아요. 국민 건강을 담보로 해서요. 그래서 이런 생각을 했어요. '이런 말도 안 되는 사이비가 판을 치는 것은 의사들이 책을 안 써서 이런 거다, 그래도 글발이 좀 되는 제가 각 분야 전문가와 손잡고 의학 관련 시리즈를 다 섭렵하자' 이런 거죠.

지:: 그 책에서는 어떤 이유들을 들어서 병원에 가지 말라고 한 건가요?
서:: 자신이 약을 끊고 나서 건강했다는 게 이 책의 집필 이유인데요, 원래

과학이라는 것은 확률의 게임이에요. '이 약을 먹으면 안 먹은 사람보다 병이 치료될 확률이 다섯 배 높다'면 그 약을 쓰는 게 이익인 거죠. 그런데 저자는 순전히 개인적인 경험을 침소봉대해서 약이 해롭다고 주장을 하고, 자기 입맛에 맞는 참고 문헌을 동원해서 수술을 받으면 오히려 치료가 안 된다, 수명이 늘어난 것이 의사 때문이 아니다 등의 주장을 하는데요, 황당한 이야기가 주를 이루죠. 에이즈 바이러스는 존재하지 않으니 치료할 필요가 없다거나, 고혈압과 소금은 아무 관계가 없다, 담배는 폐암과 무관하다 등, 저자가 주장하는 것은 관련 논문을 잠깐만 봐도 말이 안 된다는 걸 알 수 있어요. 그 책에는 콜레스테롤이 낮을수록 좋다는 게 사실이 아니라는 이야기도 있는데, 저도 콜레스테롤에 대해서는 좀 과장된 게 아니냐 하는 입장이지만, 그거는 기준치가 낮다는 이야기지 높은 게 좋다는 거는 아니거든요. 지나친 의료를 경계하자는 것도 아니고 무작정 병원에 가면 더 건강에 해롭다니, 언급하는 것 자체가 한심한 책이었어요.

지:: 그러면 반박을 하거나 소송을 해야 되는 것 아닌가요?

서:: 미국에 저분의 선배가 있었어요. 케빈 트루도Kevin Mark Trudeau라고, 근거 없는 건강 관련 책을 냈어요. 그런데 그 사람은 미국 당국에 허위 사실을 유포한 혐의로 고발되어 수백억 원의 벌금형을 선고받았어요. 사실 그런 책이 국민 건강에 끼치는 영향을 생각하면 당연한 조치죠. 그런데 우리나라는 너무 관대해요. 표현의 자유를 옹호해서 그런지, 소송까지는 생각도 못 하는 듯하고, 이 책을 반박하는 사이트만 만들어져 있어요. 이게 다 의사들이 너무 책을 안 써서 그래요. 그 바람에 의료 서적 시장을 이상한 책들이 휩쓸고 있잖아요. 건강 분야 관련 베스트셀러를 보면 어이가 없

는 것들이 많더라고요.

지:: 음모론적인 성격의 책이 많이 나오는 것 같습니다.
서:: 그렇죠. 의사들의 잘못을 지적하지 말라는 것이 아니라 최소한 의사들이 환자 보는 데 필요한 지식은 남보다 더 있다는 것 정도라도 인정해달라는 건데요.

지:: 그 책에 쓰시려는 잘못된 육아 상식에는 어떤 것들이 있나요?
서:: 해열제의 진실이랄지, 모유 수유의 명암 같은 것? 그것도 그렇지만, 인터넷에서 의학 지식이 없는 사람들끼리 지식을 주고받으면서 편견을 강화하는 게 문제예요. 그런 걸 보면 갑갑함이 몰려옵니다. 예를 들면 이런 거, '애가 세 살인데 구충제 몇 살에게 먹여야 되나요? 무슨 소리예요. 당장 먹어야죠' 이런 식의 이야기들. 사실은 전혀 먹을 필요가 없는데요.

지:: 선무당이 사람 잡을 수도 있겠네요. '내가 해봐서 아는데, 키워봐서 아는데.' (웃음)
서:: 자기가 잘 모르는 이야기는 하지 말아야 되는데, 주로 구충제 그러면 '글쎄 의사한테 물어봐야겠는데' 하는 게 아니라 자기네들끼리 '옆집 아저씨가 그러는데, 이렇다더라' 이런 식으로 이야기하는데, 그 아저씨가 전문가가 아닌 거죠. 그래서 갑갑한 거예요. 구충제 관련 글에 이런 댓글도 있었어요. 댓글이 열 개쯤 있는데, 아홉 번째 댓글에 '서민이라는 사람이 있는데, 그 사람이 구충제 먹지 말라고 했어요.' '맞습니다.' 이런 댓글을 달아야죠.(웃음) 뭔가 출처가 있잖아요. 아는 사람이, 또는 우리 언니가 그러

는데, 이런 식이면 정체를 알 수가 없잖아요. 최소한 정체를 밝힐 수 있는 저한테는 전화해서 '진짜 그런 말 했냐?'고 물어볼 수 있잖아요. 그런데 '아는 사람'이라고 했을 때는 책임을 물을 수 없다는 거죠. 너무 이런 지식들이 많아요. 천식이라든지, 비만 이런 것들. 애가 자꾸 많이 먹어요, 이런 것에 대해 모르는 사람끼리 이야기를 주고받으면서 '이렇다더라, 아니 저렇다더라' 하면서 싸우는 것이 너무 어이가 없다는 거죠. 의사가 10만 명이 되는 시대에 이런 중요한 이야기를 자기네들끼리 지식을 쌓고 있느냐, 이거에 격분해서 전 과목 책을 쓰자는 생각을 한 거죠.(웃음)

지:: 잘못된 의학 상식 시리즈를 내신다는 계획인 거네요.

서:: 그렇기는 한데요. 처음에 내는 책이 잘되면 모르겠는데, 반응을 좀 봐야죠. 저는 웬만하면 계속 낼 거예요. 정 안 되면, 출판사 없으면 우리 대학 출판사에서라도 좀 내보죠. 진짜 좋은 파트너가 있어야 되는데, 그게 제일 중요한 것 같습니다.

지:: 전문적인 의학 지식이 있으면서, 글도 잘 써야 되겠네요.

서:: 아닙니다. 글은 제가 쓸 거라.(웃음)

지:: 병원이라는 곳이 불신을 심어주는 것도 사실인데요. 병원을 잘 활용해야 되잖아요. 국민들이 병원을 유익하게 활용할 수 있는 방법이 있다면요?

서:: 옛날과 달리 지금은 의사들이 환자에게 정보를 주고 선택을 하게 하잖아요. 환자가 의사와 정보를 공유한 뒤 머리를 맞대고 어떻게 치료할지 결정해나가는 것이지, 의사가 옛날처럼 일방적으로 전달하는 시대가 아니라

는 건데요. 그러기 위해서는 환자가 거기에 대해서 어느 정도 지식을 가져야 하는데, 문제는 자기가 걸린 병에 대한 책을 읽고 싶어도 마땅히 읽을 책이 없다는 거죠. 그래서 제가 이런 것을 준비하는 거고요. 저는 이렇게 생각해요. 우리가 건강에 대해서 궁금한 게 생긴다고 할 때, 논문 사이트에 가서 진짜 그런지를 검색할 수 있는 능력이 있었으면 좋겠어요. 어떤 약이 치매에 좋다는 기사가 나왔을 때 저게 진짜인지, 아니면 광고 받고 써준 기사인지 궁금할 수 있잖아요. 그런 기사가 많잖아요. 오메가3를 안 먹으면 큰일 난다든지, 콩나물이 키를 크게 한다는 게 밝혀졌다든지. 그때 미국 국립보건원에서 운영하는 의학 논문 사이트에서 해당 논문을 찾아보면 진실을 알 수 있지요. 이게 사실 그렇게 어려운 게 아니거든요. 의학 관련 논문은 앞부분을 '초록'이라고 하잖아요. 초록 중에서도 결론만 읽으면 되는 건데요. 그걸 읽으려면 중학교 정도의 영어 실력이면 가능합니다. 저는 이런 걸 중고등학교 때 가르쳐주면 좋겠어요. 의학 사이트에 가서 논문 읽는 방법에 대해서. 1시간 정도만 투자하면 꽤 많은 정보를 얻을 수 있거든요. 그런 식으로 광고성 기사나 사이비 책에 휘둘리지 않을 만큼 약간의 검색 기술이 있어야 된다는 거죠. 이러면 자기가 아플 때도 도움이 되죠. 무조건 의사한테 '알아서 고쳐주시오' 하는 것이 아니라 같이 공부를 하면서 답을 찾아갈 수 있으니까요.

지:: 자기 병은 자기가 더 잘 안다고, 자기 증세나 이런 것을 검색해서 어떤 경우는 자기 상태에 대해서 의사보다 잘 아는 경우도 있다고 하지 않습니까?

서:: 가능하기는 합니다만, 드물더라고요. 왜냐하면 그 사람들이 검증된 논

문이나 책을 통해 지식을 쌓으려 하지 않고, 편하게 인터넷 검색 사이트를 찾으려고 하거든요. 거기 실린 정보는 일반인이 올린 것이고, 부정확하기 짝이 없거든요.

지∷ 정보의 바다이기도 하지만, 쓰레기장이기도 하죠.

서∷ 다 거짓말이면 괜찮은데 진실과 거짓이 섞여 있어서 어느 것이 맞는지 모르는 거죠. 웬만한 지식이 없으면 이 정보를 취사선택하지 못하거든요. 인터넷으로 건강에 대해서 알려는 생각을 버려야 된다는 겁니다.

지∷ 자신에 대해서 정확하게 알 확률은 굉장히 낮고, 잘못된 정보를 얻게 될 확률이 높다는 거네요.

서∷ 그렇죠. 그래서 의학 논문 사이트를 가야 해요. 이거는 책에서 읽은 이야기인데, 미국에 쉰 정도 된 독신녀가 있었어요. 그 사람이 베트남에서 아이를 하나 입양했는데, 입양된 지 얼마 안 되어서 아이가 아팠어요. 의사는 면역결핍이라고 우기고 그에 맞는 치료를 하려고 하는데, 이 여자가 혼자 공부를 해서 의사보다 많이 알게 된 거예요. 의사는 애초의 진단을 고집하고 여자는 아니라고 싸웠는데요, 결국 그 여자분 말이 맞았어요. 단순한 영양 결핍. 지금은 누구나 정보에 접근할 수 있는 시대이기 때문에 이것이 가능한데요. 그러려면 인터넷에 일반인이 올리는 글을 읽지 말고 의학 논문 사이트에 가야 해요. 우리나라 사람들의 영어 실력 정도면. 초록 몇 줄만 읽으면 되는 거니까.

의사들이 내시경과 수술을 기피하는 이유

지∷ '내시경을 받지 않는 의사들의 모임'이라는 단체가 있다면서요.

서∷ 그거는 웃자고 한 이야기인데요. 실제로 의사들 중에서는 내시경을 한 번도 안 받은 사람이 꽤 있어요. 그런 의사들이 몇 명 있어서 모임이라고 하는데요. 개인적으로 무서워서 안 받는 거죠.(웃음) 의학적인 이유는 전혀 아니고요. 저도 되게 무서웠던 게, 만일 뭔가 있다면 어떻게 할 건가, 환자 들이 고통을 겪는 것을 보면서 그런 생각을 하거든요. 저도 가끔 생각해요. 만일 암 진단을 받으면, 그것도 꽤 진행된 암이면 과연 항암제를 맞을 것인 가, 저는 안 맞을 거 같거든요. 왜냐하면 몇 달 더 사는 것에 불과한데, 그 고통스러운 치료를 시작하는 게 무섭다는 거죠. 모르고 죽을래, 이런 마음. 의사들 중에서는 그게 일반인보다 비율이 좀더 높다는 겁니다.

지∷ 환자들 고통을 많이 봐왔기 때문에 그런 거군요. 의사들이 수술을 꺼 린다는 것도 그런 부분인가요?

서∷ 그것도 그렇죠. 일반인 같으면 의사가 하는 말에 따르는데, 의사는 자 기가 안 하겠다고 거절할 수 있다는 거잖아요. 그런 점에서는 의사가 좋은 직업인 것 같아요. 자기의 운명을 스스로 정할 수 있다는 점 때문에요.

지∷ 병원에서 수술을 과잉 권장하는 것을 많이 보았기 때문에 그런 거는 아닌가요?

서∷ 꼭 그런 것은 아니에요. 자기 판단에 수술을 받고 항암제를 맞으면 2년 더 산다고 할 때, 과연 그 2년이 그럴 만한 가치가 있는가, 그런 생각을 하는 거죠. 5년이면 다를 텐데, 2년이라고 하면 그 고통을 감내하기 싫다는 거죠. 하지만 입장을 바꿔서, 의사로서 환자를 보는 입장이 된다면 2년을 더 살리려고 환자한테 수술과 항암제를 권하겠지요. 그런데 자기가 환자가 되면 달라진다는 건데요, 그렇게 살면 뭐해, 이런 생각?

지:: 생명을 다루는 직업이라 역설적으로 본인의 생명에 대해서 허무주의적인 면이 있는 건가요?(웃음)
서:: 의사들이 곱게 자라서 그런 것도 있는 것 같아요. 환자의 고통을 많이 보았고, 아는 게 많으니까 그만큼 고통을 겪어내야 한다는 것이 더 무서운 것도 있을 거고요.

지:: 스트레스가 많은 직업이라 폭탄주를 가장 많이 마시는 직업 중 하나 아닌가요?(웃음)
서:: 우리 병원에서는 소화기내과가 폭탄주를 가장 많이 먹는데요. 알아보았더니 과장님이 폭탄주를 좋아해서 그런 거고요.(웃음) 레지던트들이 일주일에 한 번씩 마시는데, 한 달에 한 번으로 줄여달라고 탄원서도 내고 했는데요. 우리 병원이 그렇다는 거지, 다 그런 것은 아닌 것 같습니다. 병원에 여자들이 많아지면서 좋아진 게 그런 것 같아요. 남성 중심의 문화들이 서서히 바뀌고 있거든요.

지:: 요즘 젊은 사람들은 예전처럼 폭음을 하지는 않는 것 같아요.
서:: 다른 재미들이 많기 때문에. 폭탄주는 검사들이 많이 마시죠.(웃음)

지:: 의사의 시대는 갔다는 이야기도 있는데, 현실인가요? 엄살인가요?

서:: 그 말이 제가 대학에 가던 1985년에도 있었던 이야기고, 30년째 계속하고 있는 이야기죠. 아마 그전에도 있었을 거라고요. 그렇기 때문에 그냥 엄살이라는 거고요.

지:: "수적으로 늘어난 의사들은 먹고 살기 위해 멀쩡한 사람을 환자로 만들어 돈을 벌고, 제약 회사 또한 졸지에 환자가 된 이들에게 약을 팔아 이윤을 챙긴다. 하지만 모든 면에서 열세인 의사들은 갈수록 제약 회사의 입김에 휘둘리게 되는데, 결국 의사들은 제약 회사의 이익을 대변하고 그들의 음모를 정당화해주는 사람이 되어버린다"라고 책에도 쓰셨는데요. 그런 것을 깨려고 하면 아직도 의사들이 시기상조라고 한다면서요.

서:: 어떤 약이 개발되었어요. 기존 약보다 효과가 뛰어난 게 아닌데도 불구하고 획기적인 신약이라는 이름으로 포장되어 비싼 값이 책정됩니다. 신약이면 임상 시험을 해야 하는데, 결과가 그저 그래도 '효과가 더 좋다'는 식으로 둔갑해서 환자들에게 뿌려지죠. 이 과정에서 의사들의 도움이 필요한데, 제약 회사에서 의사들에게 연구비를 많이 주니까 제약 회사 입맛에 맞도록 결과를 발표할 수가 있는 거죠. 이런 식으로 제약 회사와 의사의 결탁으로 없던 병이 만들어지고, 진단이 남발되고는 하죠. ADHD(주의력결핍 과잉행동장애) 같은 병이 그렇습니다.

지:: 애들은 원래 좀 산만하잖아요. (웃음)

서:: 그러니까요. 이 병이 어느 순간 생기더니 미국 아이들 10명 중 1명이 이와 관련된 약을 먹고 있어요. 약을 먹으면 효과가 조금 있기는 한데, 그

약의 부작용도 만만치 않거든요. 과연 부작용을 감수하고 아이들한테 약을 줘야 하느냐, 의문이 들죠. 이것도 한 예지만, 요즘에는 병을 만드는 주도권이 제약 회사로 넘어간 것 같아요. 아무래도 제약 회사는 자본이 집중되어 있기 때문에 돈을 쓰기 유리하고, 의사는 파편화되어 있기 때문에 그런 것 같아요.

제약 회사가 없는 병을 만든다

지:: 제약 회사의 논리는 신약을 개발하기 위해서는 돈이 많이 들기 때문에 저작권이나 이런 게 보호될 필요가 있다는 건데요. 좀 논란이 되는 것이 분명히 약이 있는데, 돈이 없는 나라 사람들은 카피 약을 못 만드는 데다가 아프리카 사람은 비싼 에이즈 약을 사 먹을 돈이 없으니 죽는 경우가 많은데, 이게 윤리적으로 문제가 있는 거 아니냐는 이야기도 있고요. 그래서 제약업은 다른 산업과 달라야 된다는 이야기도 있는데요.

서:: 제가 이야기한 것은 특허 보장하고는 좀 다른 이야기였고요, 제약 회사에서 없는 병을 만드는 데 역할을 크게 하고 있다는 이야기고요. 그렇기는 해도 약에 대한 특허는 어느 정도 인정받아야 하지 않을까요.

지:: 당연히 그렇기는 하죠.

서:: 특허로 인해서 벌어들이는 돈의 일부를 아프리카의 가난한 나라에 쓴다든가 이런 식으로 해결할 수 있을 것 같은데요. 머크Merck사라고, 되게 유명한 회사가 있어요. 머크사는 사상충 박멸을 위해서 약을 아프리카에 무상으로 공급해서 그 기생충을 거의 멸종을 시켜버렸거든요. 이런 식으

로 하면 되지 않나 싶은데요.

지 :: 기업으로서는 그 병의 박멸을 원하지는 않을 것 같은데요. 어느 정도
는 놔둬야 약을 팔 수 있잖아요.(웃음) 극단적인 상상을 해보면 영화 〈연가
시〉도 그런 거잖아요. 일부러 연가시 기생충을 만들어서 약을 팔고, 회사
의 주가를 올리려고 시도하다가 재앙이 일어났다는 설정이었는데요. 현실
적으로 비슷한 일이 있을 수 있지 않을까요?

서 :: 제약 회사의 윤리성을 생각하면 그런 일이 일어나지 말라는 법은 없겠
지만, '설마 그러겠어' 하는 생각도 하게 되네요. 그것과는 별개로 저는 장
하준 교수 말을 신봉하는데요. 우리나라 제약업계가 신약을 잘 못 만들잖
아요. 사실 리베이트 주는 것을 제약업계에서 반대하는 이유가, 신약 개발
대신 리베이트를 이용한 마케팅으로 먹고사는 제약 회사가 제법 되거든
요. 그래서 전 우리나라 재벌들이 제빵이나 치킨 같은 것에 끼어들기보다
는 제약 사업에 좀 진출했으면 좋겠어요. 반도체보다 더 어렵다는 것이 약
인데, 제대로 하나만 개발하면 엄청난 국익을 창출할 수도 있거든요. 그래
서 장하준 교수는 재벌 체제를 일정 부분 옹호했어요. 제대로 된 제약 회사
가 되려면 수많은 투자가 필요하니까요.

지 :: 일정 부분 국가와 사회의 자원을 몰아준 건데, 자기들이 다 잘해서 큰
것처럼 하니까.

서 :: 그래도 몰아준 것을 잘 승화시킨 것은 삼성의 힘이었다고 생각합니다.
이 힘을 제약이나 우주 항공 같은 데도 썼으면 좋겠다는 거고요.

지:: 예전에 SBS에서 전 국민의 4분의 1에게 고양이 기생충이 있다고 보도했는데요. 톡소포자충 이야기였지 않습니까? 실제로 그렇게 많이 가지고 있는 건가요? 그러면 1,000만 이상이 보유하고 있다는 건데요.

서:: 그렇게까지는 아니고, 5~10퍼센트쯤 되는 것 같아요. 그것만 해도 많은 거죠. 500만 정도가 이 기생충을 보유하고 있는 거니까.

지:: 그러면 한국 사람들이 제일 많이 가지고 있는 기생충 아닌가요?

서:: 뭐, 그렇게 볼 수도 있죠. 그런데 갖고 있다는 것이 한 번 걸렸다는 이야기고요. 걸린 다음에 치료가 안 되어서 우리 몸에 남아 있다는 이야기인데, 굳이 비교하자면 대상포진 같은 거예요. 스트레스 받거나 이럴 때 터져서 다시 병을 앓을 수가 있다는 거니까.

지:: 임산부나 이런 사람들한테 안 좋은 영향을 준다고 보도가 되었는데요.

서:: 실제로 갖고 있다고 해도 발병하는 확률이 되게 낮아요. 대상포진도 발병하면 엄청난 통증이 오잖아요. 그런데 톡소포자충은 발병하면 대상포진보다 예후가 훨씬 안 좋아요. 눈을 침범해서 몇 달 동안 괴롭게 하고, 심지어 실명을 유발할 수도 있으니까요.

지:: 그러면 굉장히 조심해야 되는 거잖아요. 그래서 고양이에 대한 탄압이 있었던 것 같은데요.

서:: 고양이 때문에 걸리는 게 아닌데, 번지수를 잘못 찾은 거예요. 사람들이 톡소포자충에 걸리는 이유는 오염된 야채나 돼지고기, 소고기, 양고기를 덜 익혀 먹기 때문이거

든요. 99퍼센트 정도가 이걸로 걸리고요, 나머지는 오염된 물을 통해서 걸리는데요. 고양이로 인해서 걸리는 것은 거의 없다는 말이죠. 사람들이 톡소포자충 보도가 나가니까 집에서 키우던 고양이를 버려요. 버려진 고양이가 먹을 게 없으니까 쥐를 잡아먹는데, 그 쥐가 톡소포자충에 걸린 쥐면 고양이도 감염이 된다는 말이죠. 그 뒤 일주일 동안 대변으로 톡소포자충의 알을 잔뜩 뿌립니다. 그게 다시 쥐나 소, 돼지 등 다른 동물한테 가는 거죠. 그러니까 길 고양이를 만들면 오히려 톡소포자충을 더 확산시키는 것이 되는 거죠. 그 기사의 문제점은 그거였어요. 톡소포자충에 걸리는 원인이 고양이가 아니라 날고기나 물, 야채를 통한 것이라는 이야기를 안 했고요. 고양이가 악의 근원인 것처럼 해서 오히려 고양이를 내쫓게 만들었고, 그로 인해 톡소포자충이 더 확산될 수 있다는 거죠.

지:: 어떻게 보면 무책임한 보도였네요.

서:: 톡소포자충이라는 이름이 있는데, 굳이 고양이 기생충이라는 자의적인 이름을 붙였던 것도 문제가 있어요. 고양이가 걸리는 기생충이 톡소포자충만 있는 것이 아니라 고양이 회충, 고양이 편충 등 많거든요. 사람만 걸린다고 해서 회충을 사람 기생충이라고 하지 않잖아요. 어쨌든 제대로 된 이름이 있는데, 이걸 고양이 기생충이라고 해서 고양이를 통해서 걸리는 것처럼 유도를 했던 것이 문제인데요. 제가 볼 때는 그 기자가 고양이를 싫어한 것 같아요. 톡소포자충에 관한 논문을 아무리 봐도 집에서 기르는 고양이 털이나 분비물을 통해서 전파되는 경우가 없다고 나와 있거든요.

고양이가 대변 관리를 철저히 하잖아요. 그리고 집에서 키우는 고양이는 쥐를 안 먹고요. 집고양이는 그래서 톡소포자충에 걸릴 일이 없는데, 그 기사 때문에 고양이가 졸지에 내쫓기는 일이 많아진 거죠.

지:: 한 번이라도 걸렸던 사람이 500만 명 정도 된다면 꽤 많은 건데요.
서:: 꽤 많은 거죠.

지:: 그런데 발병될 확률은 낮다는 거죠?
서:: 처음 감염되면 감기 증상 비슷하게 앓아요. 그 뒤 톡소포자충이 뇌나 눈으로 가서 수십 년간 잠복을 하고 있는 거죠. 그러다 스트레스를 받는다든지, 어떤 이유로든 면역이 좀 떨어지면 다시 발병하는데, 눈 근처에 많이 있기 때문에 눈에 증상이 나타나는 일이 많아요.

지:: 발병이 되면 심각한 병인데, 치료는 어떻게 해야 되나요?
서:: 치료약이 없으니까 문제가 되는 거죠. 활동하는 톡소포자충을 억제하는 약은 있는데 잠복 중인 톡소포자충을 죽이는 약은 없어요.

지:: 그러면 어떻게 해야 되나요?
서:: 건강하게 살아야죠. 스트레스 안 받고.

지:: 그게 발생하고 나면 방법이 별로 없다는 거네요.
서:: 증상을 없애는 것은 활동을 억제하는 약으로 상당 부분 없앨 수 있는데요. 몸 안에 있는 톡소포자충은 평생 안고 가야 합니다. 하지만 너무 걱

정할 필요는 없습니다. 몸에 있는 톡소포자충이 다시 활동을 재개할 확률은 극히 낮습니다. 이 세상은 톡소포자충 따위를 걱정하며 살기에는 너무 많은 위험에 직면해 있어요. 교통사고로 죽는 사람이 매년 6,000명씩 나오는 것처럼요.

지∷ 아주 운이 없지 않으면 그럴 걱정이 없다는 거네요.
서∷ 그렇죠.

양심적인 의사로 산다는 것

지∷ 의학 관련된 언론 기사들은 무엇이 문제인가요? 전문성이 없는 것도 문제가 될 것 같고요. 용감하게 이야기하다 보면 다른 문제가 발생할 수가 있고요. 관심을 끌고 보자는 면에서 센세이셔널하게 가기도 하는 것 같은데요.
서∷ 요즘은 그래도 의학 전문기자가 있어서 전문성은 어느 정도 갖춘 것 같아요. 다만 SBS가 방송한 '고양이 기생충 4분의 1'은 센세이셔널한 기사잖아요. 그런 것을 보도할 때, 취재를 하고나서 제목을 정해야 되는데요. 어떤 프레임으로 갈 것이다, 미리 제목을 정해놓고 전문가를 선정하고, 그 말 중 자기 의도에 유리한 것만 짜깁기해서 기사를 쓰는 것 같아요.

지∷ 기획 회의 때 콘셉트를 잡으니까요. 이게 맞는지 안 맞는지 궁금해서 들어가는 것이 아니라 결론을 정해놓고 짜맞추는 거네요. 거기에 맞는 전문가를 찾고요. 이를테면 '비타민이 좋다'라고 하면 거기에 맞는 전문가를 섭외하는 식이겠네요. 양쪽 이야기를 다 들어보고 균형을 잡는 기사가 많아져야 될 텐데요.

서∷ 건강 관련은 아니지만, 저희가 미라 연구를 할 때 입에 화살을 맞고 화살 때문에 독이 퍼져서 죽었을 거라고 생각하는 사람이 있었습니다. 기자가 참석한 자리에서 미라 연구 설명회를 했는데, 우리 연구팀장이 "장에 대변이 차 있는 것으로 봐서는 죽기 전까지 식사를 했을 것이다" 이렇게 이야기를 했는데요. 다음 날 보니까 기사가 이렇게 났더라고요. '입에 화살 맞고 굶어 죽어.' 분명히 옆에 와서 들었는데도 그런 기사를 쓴 것을 보면 왜 그런지 모르겠어요. 의학 전문기자를 구색 맞추기로 생각하지 말고, 재량권을 줘서 탐사 보도가 나올 수 있게 했으면 좋겠어요. 우리나라에서 치질 수술을 왜 갑자기 많이 하는가, 한국인의 항문에 무슨 문제라도 생긴 것인가, 이런 기사를 의학 전문기자가 쓸 수 있어야 하는데요. 지금은 그렇지가 않죠. 달랑 혼자 있는데 그게 가능하겠어요? 결국 치질 수술에 대해서는 한겨레 기자가 환자로 위장해서 취재를 한 뒤 기사를 썼는데, 아주 충격적이었죠. 지금 의학 전문기자가 그런 역할을 잘 못 하는 게 아닌가, 아쉽습니다.

지∷ 한 신문사에 1명 정도밖에 없는 것 같은데요. 그 기자가 의료계에 불편한 기사를 쓰고, 취재원들하고 불편해지면 다음에 취재하기 어려워지는 부분도 있을 것 같은데요.

서∷ 그런 부분도 있겠지요. 그래도 지금은 의사 간에도 이해관계가 옛날 같지 않기 때문에 얼마든지 쓸 수 있다고는 생각을 합니다. 기사라는 게 꼭 의사를 욕하는, 불편해지는 기사 말고도 의사들이 오해받는 부분, 부당하게 공격하는 것에 대해서도 쓸 수 있고 그렇지 않습니까? 꼭 비리만 파헤치라는 것이 아니라. 리베이트에 대해 취재를 해서 장문의 기사를 시리즈로 쓸 수도 있고요. 그런 기사가 좋은데, 그걸 하기가 쉽지 않겠죠.

지∷ 그런 게 문제가 된다면 의사들의 입장에서 개선할 수 있는 여러 가지 제안을 받아서 시리즈로 내주면 의사들도 신뢰할 수 있겠네요. 양측 입장을 균형 있게 다뤄서 심층 보도를 하는 기사가 많아져야 하겠고요. 옛날처럼 치열하게 목숨 걸고 취재하는 기자들이 거의 없어졌잖아요? 회사원처럼 되었는데요. 의사들도 비슷한 상황 아닌가요? 인술을 베푼다는 개념보다는 전문 직업인이라는 의식을 가지고 계신 분들이 훨씬 많을 것 같은데요.

서∷ 전문 직업인 하니까 생각이 나는 게 있네요. 직업인의 비애. 예를 들어 이런 게 있다고 쳐요. A대학에서 한의사 B를 교수로 받아요. A대학에는 의과대학은 있는데, 한의과대학은 없으니 좀 이례적이죠. 그 한의사는 뽕나무의 뿌리에서 아주 엄청난 것을 발견했다고 주장합니다. 항암 효과가 있고, 조선 시대부터 내려오던 비법이라고 하면서 그것을 팔아먹어요. 말기 환자를 꼬여서 1인당 1년에 5,000만 원 정도를 받고 팔죠. 그런데 좀 신기한 것이 뭐냐 하면, 현대 의학에서 말기암 환자라고 진단한 사람 중 1,000명에 1명 정도는 알 수 없는 이유로 병이 나아요. 진단 잘못이 아니라 왜 그런지 모르는 건데요, 호주에서 조사한 바에 따르면 2만 명의 말기암 환자 중 몇십 명이 5년 후까지도 살아남았더라고요.

지∷ 살아난 사람이 있으니까 '효과가 있다' 이렇게 선전하겠네요. 말기암 환자로서는 지푸라기라도 잡고 싶은 심정일 거고요.

서∷ 그렇죠. 1,000명에게 써서 2명만 살았어도 그 2명은 완전히 뽕나무 마니아가 되는 거죠.

지: 신앙 간증을 하고 다니겠죠. 그거 먹고 나았다고.

서: 이게 제대로 된 효과를 증명하려면 일반 약을 준 사람하고 뽕나무를 준 사람을 비교해서 테스트를, 이걸 임상 시험이라고 하는데, 해봐야 합니다. 과학적 검증을 해야 되는 거죠. 그런데 B는 그걸 할 마음이 별로 없어요. 그 대신에 이런 논문을 써요. 뽕나무 뿌리를 말기암 환자한테 줬더니 아직도 살아 있다고. 1,000명한테 줘서 2명 살아 있는 건데, 그 2명만 따로 떼어가지고 논문을 쓰는 거죠. 이거는 논문이 아니라 케이스 리포트, 신기한 증례 보고인데요. 서구 사회에서는 의외로 동양의학에 관심이 있는 사람이 있거든요. 뽕나무 잎으로 살렸다고 하니까 신기하거든요. 학술지에 실어줍니다. '뽕나무 잎을 주었더니 2명이 살았다.' 그런데 998명이 죽었다는 이야기는 빼먹어요. 어쨌든 증례 보고는 임상 시험이 아니며, '그냥 그랬다더라' 라는 취지로 실어주는 건데 B는 이걸 떠들고 다닙니다. '나는 유명한 학술지에 논문을 실었다, 한의사 최초다!' B가 하는 말 중에는 이런 것도 있어요. 암 환자의 피를 보면 뱀이 들어 있대요. 진짜로 찍은 사진도 자랑하면서 보여줍니다. 저 같으면 그런 유치한 사기는 안 칠 텐데, 말이 안 되잖아.(웃음) 진짜 뱀이 '카악' 하고 입을 벌리고 있는 사진이 있어요. 그 뱀만 잡으면 암이 낫는 거라고. 이런 사기꾼을 A대학은 숙원 사업이던 암 센터를 지어준다는 명목으로 고용을 해요. B가 원하는 것은 암 센터를 지어서 거기 입원한 암 환자들에게 뽕나무 뿌리를 파는 겁니다. 이게 목적이에요. A대학의 뜻있는 의사들이 반대 운동을 폅니다. 서명운동을 하려는데, 아무도 서명을 안 해요. 나도 이게 말이 안 된다는 것을 알지만 위에

서 시키는 건데 어떻게 하겠느냐, 이런 거죠. 서명운동을 주도한 사람은 높은 분에게 끌려가서 야단을 맞습니다. 이게 다 직업인의 비애죠. 대학에서 잘리느니 그냥 불의를 보고도 모른 체 하는 게 더 유리하다는.

지:: 들어보니까 완전 사기인데요.

서:: 의학계의 요구는 뭐냐 하면 환자들을 100명이라도 모아서 테스트를 해보라는 거죠. 그 결과가 잘 나오면 나도 이걸 쓰겠다, 말기 환자를 20퍼센트 이상 고친다고 하는데, 이거는 세계적으로 보고해서 노벨상을 받아야 될 일이지 왜 우리나라에서만 이러고 있느냐는 거죠. 근데 의학계의 그런 요구에 대해 B는 의사들이 한의사를 탄압한다고 주장을 하고, 신도들도 열심히 댓글을 달아요. 사실 한의학도 과학이고, 이런 사기꾼은 한의학계 내에서 자정을 시켜야 되는데, 안 그러거든요. 그러니 의사들이 자기 밥그릇 빼앗길까봐 이 사람을 탄압한다는 주장이 먹히는 거죠. 이런 문제가 있는데, 이런 것을 보더라도 일반 국민들은 의사와 관련된 모든 논란을 밥그릇 싸움이라고 생각하는데요. 우리는 목표가 이거예요. 뽕나무 뿌리가 좋다는 것이 입증되면 우리는 쓸 거거든요. 그런 좋은 약이 있으면 당연히 써야죠. 근데 임상 시험 자체를 안 하고 있잖아요. 한 번 한다고 기사 뜬 걸 보았는데, 몇 년이 지났는데 그 결과가 논문으로 나오지 않고 있어요.

지:: 의사들의 윤리관은 개인마다 천차만별일 텐데요. 지금 시대의 의사에게 요구되는 윤리는 어떤 게 있을까요?

서:: 지금은 정말 병원에 폐 안 끼치고 조용히, 적당히 타협하면서 사는 것이 지금 시대의 의사 윤리라고 할 수 있죠. 서명을 반대하는 의사의 이야기

가 뭔가 하면, 마누라가 의사면 내가 그걸 하겠는데, 그게 아니기 때문에 못 한다고 하더라고요.

지:: 전문의 과정에서 이른바 3D 업종이라는 외과나 산부인과 지원자가 줄어들고 있는데요. 예전에는 비인기 전공이었던 피부과, 성형외과 등에 지원자가 넘치는 상황이라, 외과 등의 수가를 높여주는 방법을 써야 된다고 하셨는데요. 그 외의 방법은 없을까요?

서:: 의사들도 돈에 되게 민감할 수밖에 없어요. 예를 들면 정신과가 갑자기 뜬 것이 뭐냐 하면요. 노인요양병원에 정신과 의사가 꼭 있어야 된다고 하거나, 재활의학과도 이런 것 때문에 취직률이 높아지니까 지원율이 올라가는 거거든요. 모든 것을 추동하는 힘은 돈이죠. 다 수가를 올리면 해결되는 일이고요. 해적한테 총을 맞았던 석해균 선장 사건도 응급 의료에 대해서 생각을 많이 하게 만들었는데요. 석 선장은 다행히 살았지만, 마땅한 응급실을 찾지 못해 죽는 사람이 얼마나 많겠어요. 2008년 자료를 보면 전국 20개 대형 병원 응급실에서 사망한 외상 환자가 551명인데, 그중 32퍼센트인 179명은 적절한 치료만 되었다면 살릴 수 있었던 환자래요. 그런데 이런 응급실을 갖추기가 민간 차원에서는 쉽지가 않아요. 수가가 낮으니까요. 아주대도 계속 적자를 봐서 유지하는 것조차 어렵다고 하잖아요. 그런 것은 민간에 맡기지 말고, 국가가 어떻게든 관리를 해야 한다고 봅니다. 나라에서도 석 선장 사건 이후 문제의식을 갖고 그런 시스템을 만들려고 하니까, 앞으로는 외상으로 인해 죽는 사람이 줄어들었으면 좋겠습니다.

"저런 의사들 때문에 욕먹는다"

지:: 변비, 치질 같은 음지의 질환을 천시하는 풍토를 개선하자고 하셨는데요. 요즘은 분위기가 많이 바뀌지 않았나요? 예전에는 코미디 소재로 삼았는데, 실제로 고통스럽다는 것을 사람들이 인식하고 양지의 병이 된 것 같은데요.

서:: 제 책 때문에 그런 게 아니고요. '세이의 법칙'처럼 공급이 수요를 만들잖아요. 우리나라에 그동안 항문 외과가 정말 많이 생겼어요. 우리나라에서 현재 가장 많이 하는 수술이 치질 수술이라는 말이 나올 정도로 항문 외과가 잘 나갑니다. 1년에 한 7만 명? 그 정도 할 거예요. 그러니까 치질이 더 이상 음지의 병이 아니게 된 거죠. 문제는 꼭 수술을 하지 않아도 될 것들을 수술하고 있다는 거죠. 그런 거 보면 씁쓸하죠. 의사들끼리도 그렇게 말해요. 저런 의사들 때문에 욕먹는다고.

지:: 수술하지 않아도 될 것을 하는 것은 편의성 때문인가요?

서:: 치질 수술은 돈이 되니까, 수익성 때문에 하는 경우가 많을 걸요.

지:: 디스크도 그렇다고 하더라고요. 안 해도 되는데, 일단 수술을 하게 만드는 경우가 많다고.

서:: 그렇죠. 지금은 웬만한 병원들이 1인당 할당량이 있잖아요. 그걸 못 채우면 야단을 맞고 돈도 덜 받기 때문에 수술로 다 하려는 경향이 있죠.

지:: 이를테면 제왕절개는 고통은 없을지 몰라도 산모한테 안 좋은 영향을

줄 수 있지 않나요?

서:: 물론 안 좋죠. 산모는 일단 회복이 느려요. 애한테도 안 좋죠. 산도를 통과한 애하고 그렇지 않은 경우는 저항력 면에서 차이가 있어요. 산도의 세균을 접하는 것이 애들한테 좋다는 거죠. 면역성에 차이가 있어요. 물론 제왕절개를 산모가 요구하는 경우도 있고, 의사들이 제왕절개를 선호하는 이유가 꼭 돈 때문만이 아니라 의료 소송 시 무한책임을 지는 풍토 때문이기도 하니, 의사만 욕할 수는 없죠.

지:: 수익을 위해서 안 해도 될 것을 하는 것 중에 포경수술을 꼽는 분도 계시던데요. 굳이 할 필요가 없어서 외국에서는 거의 안 하고, 유대인 정도만 한다고 들었습니다.

서:: 포경수술이 우리나라에서 자리 잡은 이유 중 하나가 우리나라에서 주로 미국의 포르노를 보지 않습니까? 저만 그런가요? 아무튼 미국 것이 글로벌스탠더드로 자리 잡은 이유도 있는 것 같아요. 포경수술만이 아니라 뭐든지 그래요. 하나가 정착이 되면 바꾸기가 어렵습니다. 수술한 성기가 더 예쁘고, 정상적이라는 생각이 드는 거죠.

지:: 어릴 때 하는 것이 애들한테 스트레스를 주기도 하고, 한국의 경우 예전에 군대에서 야매로 위생병이 하기도 했는데, 어떻게 보면 무허가 의료행위라 잘못될 위험도 있는 것 같아요.

서:: 맞아요. 비뇨기과 의사들이 이렇게 말하잖아요. 포경수술을 해야 거기에 암이 안 생긴다고 하는데요. 주변에 사돈의 팔촌을 뒤져도 그쪽 부분의 암으로 고생한 사람이 없기 때문에 피부에 와 닿지가 않잖아요. 암으로 전

국에서 한 100명 걸릴 것을 103명 걸린다, 이 정도를 가지고 포경수술의 정당성을 주장하기에는 약간 어폐가 있는데요. 어떤 것이든지 그게 기득권이 되고, 정착이 되면 그걸 옹호하는 논리가 생기는 것 같아요. 예를 들면 사후 피임약 같은 것도 의료계가 반대하잖아요. 산모의 건강 때문이라고 하는데, 사후 피임약보다 낙태가 산모의 건강에 더 좋으냐고 물으면 할말이 없잖아요. 사후 피임약이 성의 문란을 조장한다, 이런 것도 의사가 할소리는 아닌 것 같아요.

지:: 기존의 것에 반대하면 왠지 까다로운 사람이 되고, 그걸로 먹고사는 사람들한테 공공의 적이 되는 건데요.

서:: 뭐든지 기득권을 저해하는 이야기를 하는 것이 참 어렵죠. 로봇 수술은 다 뻥이다, 이렇게 주장했던 사람도 그 뒤부터는 인터뷰를 거절하고 그러지 않습니까?

지:: 포경수술은 성감이 떨어질 수도 있다는 연구 결과도 있는 것 같은데요.

서:: 포경수술보다도 사실 우리나라는 콘돔 문제가 더 심각한 것 같은데요. 거듭 이야기하지만 우리나라가 세계에서 제일 좋은 콘돔을 만드는 나라거든요. 0.0015밀리미터 정도 되는 최고로 얇은. 사람들이 그걸 쓰다가 빠진 줄 알고, 잊어버린 줄 알고, '어디 갔지?' 하고 찾는데, 끼워져 있는 거죠.(웃음) 그 정도로 느낌이 좋은 콘돔을 만드는 나라에서 콘돔 사용률이 미국의 10대보다도 못하다는 사실이 어이없는 거예요.

지:: 게다가 여자가 미리 준비하면 좀 이상한 취급을 받는 문화가 있죠.

서:: 우리나라의 낙태 건수가 세계에서 제일 많다는 말도 있잖아요. 그것에 대해서 남자들은 어이없게도 여성이 문란하기 때문에 그렇다고 이야기를 하는데요. 여자끼리 섹스를 하는 게 아니잖아요. 남자들이 콘돔을 잘 안 쓰기 때문이고, 낙태의 상당 부분이 기혼 여성인 것 아세요? 60~70퍼센트가 기혼 여성인데요. 그만큼 남편이 콘돔을 사용하지 않는다는 이야기입니다. 그걸 여자를 욕하는 수단으로 쓰면 안 되는 거죠. 여자의 문란, 이런 것으로.

지:: 낙태가 지금은 불법인데요. 그런 논란이 있는 것 같습니다. 실질적으로 낙태를 많이 하고 있는데, 불법이다 보니 무허가로 가거나 비용이 굉장히 비싸지는 문제가 있다는데, 사실인가요? 1,000만 원까지 받는 곳도 있다고 하더라고요.

서:: 미국에서는 낙태 가지고 공화당, 민주당이 나눠지잖아요. 글쎄요. 우리나라는 워낙 낙태가 많은 나라라서. 아무튼 피임하는 제일 좋은 방법이 콘돔이잖습니까? 남자들이 콘돔을 많이 썼으면 좋겠어요. 저는 항상 이야기하는 게 그거예요. 어릴 때부터 콘돔을 나눠주자, 언젠가는 쓰게 된다, 그런 이야기를 하죠. 어른들은 어린애들이 콘돔을 가지고 놀면 질색을 하고 그러잖아요. 하지만 어릴 때부터 친해져야 할 것이 콘돔이라고 생각합니다. 누구나 길거리에서 쉽게 살 수 있고, 자판기가 있는 나라를 꿈꾸는 거죠. 저는 콘돔마니아예요. (웃음)

지:: 여러 가지 질병이 예방되기도 하고요.
서:: 여자들을 임신의 공포에서 벗어나게 하는 것이 제일 크죠.

지:: 그래서 의사라는 직업이 어려운 것 같은데요. 생명을 다루는 거라 조그만 실수로 그 사람이 죽는 데 원인을 제공할 수 있는 거니까요. 때때로 거기에 대한 책임을 져야 하기도 하고요.

서:: 예를 들어 의사가 오진을 해서 환자가 죽었다고 해봐요. 이럴 때 의사가 죽이려는 의도가 없었기 때문에 죄를 물을 수는 없잖아요. 모르는 것에 대한 죄를 물을 수 없죠. 의사한테 손해배상을 청구해보았자 의사가 고의로 한 과실이 아니기 때문에 그렇게까지 손해배상을 받기가 어려워요. 그런데 국립국악원 단원에게 말라리아 예방약을 잘못 줘서 의사가 2억을 넘게 손해배상을 해준 이 사건은 과거의 관행에 비해서 과했다는 생각이 들었습니다. 의사가 몰랐다는 것이, 일부러 잘못된 약을 준 것도 아닌데, 어떤 의미인지 여러 가지 생각을 해보게 만드는 사건이었어요. 십여 년 전 보라매 병원 사건이라고 있었어요. 그 사건이 뭐냐 하면, 부인이 의식이 없는 남편의 산소 호흡기를 떼겠다고 했을 때 의사가 안 된다고 했거든요. 그런데 보호자가 의사 말을 무시하고 그냥 퇴원시켜서 그날 바로 환자가 죽었어요. 의사가 살인죄로 기소가 되었고, 결국 살인 방조로 처벌이 되었거든요. 의사들 사이에서 굉장히 충격이 컸던 사건이었어요.

지:: 퇴원시킬 수밖에 없었겠네요. 환자를 묶어둘 수도 없고.

서:: 그때 이랬거든요. 보호자가 치료비가 없어서 퇴원을 시키겠다고 했는데요. 의사가 뭐라고 했냐 하면 치료비가 없어도 되니까 치료를 받게 하고 몰래 도망가라고 했어요. 그런데 보호자가 그냥 퇴원시킨 거거든요. 사실 억울한 사건이죠. 그 이후부터는 퇴원을 시킬 때 항상 각서를 받아요.

지:: "환자들은 몸과 마음이 다 아픈 존재이며, 의료진의 사소한 한마디로도 상처를 받을 수 있다. 지금도 깊게 파여 있는 의사와 환자간의 골을 메우기 위해서는 환자의 고통을 자기 가족의 아픔으로 받아들이는 자세가 필요하지 않을까?"라는 이야기를 책에 쓰셨는데요.

서:: 제가 그런 말을 썼어요? 정말 추상적이고 오글거리는 말이네요. 애들한테 강의할 때 이런 공자님 말씀 같은 말은 하지 말라고 하는데요. 사실 환자를 자기 가족처럼, 이거는 사실 가능하지 않죠. 제가 다시 글을 쓴다면 그렇게는 안 쓸 것 같아요.

지:: 표현을 어떻게 고치실 건가요?(웃음) 사실 서로의 입장을 이해할 때, 환자도 의사의 고충을 이해하고, 한마디로 서로 믿어야 치료도 잘될 것 같은데요.

서:: 제도 자체도 문제가 있는 것 같은데요. 하루에 환자 100명을 봐야 유지가 되는 그런 수가잖아요. 그래서 어렵죠. 이 와중에 신뢰를 쌓기가 어렵습니다. 의사 한 번 보려고 해도 어렵고, 입원을 해도 회진 한 번 슥 돌고 마는 그런 정도잖아요. 너무 접촉이 없다고 할까, 그런 게 사실 문제죠. 환자를 20~30명만 보면 적정한데, 100명을 넘게 봐야 병원 운영이 되게 만드는 제도도 문제가 되는 거죠.

수가는 현실화되어야 한다

지:: 수가를 어떤 식으로 조정해야 될까요?

서:: 수가라는 게 한 번 낮게 잡으면 올리기가 힘든데요. 올릴 때마다 욕을

먹거든요. 그래도 수가는 현실화가 되어야 합니다. 예를 들어 심장 수술을 9시간 동안 했다, 무지 힘든 일입니다. 하지만 쌍꺼풀 수술하는 것보다 덜 받잖아요. 이런 왜곡된 체제에 대한 문제의식이 있는 거죠. 의사들은 다 느끼고 있는 거고요. 힘든 일, 예를 들어 뼈를 맞춘다든가 이런 것을 했을 때, 좀더 많은 돈을 받아야 마땅하지만, 전혀 그렇지 못하기 때문에 문제가 발생할 수 있죠.

지:: 그러다 보니까 과잉 진료 이야기가 나오는 거고요.
서:: 과잉 진료도 하고, 돈을 벌려고 나쁜 짓을 하는 의사도 나오는 거죠. 새롭기는 한데 말이 안 되는 것을 개발해서, 효과가 없는 것을 알면서도 그런 시술을 만들죠. 저는 개인적으로 태반주사나 줄기세포 치료가 효과가 없다고 생각하는데요. 이런 것들이 나오는 자체가 의사들이 너무 수가가 낮으니까, 양심을 속이고 그런 시술을 하는 측면도 있는 거죠. 이런 와중에서도 양심을 지키면서 의료를 성실하게 수행하는 사람이 얼마나 될까 하는 의문이 들어요.

지:: 결국은 의료의 문제라는 것이 굉장히 복잡하게 얽혀 있고, 사회의 여러 수준이나 시스템과 연관이 있을 수밖에 없는데요. 이게 개선이 안 되는 이유가, 의사들이 대체로 범생이 출신이 많아서 자기 일에만 전문적이지 사회의 다른 문제에 대해서 잘 모르기 때문에 본인들의 문제를 풀기 힘든 부분이 있는 게 아닌가요?
서:: 그렇죠. 어디서부터 손을 대야 할지 모를 정도로 얽혀 있기 때문에.

지:: 그래서 말씀하시는 것처럼 의사 본인을 위해서라도 사회를 공부해야 한다고 하신 건데요. 나름대로 억울하고 바꿔야 된다고 하는 것이 마음속에 있는데, 그걸 주장하기 위해서는 사회의 전반적인 시스템에 대해서 잘 알아야 되니까요.

서:: 그렇죠. 하여간 의료 문제뿐만 아니라 우리 사회 각 분야가 다 문제가 있는데, 의료라고 다르겠어요.

지:: 같이 고민하고 풀어나갈 수밖에 없을 것 같은데요. 의사들도 자기 문제에 대해서 더 고민하고 사람들에게 알리고, 사람들도 의사의 고충에 대해서도 이해하고, 토론을 해나갔으면 좋겠네요.

서:: 그게 참 말은 쉬운데 실천이 어렵죠. 참고로 말씀드리면 의약분업 때 의사들이 하나로 뭉쳐서 거리로 나선 적이 있었는데요. 그게 의료계의 마지막 단합이었던 것 같아요. 그 이후부터는 많은 게 바뀌었어요. 지금은 의사라고 해서 같은 의사가 아니라서, 하나의 이익으로 뭉치는 집단이 아닌 거죠. 과별로 다 다르잖아요. 수익도 천지 차이고, 그래서 현 시스템의 존속을 원하는 사람들이 늘어났다는 겁니다. 그리고 큰 병원하고 일반 병원이 달라요. 예를 들면 인턴제를 폐지한다고 했을 때, 큰 병원 의사들과 작은 병원 의사들이 입장이 또 다르거든요. 의사라고 다 같은 의사가 아니라는 이야기죠. 재벌 병원이 환자를 독식하는 문제도 그래요. 우리나라 사람들이 큰 병원을 선호하잖아요. 제가 위암 수술을 단국대 병원에서 했거든요. 할인해주니까 그런 것도 있지만, 어디서 하나 다 마찬가지라고 생각해서 그랬는데, 다른 분들은 암도 아닌데, 그보다 덜한 병인데도 저한테 서울대 병원을 알아봐달라고 해요. "서울대 병원은 환자 많아서 밀릴 거니까

우리 병원에서 안 할래?"라고 하면 "내가 거길 왜 가냐?" 하고 화를 내거든요. 그럼 약간 어이가 없죠. 자기 위장은 금테 두른 것도 아니고, 나도 여기서 하는데.(웃음)

우리나라 사람들이 유난히 큰 병원, 큰 기업, 삼성 휴대폰 이런 것을 너무 좋아하는 것 같아요. 우리나라가 맥주 회사도 몇 개 없잖아요. 맥주 맛도 다 똑같고요. 외국은 안 그렇더라고요. 500~600개의 맥주가 경쟁한다는데, 우리나라는 어떤 분야든지 빅3, 3등 안에 들어야 살아남는 구조잖아요. 다양성 이런 게 없고. 그게 의료계에도 해당되더라고요. 입원할 때도 삼성 병원이나 이런 데 입원하게 해달라고 하고, 지방 병원의 입원실은 텅텅 비는데 말입니다. 그렇다고 해서 큰 병원이 죽을 사람을 살리느냐 하면 그런 것도 아니에요. 여기서 죽을 사람이면 거기서도 죽고, 똑같이 그런 건데요. 삼성 병원에서 죽으면 당연하게 여기고, 다른 병원에서 죽으면 소송을 하잖아요. 시스템을 바꾸는 것은 진짜 어려운 것 같아요. 먼저 국민 의식이 바뀌어야 될 것 같은데, 그게 참 어렵죠.

지:: 의식을 바꾸기 위해서는 의사들이 대중하고 소통하고, 설득하는 과정이 필요할 것 같은데요. 기생충을 알리기 위해서 책도 쓰시고, 방송에 나가시는 것처럼 많은 의사들이 그렇게 할 필요가 있을 것 같은데, 그런 노력들이 부족하지 않았나 싶은데요.

서:: 부족하기는 하죠. 마땅한 방법도 없지만요. 국민들한테 '큰 병원 너무 좋아하지 맙시다' 라고 할 수도 없잖아요. '삼성 병원만 가지 말고 우리 병원도 와주세요' 하는 것도 웃기고요.

갑상선암이 사람을 위협하려면 최소 300년

지:: 검진을 잘하기 위해서, 고급 의료 서비스를 제공하기 위해서 비싼 장비를 도입해야 된다, 그러다 보면 공급이 또 수요를 창출하는 경우도 생길 텐데요. 비싼 장비를 들여놓았으니까 그 기계를 어떻게든 써먹어야 되는데요. 그러다 보면 과잉 진료가 아니라 과잉 진단의 문제도 생기고 있지 않습니까? 당신은 병이 없는 게 아니라 아직 발견을 못 한 거다, 이러면서 과잉 검진을 하는 문제도 있을 것 같습니다. "기존 의료가 외면했던 분야에 눈을 돌림으로써 환자의 편의를 도모하는 이런 행위는 의사에게나 환자에게나 모두 좋은 일이다. 문제는 수요 창출의 정도가 지나쳐 멀쩡한 사람을 환자로 둔갑시키는 행위다"라는 말씀도 하셨지 않습니까?

서:: 그거야 저만 지적하는 것이 아니라 많이들 지적하는 건데요. 지금 시스템에서는 무조건 이익을 많이 내야 좋은 의사이고, 병원인 거예요. 대학병원 세미나에 가면 '지금 1인당 1억 원씩 수익을 내는데, 2017년에는 2억 원씩 수익을 내야 된다' 이런 식으로 이야기하거든요. 이런 와중에 의사들이 꼭 필요한 검사만 하는 것이 참 어려워진다는 이야기죠. 그러니까 양심과 제도간의 싸움에서 양심이 이길 수가 없습니다.

지:: 좀더 철저하게 진단하면 숨어 있는 병을 초기에 찾아낼 수 있다는 장점도 있으니까 그렇게 하는 걸 텐데요.

서:: 너무 확률이 적다는 거죠. 발견 안 되어도 상관없는 그런 것들이 발견되면서 환자들이 괜한 치료를 받고 그런 일이 생기는 거죠. 놔둬도 되는 거. 예를 들어 갑상선암은 사회문제라고 생각하는데요.

지:: 여성 환자가 굉장히 많이 늘어났다고 하던데요.

서:: 그 이유가 유방암이나 산부인과 진찰을 하면서 서비스로 갑상선을 봐주었기 때문인데요. 그러다 보니 수술을 굉장히 많이 하게 된 거죠. 의사한테 굉장히 큰 이익이 뭔가 하면 갑상선암을 발견해서 수술로 떼어내면 그 사람은 평생 갑상선 약을 타러 병원에 와야 하거든요. 제가 아는 한 지인도 처음에 초음파를 받으면서 갑상선에서 뭔가 발견되었다고 하더라고요. 걸면 걸린다고, 초음파만 하면 웬만하면 뭐가 나오죠. 2~3밀리미터 정도 되었는데 조직 검사했더니 암이더라. 어떻게 하냐고 하는데, 뭐라고 해요. 할 수 없죠. "나 같으면 안 하는데" 이렇게 말했지만 결국 떼어내셨잖아요. 뭐랄까, 이게 과연 진짜 수술을 해야 될 것인가 저는 필요 없다고 보는 건데요.

지:: 계속 나오는 이야기지만, 건강과 관련된 거라 주장하기가 어려울 것 같은데요. 다른 의사들하고 이해관계도 얽혀 있고요. 글 쓰셨을 때 처음에는 소송 걸릴 수 있다고 걱정하지 않으셨나요?

서:: 갑상선암에 대해서는 굳이 저뿐 아니라 유럽의 저명 학술지에서도 과잉 진단이라고 이야기하고 있습니다. 학회 내부적으로도 그렇게 결론이 났고요. 2~3밀리미터짜리를 뭐하러 떼내나, 빨리 자라는 암이 있고, 천천히 자라는 암이 있습니다. 갑상선암이 사람을 위협하려면 최소한 300년 정도 걸려요. 그것도 짧게 잡아서. 사람의 수명이 여든 살밖에 안 되니까 문제가 될 것이 없다는 거죠.

지:: 갑상선암 종류가 네 종류가 있는데, 위험한 것 한두 가지를 빼면 나머

지는 거의 죽고나서나 발견된다고 하셨는데요. 사람을 위협하려면 최소한 300년 정도 걸리기 때문에 인체에 영향을 별로 못 준다는 거군요.

서:: 그런데도 환자는 암이 있다는 것을 알면 그대로는 못 사는 거죠. 수술을 해야 되잖아요. 갑상선암 진단을 받은 환자들의 92퍼센트가 수술을 한다더라고요. 이대로 가면 전 국민이 갑상선이 없이 살아야 할지도 몰라요. 문제가 심각하죠. 그 비슷한 것 중 하나가 심장 CT예요. 우리 피부에도 사마귀 같은 것이 있는데, 있으나 없으나 별로 상관이 없잖아요. 그런데 심장 CT를 찍으면 심장에 사마귀 같은 게 나 있는 것이 발견됩니다. 인체 곳곳에 그런 게 있을 수 있고, 대개는 별게 아닌데, 괜히 치료를 받는 거죠.

지:: 보통 의사들이 CT 촬영을 많이 권하지 않습니까? 그것도 과잉 검진이라고 볼 수 있는 건가요?

서:: CT를 찍을 일이 있어서 찍어야지, 건강검진을 위해서 CT를 찍는 것은 과잉이라는 거죠. 특히 심장 CT를 찍는 것은 더더욱 말도 안 되는데요. 우리나라 건강검진 중에서 가격이 비싼 검진이 있어요. 정밀검진이라고 하는데, 정밀검진은 알지 않아도 될 것을 굳이 알게 해주는 불필요한 검진이에요. 내 폐에 사마귀가 나 있다, 이런 것을 알아서 뭐하겠어요. 알면 괜히 이상하게 숨이 더 가쁜 것 같은 느낌이 들고, 안 좋잖아요. 아무 문제 안 일으킬 일인데.

지:: 그런데 혹이 있다고 하면 아무래도 찝찝하고.

서:: 그렇죠.

지:: 아는 게 병인 거네요.

서:: 건강검진은 보통 50만 원 미만으로 받는데, 정밀건강검진은 300만 원, 500만 원 받고 1,000만 원, 2,000만 원 단위들도 있는데요. 그렇게 하려면 일반적으로 안 하는 검사를 해야 되잖아요. 그래서 이 검사, 저 검사를 마구 집어넣는데 그중 하나가 PET-CT예요. 이걸 찍으면 대사가 활발한 곳이 빨갛게 염색이 돼요. 그쪽으로 피가 몰리니까, 염색약이 그쪽으로 많이 가잖아요. 세포가 빨리 증식하는 대표적인 질환이 바로 암이니까, 이게 암을 찾아내는 데 도움이 돼요. 암뿐만 아니라 염증이 있거나, 뼈에 타박상을 입었을 때도 빨갛게 될 수가 있는 건데요. 그래서 PET-CT를 찍고 암으로 진단을 받은 사람들 중 나중에 보면 아무것도 아닌 경우가 많죠. 암으로 오진한다는 이야기인데요, 괜히 검사해서 암인 줄 알고 걱정만 한 거잖아요. 그럼 이거는 어떻게 이용해야 되는 거냐, 이 사람이 폐암이 있는데 수술을 하기 전에 혹시 다른 데 암이 퍼진 것이 아닌가 그렇게 의심을 할 때 PET-CT를 찍는 거죠. 빨갛게 된 부위가 있으면 이리로 전이되었겠구나 하고 알 수 있잖아요. 암 환자를 찍어야 유용한 건데, 멀쩡한 사람한테 찍으면 암이 아닌 오만 가지 이유로 빨갛게 빛난다는 말이죠. 괜히 조직 검사 해보고 이러느라고 비용과 시간이 들어가고. 병원은 좋죠. PET-CT 이게 되게 비싸요. 요새 많이 내려갔지만, 70만 원쯤 되거든요. 비싼 기계를 샀으니까 많이 찍어야 본전을 뽑잖아요. 어떤 영상의학과 교수의 말은 '나도 이거 왜 찍는지 모르겠어'라고 해요. 자기들도 그걸 알죠. 그런데 공식적으로 인터뷰를 해달라고 하면 절대 안 합니다. 이런 불필요한 검사들을 하면서 고가의 정밀검진이라고 이야기하는 거죠.

류머티즘 인자rheumatoid factor라는 것이 있어요. 이게 있으면 류머티스 관절염에 걸릴 확률이 조금 높아요. 류마티즘에 걸린 사람들의 70퍼센트가 이걸 가지고 있어요. 30퍼센트는 안 가지고 있고요. 그런데 류머티즘에 안 걸린 사람 중에서도 이걸 갖고 있는 사람들이 있거든요. 20~30퍼센트. 이런 검사를 뭐하러 해요? 별 의미가 없는 거잖아요. 95퍼센트 정도 된다면 모를까. 게다가 류머티즘 인자가 있을 때 예방법이라도 있으면 모르겠지만, 예방법이 없거든요. 제 친구가 정밀검진을 했는데 이게 발견되어서 굉장히 괴로워하더라고요. 관절염 걸리면 어떻게 하냐고. 이게 정밀검사의 허와 실인 거죠. 이런 것을 굳이 돈을 더 들여서 할 필요가 있나요? 요새 건강검진 VVIP 코스가 있잖아요. 2,000만 원짜리도 나왔던데요, 호텔 같은 곳에서 1박 2일 묵으면서 서비스 받는 건데요. 자기 돈 쓰겠다는데 말릴 거야 없지만, 이게 낮은 수가를 보충하려고 병원에서 장난을 치는 거 아니겠어요? 수가가 현실화되면 이런 게 좀 없어지지 않을까, 이런 생각을 합니다.

지∷ 수가가 현실화된다고 하면 어느 정도를 말씀하시는 건가요?
서∷ 처음 의료보험 시작할 때 그 당시 수가의 절반 정도로 수가를 책정했어요. 나중에 올려주겠다고 했는데, 물가상승분만 반영했을 뿐 거의 오르지 않았어요. 그래서 의사들이 박리다매, 즉 환자를 많이 봐서 만회를 했는데, 그러다 보니 환자 개인에게 설득력 있는 설명을 해줄 시간이 없다는 거죠. 산술적으로 봐서 수가가 두 배쯤 오른다고 할 때, 50명만 봐도 운영이 된다, 그러면 의사가 환자들에게 조금 더 시간을 많이 낼 수 있지 않을까 싶어요. 그리고 지금 의사들의 수가가 과에 관계없이 다 비슷해요. 흉부외과처럼 생명과 직결되는 과는 수가도 올리고, 월급도 더 줘야 합니다. 외과도 마찬가지고요. 지금처럼 위하고 십이지장 다 잘라내는 데 60만 원 받는다고 하면 누가 하겠어요. 가뜩이나 일도 힘든데. 그래서 지원자가 점점 줄어들고 있어요. 이러다가 나중에는 필리핀 의사들이 우리나라 와서 흉부외과를 하지 않을까 걱정이 되더라고요. 필리핀 의사가 나쁘다는 거는 아닙니다만. 아무튼 수가가 재조정이 되어야 한다는 거죠. 조금씩 조정이 되기는 해도 너무 더딥니다. 제도가 나쁘면, 가령 금주령이 내리면 몰래 술 먹는 사람이 늘어나고 범죄자가 늘어나는 것처럼, 지금 수가 체제에서 의사들이 어려운 점이 있다는 겁니다.

지:: 이 시스템하에서 양심적으로 진료하면 병원 문을 닫을 수밖에 없으니까 어느 정도 편법을 써야 된다는 거네요.

서:: 의사들이 자기가 환자 입장이라면 어떨까 생각을 해봐야 해요. 아마 갑상선암이 있어도 수술을 안 할 거고요, 웬만큼 혈압이 높아도 약을 안 먹고 버틸 것 같거든요. 의사들이 일반인보다 약도 덜 먹고 수술도 덜 받는다는 거는 『의사는 수술 받지 않는다』라는 책에도 나와 있어요. 그런데 환자한테는 치료를 받으라고 강요를 하는 건데요, 물론 그렇게 해야 나중에 소송을 안 당할 수 있다지만, 고혈압 약은 한 번 먹으면 평생을 먹어야 되는데요. 그렇다면 처음 약을 먹게 할 때 좀 신중해야 하지 않을까 싶은 거죠.

지:: 일반인들에게 건강검진은 유익한가요? 건강검진의 문제점이 있다면 어떤 것이 있나요? 반드시 해야 되는 건가요?

서:: 받을 필요가 있다고 생각합니다. 저는 건강검진의 수혜자기 때문에, 거기서 조기 위암을 발견했잖아요. 사실 건강검진은 의료업계에서 블루칩 같은 거죠. 그전에는 아파야 병원에 왔는데, 멀쩡한 사람을 병원에 오게 하

는 전략이 바로 건강검진이었고, 이게 되게 커졌잖아요. 그런데 건강검진의 문제점이 뭐냐 하면 '정밀'을 내세워서 환자들의 주머니를 터는 거하고요. 두 번째로 내가 검진을 받아서 정상 판정을 받았다는 생각 때문에 평소 건강에 대해 관심을 안 가질 수가 있다는 거죠. 검진 결과라는 게 그 당시에만 괜찮다는 거거든요. 제일 중요한 것은 소식하고 운동하고 이러는 건데요. 사람들이 그렇게 안 하면서 검진만 받고, 검진을 받았으니까 나는 안전하다는 생각을 주지시켜서 진짜 건강한 삶을 살지 못하게 하는 면도 있다는 거죠. 비타민제 같은 것도 마찬가지인데요. '약을 먹으니까 나는 건강해'라고 생각하는데, 실제로 삶 자체는 건강과는 유리된 삶을 살면서 그렇게 안도하고 있는 거죠. 그렇다고 검진을 받지 말아야 되는 것은 아니겠지만, 저는 검진보다도 국민들이 조금이라도 자기를 위해 시간을 투자하도록 이끄는 것도 좋은 것 같습니다. 지금 건강검진이 그런 역할을 하고 있는지 의문이죠. 지금처럼 한다면 수익에 더 큰 관심이 있는 것이 아닌가 하는 생각을 하게 되죠.

건강 염려증이 건강을 해친다

지∷『고혈압, 3개월에 약 없이 완치하기』라는 책을 읽어보니까 동양인과 서양인의 고혈압이 달라서 약으로 치료하기 어렵다고 주장하기도 하던데요.
서∷그런가요? 그거는 잘 모르겠고요, 고혈압이 왜 문제가 되냐 하면 고혈압은 90퍼센트 이상이 원인을 몰라요. 10퍼센트 정도만 원인을 알아요. 고혈압은 원인을 제거해주면 혈압이 떨어집니다. 그런데 90퍼센트가 원인을 모른다는 말이죠. 원인을 모른 채 혈압만 낮추어주는 게 바로 고혈압 약입니다. 원인은 놔둔 채 혈압만 무리하게 낮추니까 나중에 약이 안 듣게 되고 내성이 생기는 거죠. 현대 의학이 많은 한계를 가지고 있는데요. 고혈압도 그중에 하나고요. 저도 고혈압이 있음에도 불구하고 약을 안 먹고 버티고 있는 사람 중에 하나인데요, 혈압이 당장 쓰러질 정도도 아니고, 남은 평생을 약에 의존해서 살기가 꺼려지더라고요.

지:: 사람들은 뇌졸중 이런 게 두려우니까 고혈압을 걱정하는 걸 텐데요.
서:: 물론 고혈압은 위험한 질병입니다. 그런데 전 국민의 10퍼센트가량이 고혈압인 거 아세요? 그 사람들이 전부 다 약을 먹어야 되는 것일까, 거기에 대해서 생각이 좀 다른 거죠. 150이 넘는다고 하면 먹는 게 맞지만, 140 정도 되었다, 그러면 좀 고민을 해봐야죠. 135다? 그러면 먹을 필요가 없어요. 그런데 어떤 의사를 만나느냐에 따라 약을 먹을 수도 있다는 거죠. 한 번 먹었으니까 평생 먹어야 하고요. 이런 게 좋은 일이냐, 의문이 드는 거죠.

지:: 저는 170이 나오던데요.
서:: 그럼 당장 약을 드셔야죠. 병원 안 가고 뭐하셨어요?

지:: 보통 살이 찌면 혈압이 올라간다고 하잖아요. 저는 살이 빠지고 있는데요.
서:: 그 정도면 원인을 찾고 말고를 떠나서 약을 복용해야죠.

지:: 술을 많이 마셔서 그런 걸까요?
서:: 우리가 술, 담배에 너무 많은 혐의를 두고 있어요. 술을 마시는 사람이

오래 살았다고 하면 '걔는 술 많이 마셔서 오래 살았다'고 안 그러잖아요. 그런데 술 마시는 사람이 일찍 죽으면 '술 먹더니 일찍 죽었다'고 한다는 말이죠. 담배도 마찬가지고요. 사실 술, 담배가 어느 정도 필요한 측면은 있어요. 이것들이 오히려 스트레스를 줄여주는 역할을 할 수도 있고요. 술, 담배가 아내의 잔소리감 1, 2위를 다투잖아요. 마치 술, 담배가 만병의 근원인 것처럼 우리가 알고 있는데요. 그거는 좀 지나친 것 아닌가요? 매일 적당히, 소주잔으로 두세 잔 정도 술을 마시면 심장병이 안 걸릴 수 있다는 연구도 있어요. 그 '적당히'가 어려운 거지만요.

지∷ 고혈압은 예전보다 치료 기준이 낮아지고 있지 않습니까? 그런 것에 대해서 좀더 신중하게 생각을 해봐야 된다는 거죠.
서∷ 기준을 낮추어서 고혈압 전 단계라는 것을 만들었는데, 그 의도가 뭐겠습니까. 환자 건강을 생각하는 측면도 있지만, 아무래도 의사들의 수익도 생각을 했겠지요.

지∷ 의사도 생활인이고, 병원도 운영해야 될 테니까요.
서∷ 옛날에 대학 병원이 좋았던 것이 뭐냐 하면, 환자 특진비, 그러니까 선택 진료비만 받아갔어요. 지금은 수익의 어느 정도를 인센티브로 가져가게 되었거든요. 환자를 많이 볼수록 버는 돈이 옛날보다 훨씬 많아지는 거죠. 그런 상황에서는 환자들한테서 보다 많은 이익을 창출하려는 의욕을 느끼지 않겠습니까? 과잉 진단, 과잉 치료를 할 수밖에 없는 거죠. 포괄수가제가 도입되는 이유도 사실 거기 있습니다.

지:: 그게 제약 회사와도 연결된 문제 아닌가요? 제약 회사로서는 약을 팔아야 되니까. 그리고 아까 말씀하신 것처럼 학회 때 의사들의 편의를 봐주거나, 로비를 해서 자기 약을 더 쓰게 만들려고 하잖아요. 그러면 투여하지 않아도 될 약을 투여할 것 같기도 하고요. 놔두면 나을 수 있는 병도 일단 약을 처방해서 약을 먹고 나으면 다행이고, 안 나으면 다시 와서 진료를 받을 테니까요.

서:: 대표적인 게 콜레스테롤이죠. 물론 좋은 것은 아니지만, 우리 몸에 필요한 성분이고 비타민 D 합성의 원료이기도 하거든요. 그런데 콜레스테롤을 악의 축으로 만들면 콜레스테롤을 낮추는 약을 팔아먹어서 많은 수익을 올릴 수 있지요. 화이자라는 제약 회사가 이 약으로 우리나라 국가 예산에 해당하는 돈을 매년 벌어요. 그런데 이 콜레스테롤 약이 나와서 심장병이 줄어들었느냐, 잘 모르겠더라고요. 콜레스테롤 약이 많이 팔리는데, 심장 질환으로 죽는 사람이 줄지 않는 것 같은데요. 실제로 심장병으로 죽는 사람들 중 해로운 콜레스테롤이 높은 사람이 별로 없었다는 통계도 있어요. 남성 갱년기 약도 제약 회사의 작품이죠. 여성은 폐경이 되면 호르몬이 안 나오니까 호르몬을 팔아먹는 게 말이 되지만, 남성은 나이가 들었다고 해서 남성호르몬이 안 나오는 게 아니거든요. 남성은 폐경이 없으니까요. 그럼에도 불구하고 활력을 찾아준다는 명목으로 남성호르몬을 줍니다. 아주 절찬리에 판매되고 있어요. 나이 든 분들이 들으면 아주 솔깃하다는 말이죠. 그런데 메이요 클리닉이라는 곳에서 연구를 해보았더니 남성호르몬 요법이 삶의 활력을 전혀 찾아주지 못했다, 이렇게 결론이 났어요. 물론 이런 거는 거의 보도가 안 되죠.

지∷ 콜레스테롤이 아직 의학적으로 검증이 안 되었다는 건가요?

서∷ 이것도 어느 정도 이상이 되면 문제를 일으키는 것은 맞아요. 맞는데, 그 기준이 너무 내려가서, 200밀리그램퍼데시리터mg/dl가 좀 넘는 정도를 가지고 약을 써야 하느냐 하는 것은 이해가 안 된다는 거죠. 옛날에 비해서 기준이 너무 낮아졌다는 겁니다.

지∷ 당뇨병도 원인 규명이 아직 제대로 이루어지지 않은 병 아닌가요?

서∷ 당뇨병에는 두 종류가 있는데 하나는 나이 들고 살이 쪄서 걸리는 게 있고, 췌장이 파괴되어서 생기는 게 있어요. 후자는 자가면역질환으로 거의 결론이 났죠.

지∷ 고혈압처럼 조절을 하는 거지, 완치되기는 어려운 병 아닌가요?

서∷ 그럼요. 췌장의 인슐린 분비샘이 파괴된 것이기 때문에 계속 인슐린을 맞아야죠. 다행히 옛날과 달리 혈당 조절 시스템이 잘 만들어져서, 주사 맞는 그런 불편함만 있지, 자기 수명을 살 수 있게 되었어요. 저희 아버님이 당뇨병이셨는데, 그 당시 다니던 병원에서 너무 관리를 안 해주었던 것 같아요. 나중에 신부전이 생겨 투석을 하시다 돌아가셨어요. 요즘처럼 조절만 잘하셨으면 좋았을 텐데, 아쉽죠.

지∷ 어떻게 보면 에이즈랑 비슷한 건가요? 약 먹고 잘 조절하면 괜찮은데, 면역이 떨어졌을 때 합병증과 같이 오면 그게 위험한 거잖아요.

서∷ 그렇죠. 에이즈도 돈만 있으면 제 수명을 살 수 있죠. 농구 선수 매직 존슨도 에이즈 바이러스에 양성이 나왔는데, 아주 건강하게 살고 있습니다. 그런데 일반인이 감당하기에는 치료약이 너무 비싸요.

지∷ 소극적 안락사에 찬성하는 것으로 알고 있는데요.
서∷ 적극적 안락사가 약물을 투여해 환자를 죽게 하는 데 비해 소극적 안락사는 연명 치료를 안 하는 것이지 않습니까? 우리가 평생 쓰는 의료비의 대부분을 마지막 1년에 쓴다고 합니다. 삶에 대한 기준은 다 다르겠지만, 의식도 없는데 비싼 장비의 도움으로 그냥 누워만 있는 게 무슨 보람이 있을까 싶어요. 다들 그렇게 말해요. "내가 저렇게 되면 절대로 치료하지 말라"고요. 그런데 자기 가족이 그렇게 되면 말이 달라지잖아요. 연명 치료를 중단하라고 이야기하기가 어렵죠. 혹시 잭 키보키언이라는 의사 아시죠?

지∷ 130여 명을 안락사시켜 '죽음의 의사'로 불렸던 분이잖아요.
서∷ 환자들에게 약물을 주입하는 적극적 안락사의 대명사였죠. 환자들은 그 사람을 다 좋아했지만, 그 사람은 2급 살인죄로 기소가 되지 않았습니까? 기소된 이유가 사실은 비디오를 찍었기 때문에 그런 거지만, 어쨌든 모르겠어요. 병 때문에 너무 힘들어서 죽고 싶은 사람들의 입장도 좀 고려해 주면 좋을 것 같은데, 그게 아니잖아요. 이게 어려운 것이 막상 허용하게 되면…….

지∷ 경제적 문제 때문에 그런 선택을 하는 경우도 많을 것 같은데요.
서∷ 치매 환자는 다 죽일 것 같고, 악용될 수 있잖아요. 그렇기 때문에 문제가 될 텐데요.

지∷ 불치병 환자에게 이야기를 해줘야 하느냐, 말아야 하느냐가 논란이 되기도 했는데요.

서∷ 논란이 있었죠. 1980년대만 해도 안 해주는 거였는데요. 1990년대부터는 해주는 것으로 거의 정리가 되었어요.

지∷ 환자가 인생을 정리할 시간을 주고, 치료를 선택할 수 있는 기회를 줘야 된다는 거죠.

서∷ 80퍼센트 정도가 이야기를 해주는 것으로 알고 있습니다. 일본도 그렇고, 우리나라도 그렇고. 자기 몸에 대해서 자기가 잘 알아야 되고, 그걸 어차피 감당해야 되니까요.

지∷ 그 이야기를 듣고 나서 충격을 받아서 급격하게 나빠질 수도 있지 않습니까?

서∷ 정신적으로 그럴 수도 있겠지만요. 같이 남은 기간을 어떻게 보낼지 고민해야겠죠. 예를 들면 저희 흉부외과 교수님이 계신데요. 그분이 담도암 말기 판정을 받았어요. 항암제를 좀 비싼 것을 쓰면서 외래도 보시고 한 2년 동안 그러시다가 돌아가셨는데요. 그분이 처음에 담도암인 걸 알고나서 이메일을 보내셨어요. '담도암 말기인데, 다들 건강에 유의하시라.' 그렇게 해주니까 우리도 편하더라고요. 만일 그분이 모르는 상태다, 그러면 우리만 괜히 따돌리고 그랬을 거잖아요. 어색해서 피하고 그랬겠죠. 알 필요가 있다고 생각해요. 충격받고 쓰러질 사람 같으면 말해주지 않는 게 좋을 수도 있지만요.

지:: 어차피 환자 본인이 알아야 치료를 받든지 말든지 할 수 있고, 치료에 대한 선택뿐만이 아니라 본인의 남은 인생을 어떻게 보낼지 결정할 수 있을 테니까요. 의무적인 것은 아니고, 의사 선생님이 판단해서 알려줄지 말지 상황에 따라 결정하는데, 옛날과는 달리 80퍼센트 정도는 알려준다는 거잖아요.

서:: 옛날에 『아버지』라는 소설이 있었죠. 거기서 아버지가 췌장암에 걸렸던 걸로 알고 있는데요. 그 책이 잘 팔리고 공감을 받은 이유를 전 도무지 모르겠어요. 그 책을 보면 아버지 혼자 췌장암인 걸 알고 가족들은 모르잖아요. 그런데 술집 아가씨한테만 이야기한다는 말이죠. 사실 누구보다도 가족한테 먼저 알려야 되는데요. 그게 어떻게 공감받고, 찬사를 받을 수 있는지, 그거는 진짜 문제가 있다고 생각해요. 술집 아가씨가 마누라도 아닌데요. 그런 이야기는 당연히 가족끼리 공유를 해야 되죠.

독일과 비교해도 우리나라는 의료 천국

지:: 큰 병이 걸렸을 때 의료 비용이 많이 드는 부분이 있지만, 의료보험제도가 어느 정도는 되어 있는 데다가 한국 의사들이 실력이 좋다고 소문이 나 있고, 빨리 진료를 받을 수 있어서 외국에서 '의료 천국'이라고 찾아오는 경우도 많다고 하던데요. 물론 돈이 좀 있는 분들이겠지만요. 지금 한국을 의료 천국이라고 볼 수 있나요?

서:: 저는 어느 정도 의료 천국이라고 생각하는데요. 건강보험은 확실히는 잘 모르겠지만, 한 달치 의료보험만 내면 누구나 혜택을 받을 수 있잖아요. 그 정도면 천국이 아닌가요?

지:: 무상 의료가 되는 북유럽 국가들에 비하면 어떤가요?

서:: 제가 알기에는 독일만 해도 공보험하고 사보험이 같이 있어요. 공보험 환자들은 일단 찬밥 신세를 받아요. 사보험은 부자들이 주로 들고, 예약도 빨리 되는데, 공보험에 전화하면 두 달 기다리라고 이야기한대요. 독일은 최고 고객이 사우디 왕자들이거든요. 걔네들을 위해서 초호화 병실을 지을 정도로 차별을 두는데요. 우리나라는 그렇지 않잖아요. 우리나라가 차라리 독일보다 낫다고 봅니다. 미국만 해도 보험회사가 몇백 개가 되는데, 어떤 병원은 A 보험이랑 계약하고, 그 옆 병원은 B 보험이랑 계약하고 이런 식이라서, 자기는 A 병원이 가깝지만 훨씬 먼 B 병원에 가야 보험을 적용받는 경우가 있죠. 그런데 우리는 모든 병원이 건강보험과 계약하도록 강제했으니, 의료 천국이죠.

지:: 건강보험도 못 낼 정도의 사람들이 아니면 어느 정도 혜택을 본다는 거죠?

서:: 건강보험 못 내는 사람들은 안 내고 혜택을 받잖아요. 유시민 씨가 보건복지부 장관 시절에 지적했지만, 그걸 이용해서 하루에 스무 군데 병원을 도는 사람들이 있잖아요. 처방전을 잔뜩 받아서 약국에서 약을 받은 다음에 그걸 팔기도 하고, 그런 사람들이 있잖아요. 파스 같은 거 달라고 해서 판다고 하는데요. 유시민 장관 시절에 이게 낭비다 싶어서 돈으로 매달 1~2만 원씩 주는 대신 횟수를 제한하려고 했어요. 그랬더니 민노당에서 반대해서 결국 안 되었던 것 같은데요. 어쨌든 이런 식으로 의료가 새는 부분도 있더라고요. 저는 무상 의료라는 것이 꼭 좋지는 않은 것 같아요. 공

짜라는 것 때문에 불필요하게 병원을 가는 경우도 있으니까요. 최소한의 비용은 받아야 필요할 때만 병원을 이용하는 문화가 정착되지 않을까 싶어요. 아무튼 우리나라는 의료 천국이라고 생각해요. 환자에게 천국이라는 거고, 천국을 만드는 데는 의사들의 희생이 좀 있지만요.

지:: 의사들의 희생이 있는데, 아직까지는 의사들에 대한 인식이 그렇게 좋은 것만은 아니잖아요.
서:: 안 좋죠. 사실 일부기는 하지만 나쁜 짓 하는 의사들도 많고요.

지:: 그게 환자들한테도 손해일 텐데요. 어차피 의사들 다 나쁜 놈이라고 하는데 내가 굳이 좋은 일 할 필요가 있겠냐고 생각하는 의사들도 있다고 하더라고요.
서:: 해방 후에 너무 오랫동안 잘 살아왔던 것이 원인 중의 하나일 것 같아요. 신랑감으로는 아직도 의사를 쳐주고 그렇잖아요. 그런 것을 봐서는 사람들이 싫어한다기보다는 선망하는 것 같은데요. 사람들이 정치인을 싫어하는 것과 비슷한 것 같아요.

지:: 정치인은 싫어하는데, 정치는 하려고 하잖아요. (웃음)
서:: 국회의원이 옆에 있으면 친해지려고 하고, 그런 것과 비슷한데요. 의료도 그렇지만 정치도 꼭 있어야 되잖아요. 자원을 배분하는 게 정치니 그게 없으면 안 되고, 어떻게 배분할지를 놓고 싸워야 하는 측면도 있는데, 정치인들은 다 나쁜 놈이고, 정치가 없는 게 차라리 낫다는 말을 많이 합니다. 사실 그게 언론이 세뇌시킨 편견이라는 거죠. 정치인 중에서는 열심히

하는 분들도 많잖아요. 그럼에도 불구하고 안 좋은 면만 보도하는 언론 때문에 사람들이 세뇌를 당하는 것 같아요. 정치가 없으면 세상이 어떻게 되겠어요. 우리 아파트만 해도 아파트 사람들 대표 회의가 있고, 거기서 뭘 결정하고 그러는데, 이것도 일종의 정치잖아요. 그럼에도 불구하고 사람들이 착각을 하는 것은 언론에서 항상 국민들을 정치인보다 위에 놓고, 정치인이 국민의 뜻을 따르지 않는다고 욕하기 때문이에요. 토론회 같은 걸 보면 시청자 전화 연결을 하잖아요. 그때 전화를 건 시청자가 정치인에게 싸움질만 한다고 욕하는 것을 보면, 물론 욕을 먹어 마땅한 부분도 있지만, 좀 의아하죠. 제가 보기에는 우리 중에 누가 나가도 저 이상 못 할 텐데, 국민은 다 알고 있다면서 정치인을 야단치잖아요. 저는 국민은 쥐뿔도 모른다고 생각해요. (웃음)

지:: 국민이 다 알고 있으면 우리나라가 어마하게 발전했겠죠.
서:: 사실 국민들은 만만한 존재고, 속기 쉬운 존재입니다.

지:: 국민이라는 이름 속에 숨는 것 같아요.
서:: 언론들이, 칼럼니스트들이 너무 국민을 띄워주는 말을 하니까, 진짜 그런 줄 알고 있는 것 같은데요. 전혀 그렇지 않잖습니까? 언론이 문제예요, 언론이. 정치인을 항상 부정적으로 묘사하고요. 의사들에 대한 보도도 마찬가지예요. 주로 범죄에 연루될 때만 기사를 쓰거든요. 스와핑 같은 사건이 터지면 '의사가 낀 20명, 스와핑 충격' 이렇게 보도하고, 부동산 투기가 적발되면 '의사, 변호사 등의 사회 지도층이 끼어 있어 충격을 주고 있다' 이런 기사들이 나오는데요. 저는 이런 게 정말 이해가 안 가는 것이, 의

사, 변호사를 빼고 누가 땅 투기를 합니까? 이래야 충격이죠. '노숙자가 껴어 있어서 충격을 주고 있습니다.' (웃음) 의사, 변호사는 그래도 부유층인데, 당연히 있을 수밖에 없잖아요. 스와핑도 마찬가지예요. 성직자가 했으면 좀 놀랄 일이지만, 의사가 얼마나 도덕적이라고. 이런 것들, 뭔가 범죄가 있으면 항상 의사, 변호사를 끼워서 이야기를 하는 게 지난 몇십 년 동안 우리가 봐왔던 기사예요. 그런 것에 우리가 세뇌가 되었다고 생각하고요, 의사들 보면 실제로 잘살거든요. 세금 낼 거 다 내고 잘살 수 없다고 생각하고, 뭔가 나쁜 짓을 했을 거라고 일반화해서 생각하는 것 같아요.

지:: 타깃이 되는 직업이 있는 것 같아요. 연예인도 그렇고. 연예인이 도박하다 걸리면 거의 반국가 사범 같은 비난을 받고, 자기 일을 몇 년 동안 못하게 되잖아요. 치유의 대상이라고 생각하고, 필요하다면 추징금이나 벌금을 내게 하고, 도박 치료를 받으면서 사회봉사 명령을 때리는 게 훨씬 더 사회에 도움이 될 것 같은데요. 그걸로 끝내버리니까. 예전에 프로야구 선수 박현준 씨도 자신이 했던 잘못에 비해서 젊은 운동선수가 지나치게 가혹한 처벌을 받았다는 생각이 들거든요. 정말 사회적 영향력이 큰 정치인이나 기업인들하고 형평성도 안 맞다고 생각하고요. 선수 생명을 끝나게 하기보다는 1~2년 정도 출전 정지를 시키고, 그 기간 동안 유소년을 지도하게 하든지, 그런 게 사회를 위해서도 낫잖아요.

서:: 앞으로 남은 날이 많은데, 갑갑하겠더라고요. 원래 사람들이 잘나가는 직업을 까는 것을 좋아하잖아요. 그럴 수 있는데요. 제가 의사라서 그런 말을 하는 거지만, 나쁜 놈이라고 무조건 그러지 말고, 잘못한 것에 대해서만 까면 좋겠어요.

지∷ 의사들이 그런 피해 의식이 있잖아요. 실제로 응급실에서 맞아본 적이 있는 의사들도 많다고 하고요.

서∷ 응급실이나 진료실에서 의사가 폭력을 당하는 경우가 굉장히 많아요. 절반 이상이 폭력 피해를 당한 경험이 있다고 하는데요. 거기에 대해서 버스 기사들은 운전할 때 때리면 가중처벌을 하는 법이 생겼잖아요.

지∷ 그런 사건이 몇 개 나오니까 그런 법이 생겼죠. 위험하기도 하니까.

서∷ 마찬가지로 진료실에서 환자를 보는 의사가 맞아서 진료를 못 하게 되면 다른 사람들에게 피해를 줄 수 있는 거라서, 그것은 좀 가중처벌하자고 했는데요. 어이없게도 시민 단체는 이렇게 이야기해요. 의사 멱살 잡은 것이 대통령 멱살 잡은 것보다 큰 죄냐고. 우리나라에서 대통령 멱살을 쥐면 바로 그 자리에서 작살이 날 거예요. 과장을 해도 지나친 과장을 한 것 같고요. '멱살 한번 잡았을 뿐인데'라는 플래카드를 몇 개 보았어요. 그런 걸 보면 사실은 약간 어이가 없죠. 원래 멱살은 잡으라고 있는 거는 아니고, 때리면 거기에 대한 대가를 치르는 게 맞잖아요. 맞은 이가 의사라서가 아니라 다른 사람에게 피해를 주기 때문에 가중처벌을 하자는 건데요, 이게 뭐 특권을 달라는 것도 아니고, 마음 편안히 진료를 하게 해달라는 것인데, 그것까지도 나쁘게 보는 경향이 있어요. 아무리 감정이 격양되어도 때리면 안 되잖아요. 실제로 그런 법이 통과된다고 해도 의사에 대한 폭력이 얼마나 줄어들겠어요? 상징적으로 만들자는 거지.

지∷ 문화라고 표현하기는 그렇지만, 내 가족이 아픈데 그럴 수 있지 않느냐는 심정적인 옹호가 그런 상황을 부추기는 것 같은데요. 그럼에도 폭력을 행사하면 안 된다는 것이 있어야 될 것 같습니다. 영화도 보면 조폭들이 와서 '우리 두목 살려내' 하면서 때리잖아요.(웃음)

서:: 술 취해서 때리는 경우가 더 많아요. 작년 여름에는 만취한 대학생이 진료를 하는 여자 인턴의 배를 걷어찬 경우도 있거든요. 그런데 이런 것에 대해 문제를 제기하니까 "폭력이 무서우면 어떻게 의사를 하냐?"라고 해요. 이런 시각은 문제가 있는 거죠.

지:: 상습적으로 그럴 가능성도 있고. 특히 응급실 같은 데서 폭력이 일어나면 굉장히 위험해지잖아요. 응급 환자들이 있는데.

서:: 의사들이 심리적으로라도 안심할 수 있게 법을 고쳐주는 정도는 해줄 수도 있지 않나 싶은데요. 그런 것도 안 해주니까 의사들이 피해 의식을 가지게 되는 거죠. 안 그래도 의사들은 정부가 의사들을 잡으려고 한다, 이런 피해 의식이 있어요. 의약분업 파동을 겪으면서 부쩍 피해 의식이 심해진 것 같아요.

지:: 김대중 정부나 노무현 정부에 대한 피해 의식이 좀 있는 거죠?

서:: 피해 의식이 굉장히 크더라고요. 노무현 대통령이 당선되었을 때 어떤 의사가 썼던 글이 기억나요. '앞으로 우리는 노예선에서 배를 젓는 노예가 될 것이다' 이런 식으로 글을 썼는데요, 기가 차더라고요. 말도 안 되는 비유죠. 노무현 정부 때 실제로 의사들이 다 망했느냐, 그것도 아니잖아요.

지:: 강남에 사는 분들은 집값이 오르고 더 좋았죠.

서:: 그렇다고 해서 의사들이 좋아하는 이명박 정부가 들어섰다고 의사들

삶이 나아졌냐 하면 그것도 아니에요. 어떤 정권이든 그래요. 국민 여론에 따라서 움직이는 거죠. 이명박이 의사 도움을 많이 받았다고 하더라도 수가를 올려주지는 않거든요. 왜냐하면 표를 의식해야 되기 때문에. 제가 항상 주장하는 것이 우리 요구를 관철하려면 일단 국민을 이해시키는 과정이 필요한데, 그런 것은 안 하고 우리가 원하는 정권이 되면 알아서 해줄 거라는 생각을 갖고 있더라고요. 사실 의사들이 자신을 불행하다고 생각하는 것이 과거에 대한 추억이거든요. 과거 의사들은 이렇게 벌었다, 지금은 그만큼 못 번다고 하는 피해 의식이 있는데요. 의사들이 계속 많아지기 때문에 어쩔 수 없는 현상이기도 하고요. 의사들이 1만 명이 있을 때랑 10만 명이 있을 때랑 같을 수는 없잖아요. 항상 기준이 너무 높아요. 타워팰리스에 내가 꼭 살아야 되는데, 지금 내가 거기 못 살고 있다, 이런 박탈감이 있는 거죠. 잘나가는 몇 명의 의사와 자기를 비교하니까 불행한 거고요. 물론 현대사회에서 돈이 되게 중요하지만, 다른 계층과 비교하면 그래도 괜찮지 않나요?

그와 별도로 의사들이 피해 의식을 가질 수밖에 없는 일이 계속 일어나요. 예를 들어 의료분쟁조정중재원이라는 게 2012년에 만들어졌어요. 우리나라는 환자와 의사의 신뢰 관계가 없기 때문에 조금만 잘못되면 환자 측에서 병원 문 앞에 드러눕고, 소송을 거는 경우가 되게 많잖아요. 소송을 하면 환자는 환자대로, 의사는 의사대로 불만이 있게 마련이고요. 그래서 중재원이 만들어진 건데, 산부인과에서 화를 낸 것이 뭐냐 하면, 과실이 없어도 3,000만 원 정도를 의사 측에서 배상하도록 되어 있더라고요. 꼭 의사 잘못이 아니라도 태어나는 애한테 이상이 생길 수 있는데, 그 경우에도 배상을 하라는 거예요. 처음에는 의사의 과실이 없으면 국가가 다 배상해주기로 했는데, 막상 하려니까 돈이 아까워서 그런 것 같기도 하고요. 산부인과로서는 충분히 항의할 일이죠. 이것과 별개로 산부인과 의사들한테 제왕절개 많이 한다고 욕을 하는데, 속내를 알고 보면 이해가 됩니다. 제왕절개로 낳았을 때는, 애가 잘못되어도 의사 잘못이 없으면 아무 책임을 지지 않아도 됩니다. 하지만 자연분만일 때는 그렇지 않아요. 개인 병원 같으면 의사 과실이 아니라도 문을 닫아야 하거든요. 물론 돈 탓도 조금은 있지만, 그게 다는 아니라는 거죠. 어차피 제왕절개 해보았자 미국에 비해서는 턱도 없이 낮은 수가인데요, 그게 얼마나 된다고 그러겠어요.

헬리코박터를 위한 변명

지:: 의료사고라는 것이 전문적인 영역이라서 밝혀내기 힘들지 않습니까? 변호사들도 의료 부분에 대해서는 전문적인 지식이 없고요. 의사 출신 변호사들이 간간이 나오지만, 거의 없는 것이 사실이고요.

서:: 지금은 의사들이 소송한다고 다 이기는 것이 아닙니다. 의료 변호사하는 사람들도 꽤 있는데요. 그 사람들은 환자 쪽을 변호하거든요. 게다가 지금은 환자가 소송해도 많이 이기는 것이 뭐냐 하면, 의사는 많이 아는데 환자는 모르지 않느냐고 해서, 의사 네가 죄가 없다는 것을 스스로 입증해라, 이렇게 해놓았어요. 죄가 있는 것을 밝히는 것은 검사의 역할이잖아요. 살인 용의자한테 네가 범인이 아니라는 것을 스스로 입증하라는 거는 말이 안 되죠. 하지만 의사와 환자는 지식의 격차가 있기 때문에 의사 스스로 무죄를 증명해야 하는데, 죄가 없다는 걸 증명하는 거는 사실 어려운 일이죠. 좋은 의사, 나쁜 의사, 좋은 환자, 나쁜 환자의 비율은 10퍼센트, 90퍼센트

라고 말씀하셨는데요. 여기서 결정적인 차이점이 뭐냐 하면 환자의 1퍼센트가 나쁜 놈이라고 해봐요. 의사의 10퍼센트가 나쁜 놈일 수 있지만, 보통 환자들은 의사를 100명까지 만나지는 않잖아요. 나쁜 의사를 만날 확률이 별로 없어요. 그런데 의사 1인당 매일 환자 100명을 만난다고 하면, 하루에 1명씩은 나쁜 사람이 올 수밖에 없잖아요. 한 환자가 제 매제가 한 말에 불만을 품고 양동이에 똥을 받아와서 뿌렸어요. 의사를 때려치우고 싶게 만드는 환자가 솔직히 일주일에 1명씩은 꼭 나오거든요. 좀 잘못되면 시위하고, 플래카드 만들어서 걸어놓고, 떼면 왜 떼냐고 화내고, 피켓 들고 시위하는 것을 보면 그 병원에 오는 다른 환자들이 여기 이상하다는 생각이 들어서 발을 끊게 되고, 타격을 받잖아요. 의사의 잘못으로 밝혀진 것도 아닌데 일단 의료사고를 주장하면서 그런 시위를 할 때, 의사들이 속수무책으로 당할 수밖에 없는, 억울한 점이 있는 거죠.

지:: 일단 시끄러우니까 돈을 주고 합의를 봐야 되겠네요.
서:: 아니면 병원 문을 닫거나요. 동두천의 한 산부인과가 그렇게 문을 닫았어요. 삼성 병원에서 그런다고 해서 올 환자가 안 오는 일은 없어요. 어쨌든 브랜드니까, 오히려 환자가 이상한 거라고 생각할 수 있는데요. 그런데 동네 병원이나 지방에 있는 병원들은 큰 타격을 받는다는 거죠. 그러니까 큰 병원에서는 못 그러는 것을 다른 데서는 생떼를 쓸 수 있는 거죠.

지:: 큰 병원은 변호사들의 도움을 받을 수도 있을 거고요. 오히려 환자에게 손해배상을 청구하겠다고 위협할 수도 있을 거니까요. 하지만 예전처럼 일방적으로 환자들에게 불리하지는 않다는 거군요.

서:: 그렇죠.

지:: 의사 사회가 일정하게 정치적으로 보수적인 것은 피해 의식 플러스 수입이 많기 때문에 계급적으로 그럴 가능성이 높다고 봐야 하는 건가요?

서:: 그런 것도 있죠. 사실 의사들이 보수를 안 찍으면 누가 보수를 찍겠습니까?

지:: 그 안에서 조금 외롭고 그러시겠네요.(웃음)

서:: 외롭지는 않습니다. 저는 평소에 정치 이야기를 하지 않거든요. 이런 말을 한 적은 있죠. "네가 새누리당을 지지한다고 해서 지금 의사들이 당하는 억울함이 없어지지는 않을 것이다"라고요. 예를 들어 의사들이 만든 병원이 몇 군데 있는데, 그런 병원일수록 월급을 짜게 주고, 의사를 착취하는 경향이 있다고 하더라고요. 이게 의사들을 더 잘 알아서 그런다는 말이 있는데요, 어쨌든 이게 정치권의 문제는 아니잖아요. 그래도 의사들이 새누리당을 찍는 거는 이해합니다. 어찌 보면 당연한 거죠. 제가 어이없어 하는 것은 이거죠. 정말 돈도 없고, 가진 것도 없는 사람이 새누리당을 지지하는 거.

지:: 어차피 계급 투표를 하는 거니까.

서:: 노무현 후보가 선거에 나왔던 2002년 대선 때, 전라도 출신 의사들과 이야기한 적이 있습니다. 과연 지역적인 정서와 계급적인 정서 중에 어느 것이 앞설까 궁금했는데요. 광주 지역의 의사들도 노무현을 싫어하더라고요. 계급이 훨씬 더 위인 거죠. 사실 지역이 밥 먹여주겠어요.(웃음) 의사들이 아무리 어렵다고 해도 일정 이상은 되잖아요. 의사들은 의사 중에서 노

사모가 된 이들을 배신자라고 불러요. 의사 출신 노사모가 500명 정도 된다고 하는데요. 그중에 저도 있었죠.

지:: 500명이면 의사 중에서 극소수네요.
서:: 그렇죠.

지:: 정치적인 면 외에 의사 사회의 보수적인 모습에는 어떤 게 있나요? 가부장적인 부분도 있고, 의사 교육을 할 때 구타도 심했다고 들었는데요.
서:: 그런 것은 많이 없어졌어요. 그런데 술자리에서 교수가 여자 레지던트에게 블루스를 추자고 하는 것, 선배 레지던트에게 후배 레지던트가 술을 따른다든지 하는 식으로 접대를 강요하는 것, 이런 거는 아직도 남아 있는 것 같아요. 보기가 안 좋죠. 어쨌든 전문의를 따기 위해서는 참아내야 하는 과정이니, 항의도 못 하죠.

지:: 『헬리코박터를 위한 변명』을 쓰셨잖아요. 정확한 의료 정보를 알려주고 의료계의 실상을 솔직하고 담백하게 파헤치기 위한 작업의 일환이었을 텐데요.
서:: 그런 명목으로 썼는데요. 사실은 그렇지 못했고, 수박 겉핥기였고요. 저는 그래서 저서를 말할 때 항상 『서민의 기생충 열전』만 말하고 있습니다. 제가 『헬리코박터를 위한 변명』에서 지적한 문제들 중 몇 가지만 잡아서 진지하게 파고들었어야 되는데, 그러지를 못했다는 것이 아쉬운 점이에요. 거기 보면 의료계 촌지 이야기도 나오는데요, 요즘은 촌지보다 제약 회사에게 의사들이 리베이트 받는 것이 문제가 되죠. 2010년부터 리베이트

쌍벌제를 실시하는데, '의사들은 리베이트 지금 당장 못 없앤다, 시간을 달라'라고 했는데요. 그게 일반인들의 생각과 괴리가 있는 거죠. 예를 들어 의사가 국내 학회를 갈 때 호텔 숙박비를 제약 회사에서 대주거든요. 해외 간다고 하면 비행기 삯 대주고, 체재비를 대주고요. 그렇게 대접을 받으면서 이 회사의 약을 안 쓸 수가 없잖아요. 리베이트에 대해서는 우리가 먼저 진지하게 나서서 근절 운동을 하고 했어야 되는데 정부가 법을 만드니까 반발하고 하는 것이, 의사끼리는 나름대로 할 이야기가 있을지 몰라도 보기 안 좋은 거죠. 제가 아는 어떤 의사는 스스로 양심적인 사람이라고 하는데도 불구하고, 공항에 갈 때 제약 회사 차를 불러서 짐을 나르고, 그런 것을 너무 당연하게 생각하더라고요. 의료계가 신뢰감을 높이려면 그런 것부터 생각을 해야 될 것 같습니다.

지∷ 다른 분야에도 그런 면이 있잖아요. 글 쓰는 사람들도 출판사에서 술 사주고, 밥 사주고 하는 것을 나중에 책으로 갚으면 되지 하면서 퉁치는 부분이 있잖아요.(웃음)

서∷ 액수가 차이 나잖아요.(웃음) 이런 것이 있어요. 리베이트를 금지하니까 모 제약 회사에서 강의료로 리베이트를 주었어요. 강의를 부탁한 다음 돈을 2,000만 원씩 주고 했어요. 더 어이없는 것은 걸린 사람 중의 많은 숫자가 실제로 강의를 하지 않고, 강의를 한 것처럼 했다는 거죠. 검찰 수사를 받았는데, 그 과정에서 억울하다고 소송을 하는 경우도 있었어요. 사실 의료계에서 부끄러워해야 할 일이죠. 제가 그런 말을 할 수 있는 것은, 기초기 때문에 그런 것도 있어요.(웃음) 리베이트에서 자유로운 입장이니까요. 제가 의사였으면 리베이트를 받았을까 하고 생각해보는데요, 저는 왠

지 안 받았을 것 같아요. 있는 집 자식이라.(웃음)

지:: 『헬리코박터를 위한 변명』에 오류도 좀 있었죠. 헬리코박터균을 연구한 분이 노벨 생리의학상을 받았잖아요.

서:: 큰 오류죠. 제 책이 나오고 한 달 뒤인가 노벨위원회에서 헬리코박터를 발견한 배리 마셜Barry J. Marshall 박사를 노벨 생리의학상 수상자로 발표해버렸죠. 헬리코박터를 옹호했던 제가 뭐가 되겠어요. 그때 깨달은 것이 자기가 아는 이야기를 써야 된다는 거였습니다. 남의 연구에 의존해서 쓰는 것은 위험하다는 생각이 들었습니다.

지:: 아예 잘못되었다는 것이 아니라 헬리코박터에 대한 우려가 과장되었을 수 있다고 쓰신 거 아닌가요?

서:: 아닙니다. 저는 서울대 의대 예방의학 교수님의 연구 결과를 인용해 헬리코박터가 위암, 위궤양과 관계가 없다고 이야기를 했는데, 나중에 그 교수님도 자기 연구를 철회했어요. 사면초가죠. 왜들 그러는지 모르겠다 싶을 정도로 사람들이 저를 공격했고요. 정말 다행인 것이 별로 안 팔렸어요.(웃음) 2쇄도 못 찍고 끝났는데, 정말 다행이죠. 제가 예전에 냈던 책들이 대부분 안 팔려줘서 다행입니다. 귀여니 님과 저를 비교하자면 저는 소설 『마태우스』를 썼고, 귀여니는 『그놈은 멋있었다』라는 책을 썼는데요. 귀여니만 욕을 먹는 이유는 귀여니 책이 많이 팔렸기 때문이거든요. 『마태우스』가 만일 10만 부 팔렸다고 하면 저는 이 나라를 떠야 되는 거였죠.(웃음)

지:: 절판이 안 되고, 얼마 전에 이북e-book이 나왔다고 들었는데요.

서:: 『헬리코박터를 위한 변명』이 이북으로 나왔죠. 종이 책은 올해 절판되었는데, 출판사에서 또 찍자고 해서 제가 단호하게 거절했죠. 내용증명까지 보내면서요.

지:: 그 부분만 빼고 이름을 바꿔서 내지 그러셨어요?(웃음)

서:: 아닙니다. 그 책의 다른 내용도 수박 겉핥기고, 진지하게 파고 들어간 것이 없어요. 책은 그 따위로 쓰면 안 됩니다. 인터넷 블로그에서 읽어도 시간이 아까운, 결코 좋은 책이 아니었어요. 역시 사람은 아는 이야기를 해야 됩니다.

7장

의료 민영화는 재앙이다

의사들도 반대하는 의료 민영화

지 :: 의료 민영화 이야기를 잠깐 해볼까요? 사람들이 심각하게 여기면서도 철도 민영화나 이런 부분에 비해서 위기감을 덜 느끼는 것 같다고 말씀하셨는데요. 많은 의사들도 위기감을 느끼고 있다는 이야기인데요.

서 :: 오죽하면 의사들도 반대를 하겠어요. 의사들이 잘 먹고 잘살고 싶은 마음이 있고, 건강보험체제도 의사들한테 불리한 체제거든요. 그렇기는 한데 의사들의 목표가 수가를 좀 올리는 거면 몰라도 민영화는 아니거든요. 미국 같이 의료 민영화가 된 나라의 실상을 보고도 우리나라에서 의료 민영화가 추진되는 이유가 뭔지 모르겠지만, 무조건 막아야죠. 얼마 전에 이와 관련된 법안이 통과되었잖아

요. 의료 자회사를 세울 수 있고, 의료를 통해 얻은 이익을 다른 곳에 쓸 수 있다는 거는 사실 의료 민영화의 단초인데, 의외로 사람들이 자기 일처럼 느끼지는 않는 것 같습니다. 우리 모두 잠재적 환자인데 말입니다.

지:: 위기감을 느끼는 사람들이 있기는 하지만, 전 국민들이 보편적으로 느끼지는 않는 것 같다는 거죠.

서:: 사실 철도나 전력 등 다른 기관보다 의료 민영화는 진짜로 중요한 거거든요. 기차는 안 타면 되지만 병원은 가야 되잖아요. 정부가 정말 민영화를 하려고 든다면, 이거는 머리띠 매고 거리로 나가야 합니다.

지:: 미국은 손가락 봉합 수술 같은 게 10만 달러씩 든다고 하던데요.

서:: 보험이 없는 사람은 그렇다는 이야기죠.

지:: 그렇게 혜택을 받으려면 그만큼의 수입이 있고, 많은 보험료를 내야 될 텐데요.

서:: 미국에서 좋은 직장은 의료보험료를 내주잖아요. 우리나라에서도 메이저 언론사에서는 다들 튼튼한 민간 보험에 가입을 하셨을 테니까 관심이 없을 것 같아요. 게다가 언론 종사자들은 기업 광고라는 측면을 무시할 수가 없죠. 민간 보험 같은 거 광고 받으면 얼마나 좋겠어요. 신문사 수입이 극적으로 오르게 되죠. 하지만 그거는 너무 단기간만 보는 것이고요. 말씀드린 것처럼 일단 시작되면 되돌릴 수 없다는 거죠.

지:: 비정규직 이런 문제들과 엮어서 안 그래도 수입이 적은 사람들은 비싼 민간보험도 못 들 것이고, 아프면 치료비는 남들보다 많이 내야 되는 상황이 되면, 안 그래도 돈도 없고 수입도 없는데 치료비는 비싸지고요. 그런데 정치권에서 밀어붙이면 국민들로서는 별로 할 수 있는 게 없지 않습니까? 거리로 나가는 것도 한계가 있고.

서:: 슬픈 게 뭐냐 하면 우리나라가 대통령제잖아요. 대통령은 항상 국민의 뜻을 받든다고 하고, 국민들이 나름의 주관과 상식이 있어야 되는데 그런 게 없기 때문에 정부와 언론에 의해 금방 세뇌가 됩니다. 정부가 자기 이익을 관철시키기 위해 항상 그럴듯한 논리를 펴고, 보수 언론은 그걸 확대재생산하죠. 이번 철도 민영화 파업 때도 민영화가 아니라고 하면서 민영화를 추진했잖아요. 대운하를 하다가 막히니까 4대 강 사업을 한 것처럼요. 우리나라는 아직도 대통령의 힘이 센 것 같아요. 정말 아닌 일에는 국민들의 저항이 있어야 하는데 아직 국민들의 수준이 거기에 이르지 못한 거 같아 슬프다는 겁니다.

지:: 백년 전에 친일파들이 나라를 팔아먹는 것 같은 느낌인데요. 그 사람들도 명분을 내세웠지만, 결국 자기들만 호의호식하면서 나라의 여러 가지 권리를 넘긴 건데요. 지금 보면 경제 주권을 자본이나 외국 자본에 넘기는 거잖아요.

서:: 자본에다가 국가를 넘기는 건데요. 돈이 좀 있는 사람들이야 어느 나라에서든 못 살겠어요? 사실 방글라데시도, 안 가보셨죠? 거기도 부자들은 잘살아요. 어디나 부자들은 잘살고 그렇거든요. 서민들이 어떤 삶을 사느냐가 중요한 건데, 그들이 점점 더 살기 어려워지는 거죠. 사실 저도 방글

라데시는 안 가봤어요.(웃음) 아무튼 너무 쉽게 넘기는 것이 아닌가 싶고요. 민영화는 한사코 아니라고 하고, 안 하겠다는 다짐을 문서로 해달라고 하면 싫다고 하고. 건강보험도 초반에 지켜야지, 예외를 두기 시작하면 무너지는 것은 진짜 시간문제입니다.

지:: 의료 민영화는 어떻게 진행될 것 같습니까?

서:: 영리 병원이라는 것이 건강보험의 적용을 받지 않는 병원의 탄생을 이야기하는 건데요. 한 번 둑이 무너지면 점점 건강보험의 붕괴로 이어질 것이라는 것이 제 걱정이고요. 일부에서는 과장이라고 하지만 실제로 그렇게 되지 않을까 싶은데요. 의료가 과연 사유재산이냐 공공재냐, 이런 것을 판단하기 어려울 수 있지만, 저는 건강 문제는 좀 다르게 봐야 한다고 봐요. 누구나 아플 때 병원에 가서 돈 걱정 없이 치료받을 수 있는 사회가 더 좋은 사회라고 생각하기 때문에.

지:: 실제로 환자들이 치료받지 못하고, 지병을 비관해서 자살하는 경우도 있고요. 대구 지하철 참사 같이 범죄를 저지르면 사회에 굉장히 큰 피해를 주고, 파장을 끼칠 수 있는데요. 그래서 공공적인 성격이 강할 수밖에 없는데요. 우리가 가장 두려워하는 것이 미국처럼 의료보험 시스템이 무너지지 않을까 하는 거거든요. 보험이 없으면 맹장 수술 하는 데 1,000만 원씩 든다고 하고요.

서:: 보험이 없으면 병원에 못 가죠. 의료 민영화가 왜 문제냐 하면, 의료 민영화가 된 병원은 건강보험 말고 다른 민간보험이랑 계약을 할 거라는 말이죠. 일단 민간보험이 들어오기 시작하면 다시는 되돌릴 수가 없어요. 미

국을 보면 심심치 않게 총기 사고가 나잖아요. 원인을 어디에 두든지 간에 총이 없으면 그렇게 빠른 시간 안에 많은 사람을 죽이지 못했을 거라는 말이죠. 답은 나와 있잖아요. 총기를 못 가지고 다니게 하면 되는 건데요. 이미 총기 업체가 너무 커져가지고, 그걸 되돌리지 못하잖아요. 실제로 총이 자기를 지킨다고 생각하지만, 실제 죽는 사람들은 자기 집에 있던 총으로 죽는 경우가 많거든요.

지:: 총이 자기를 지킬 수 있는 경우보다 사고가 나서 죽거나, 다른 사람에게 살해당할 확률이 훨씬 더 많지요.
서:: 부부 간에 싸우다가 집에 있는 총을 사용하지, 도둑이 총을 사용하는 경우가 얼마나 되겠어요.

지:: 자기를 보호하기 위해서 만약에 다 총을 가지고 다닌다면 더 많은 사람이 총기 사고로 죽겠죠.
서:: 특히 우리나라처럼 국토가 좁고, 사람이 몰려 사는 데서 총기를 한번 허용하면 끝장날 수 있잖아요. 옛날에 우 순경이라고, 경상남도 의령에서 술에 취해 총기를 난사해 50명 넘게 죽인 경우도 있었고요. 의료 민영화도 총기 허용만큼 임팩트가 큰 일인데, 자꾸 거기에 의존하는 것이 일단 국가에 돈이 생기기 때문이지, 실제로 건강 때문은 아닌 것 같아요. 문제는 돈이죠.

지:: 인천 송도 지구나 제주도는 거의 도입 단계 아닌가요?
서:: 항상 외국인들을 핑계로 대는데.

지:: 그걸 하나의 단초로 해서.

서:: 실제로 병원에 오는 환자들은 대개 내국인일 거라는 말이죠. 내국인이 건강보험료를 내면서 거기 다닌다는 것이 말이 안 되는 거죠. 거기 다니다 보면, 그 사람들은 비싼 민간보험에 들어 있으니까, 건강보험에서 탈퇴를 할 거고요. 송도 지구를 시작으로 여러 지역으로 확대할 거라는 말이죠. 그러면 그다음부터 무너지는 것은 순간이라고 생각합니다. 처음에 건강보험에서 상위 5퍼센트가 빠져나가고, 그 5퍼센트가 건강보험의 30퍼센트 이상을 내고 있는데, 이렇게 되면 건강보험이 흔들리는 거죠. 의사들이 나아지는 것은 별로 없을 거고요, 누가 돈을 버느냐, 바로 보험회사가 버는 거예요.

지:: 기업이 벌고, 기업화된 병원의 병원장이 돈을 버는 거겠죠.

서:: 부자들은 한 달에 1,000만 원씩 내더라도 일반인이 섞이지 않는 특급 병원에서 휴양지처럼 지낼 수 있다고 하면 그쪽으로 간다는 말이죠.

지:: 어떻게 보면 의료 혜택이나 이런 부분도 있지만, 더 큰 것은 그 사람들의 특권 의식 아닌가요? 우리는 돈을 많이 냈으니까 고급스러운 병원에서 고급스러운 진료를 받고 싶다는 거잖아요. 일반인과 격리된 병실에서.

서:: 지금도 부자들은 의료보험료를 많이 내고 있고, 그 돈이 자기를 위해서가 아니라 없는 사람들을 위해서 쓰이고 있다는 것이 화가 나는 거잖아요. 의료 민영화가 되면 당연히 환영하고, 좋은 일이라고 생각하겠죠.

지:: 절충안이라는 것은 있을 수 없는 거죠?

서:: 당연히 절충안이라고는 없죠. 무조건 금지해야 되는 것이 맞습니다. 의료의 선진 기술 도입, 이런 이야기하는데요. 우리가 이미 최고 수준인데 뭘 받아오겠어요. 의료 개방에 대해서 사람들이 이런 말을 하잖아요. 미국 의사가 들어와서 한국 의사들이 혼나봐야 된다고. 하지만 의료 개방이 되어도 외국 의사들이 들어오는 것은 아니에요. 자본이 들어오는 거죠. 사람들이 헷갈리는 부분인데요. 우리나라에 의료 개방이 되면 미국인 의사가 들어올 것 같아요? 전혀 아니거든요. 우리나라 의사가 베트남 가서 진료하고 싶겠어요? 아니잖아요. 미국이나 프랑스에 가서 진료하지 싶지. 마찬가지로 미국 의사는 우리나라 안 온다고요. 우리나라 구조에서는 도저히 수익을 낼 수 없기 때문에 우리보다 못사는 나라에서만 올 거예요.

지:: 의사들 내부의 분위기가 어떤가요? 병원장이나 이런 분들은 일정하게 영리 병원을 찬성할 것 같은데요.

서:: 의사협회는 굉장히 보수적인 단체잖아요. 그런데 의협 회장조차도 민영화를 반대하고 있죠. 민영화가 되면 의료의 질이 낮아진다는 것을 너무 잘 알고 있기 때문이죠. 또 의사들 자신도 결국에는 환자가 될 수밖에 없으니까요. 게다가 의료 민영화가 된다고 해서 의사들의 삶의 질이 금방 좋아지는 것도 아니에요. 자본이라는 것이 그렇지 않습니까? 의사들 사이에서 격차가 벌어질 수도 있고요. 삼성 같은 빅4 같은 데는 더 잘되고, 그렇지 않은 데는 더 안되고, 이런 일이 벌어지지 않을까 싶습니다. 지금도 이미 그러고 있는데요. 그게 심화될 것 같습니다.

지:: 기업으로 치면 대기업만 잘되고, 중소기업이 어려운 것처럼 대부분의

의사들한테는 별 혜택이 안 갈 거라는 건가요?

서:: 그런 것도 있고요. 의사들은 우리나라 국민들이 어느 수준 이상의 의료는 받아야 된다, 이런 마음은 갖고 있습니다. 친구 아버지가 췌장암에 걸렸는데, 그것 때문에 친구가 미국 살다가 잠깐 귀국했습니다. 근데 열흘도 안 되는 기간 동안 수술까지 마무리되는 것을 보고 이 친구가 감동을 했어요. 미국에서는 상상도 못 할 일이라고 합니다. 민간보험이 되면 왜 안 좋은가 하면, 민간보험과 계약한 병원에서는 CT를 하나 찍으려고 해도 민간보험사의 허락을 받아야 되는 거죠. '왜 찍나? 찍지 마'고 하면 못 찍는다고 합니다.

지:: CT 촬영 비용도 올라가겠죠.

서:: 그렇죠. 맹장염이 1,000만 원이라는 이야기도 있는데, 이게 과장일 수는 있지만 아무튼 지금과 비교할 수 없게 비싸지는 거는 맞을 거예요.

지:: 왜 이렇게 비싼 걸까요? 그게 다 의사들한테 가는 것도 아닐 텐데요.

서:: 지금은 건강보험에서 수가를 정하는데, 굉장히 싸게 해놓았어요. 맹장 수술 비용은 우리나라가 2,000달러, 즉 200만 원 정도 되는데, OECD 국가 중 제일 싸요. 다른 나라는 서너 배 정도 되고, 미국은 우리의 일곱 배인 1만 4,000달러예요. 1,000만 원이 넘죠? 영리 병원이 되고 나면 수가를 민간보험이 정하잖아요. 미국의 의료비가 비싼 원인이 다 그거죠. 손가락 다섯 바늘 꿰맸더니 100만 원 나왔다고 하더라고요. 그런 식이면 맹장염은 1,000만 원 정도 할 수도 있지 않겠어요? 물론 이 돈을 환자가 다 내는 거는 아니고, 보험에서 커버를 해주니 환자가 내는 돈은 1,000만 원은 아닐 테지

만, 민간보험에 내는 보험료가 또 무지 비싸잖아요.

아까 그 친구가 이런 이야기를 해주었어요. 직원이 1만 명 정도 되는 회사에서 근무했는데, 의료보험료가 너무 많이 나가니까, CEO가 이메일을 보냈대요. 의료보험료가 너무 많이 나가니까 지금보다 조금 싼 보험회사와 계약을 하자, 비용 절감을 하자고요. 그러면 그만큼 의료 혜택이 줄어들지만, 그 회사는 그 결정으로 비용을 1,000만 달러 절감합니다. 여기서 반전인데요, CEO가 받는 연봉, 이사진들이 받는 연봉이 2억 5,000만 달러랍니다. 정말 비용 절감을 하려면 그걸 줄이면 될 텐데, 경영진들은 자기네들이 받을 돈은 다 받으면서.

지∷ 월스트리트가 붕괴되었을 때 금융회사들이 국가 보조금을 받아서 기사회생했으면서도 정작 CEO의 연봉이나 보너스를 크게 줄이지 않은 도덕적 해이하고 비슷한 거네요.

서∷ 우리나라도 외환 위기 이후에 경제 주권이 많이 넘어갔잖아요. 그러면서 주주자본주의가 되었잖아요. 그러니까 100억대 연봉이 이상하지 않고요. 옛날만 해도 억대 연봉이라고 하면 대단하다고 했는데, 지금은 100억 연봉을 받는 사람들이 있잖아요. 일반 사원하고 CEO의 연봉 격차가 너무 심해졌다는 거죠. 우리나라가 드디어 그런 나라가 되었다는 게 슬픈 거죠.

의사를 믿지 않는 사회

지∷ 예전에는 의사들이 교육받을 때 '너희들은 생명을 다루는 사람이니까 특별한 존재다'라는 교육을 받았을 텐데, 요즘에는 병원이라는 조직을 잘 운영되게 하기 위한 직장인으로서의 역할을 좀더 강조하는 측면이 커진 것 같은데요.

서:: 루크 필즈Luke Fildes가 그린 〈의사〉라는 작품이 있는데요. 어떤 의사가 침대에 누운 소녀의 손을 붙잡고 고민하는 모습을 그린 거예요. 병세가 안 좋아서 걱정되는 거겠지요. 그게 옛날의 의사였다면, 요즘 의사는 질병만 치료해주는 서비스업자가 아닌가 싶어요. 동네에 의사가 하나 있을 때는 몰라도 지금은 여러 명이니까, 이 의사가 마음에 안 들면 다른 데로 가면 되고요, 어차피 서비스업자 비슷한 존재니 환자들이 특별히 존경심을 가질 이유가 없죠. 관계가 되게 사무적이 되었죠. 다른 직업도 그렇겠지만, 환자와 의사 간의 신뢰가 치료에 굉장히 큰 역할을 하잖아요. 플라세보 효과도 그래서 생기는데요, 제2차 세계대전 때 마취약이 떨어져서 군의관이 식염수를 가지고 마취를 했더니 마취가 되더랍니다. 정말 놀랍죠? 그게 다 의사를 믿기 때문이었거든요. 그런데 신뢰가 없으면, 신뢰가 없기 때문에 나을 병도 안 낫는 현상이 생기지 않나 싶어요.

지:: 어떤 병원에 갔는데, 자기가 생각하는 진단이 안 나오면 다른 병원에 가기도 하는 이런 일들이 병을 키우기도 하는 것 같은데요. 물론 자기 생각이 맞을 수도 있겠지만, 그런 경우는 드물 것 같고요. 계속 병원만 전전하고 몸은 더 안 좋아질 확률이 높아질 텐데, 환자가 의사를 못 믿는 가장 큰 이유가 뭐라고 생각하십니까?

서:: 아무래도 의사들이 너무 바쁜 게 원인인 것 같습니다. 환자가 자기 이야기를 충분히 하고 그걸 의사가 들어줘야 신뢰가 쌓일 텐데요, 의사들이 환자를 너무 많이 보는 것 자체가 신뢰 관계를 쌓지 못하게 한 제일 큰 원

인이 아닐까요.

지:: 그런 불신을 없애기 위해서는 어떤 노력을 해야 할까요?

서:: 의사 중에서도 환자를 돈벌이의 수단으로 보고, 정말 말도 안 되는 것을 하는 의사들이 있거든요. 내가 봐도 너무했다, 싶은 의사들도 있는데요. 의협이라는 것이 있고, 윤리위 이런 것이 있잖아요. 그런 것이 제대로 기능을 잘 못해요. 원래 의료법상으로 보았을 때, 징계권이 의사한테 있는 경우가 많은데요. 법의 처벌을 안 받는 의사를 처벌할 수 있는 권한이 의협에 있습니다. 그런데 의약분업 때 앞장서서 찬성했던 모 교수를 징계한 것이 의협에서 했던 거의 유일한 징계였죠. 그전에 나쁜 짓을 한 의사들도 되게 많은데 말입니다. 그런 것을 보면 사람들이 의사에 대해서 불신할 수밖에 없지 않나 싶어요.

지:: 그 이유는 뭔가요? 동병상련, 팔이 안으로 굽는 건가요?

서:: 그런 거죠. 예를 들면 환자들은 의사의 성폭행을 엄중하게 다뤄야 한다고 생각하고, 면허를 영구 박탈해야 된다고 생각하는데요. 의사들은 의사도 사람인데, 그럴 수 있다고 생각하는 거죠. 이런 것에 괴리가 있는 겁니다. 시각차가 있을 수밖에 없는 거죠. 의사들은 자기 입장을 설득하려고 하고요. 다른 사람하고 별로 이야기해본 적이 없기 때문에 그때 말씀드린 것처럼 의사들은 주변에 일반인 친구들이 별로 없어요. 다 의사 친구밖에 없기 때문에 거기에 대해서 자기들이, 물론 옳은 말이라고 할지라도 남들하고 시각차가 있다는 것을 잘 이해하지 못하는 것 같아요.

지:: 일단은 의사들 안에서도 이런 이야기들이 나오고, 잘못했을 때는 읍참마속의 심정으로 해야지 환자들은 그걸 보고 의사들도 자정 노력을 하는구나 하고 생각할 텐데요.

서:: 그렇죠. 그전에 의료적으로 부당한 일이 있을 때, 예를 들면 촌지 안 받기 운동을 의협에서 벌인다든지, 정부의 개입이 있기 전에 리베이트를 근절하자는 캠페인을 벌인다든지 하는 모습을 보여주었으면 좋았을 텐데, 리베이트 쌍벌제를 시행한다고 했더니 의협에서 아직 시기상조라고 했다는 말이죠. 일반인 시각으로 보았을 때는 괴리가 있는 거죠. 그리고 의료적인 문제가 나왔을 때 권위 있게 대처를 해주지 못하는 모습이 아쉽습니다. 조류독감으로 인해 치킨집 주인이 자살하고 이런 일이 벌어지잖아요. 이럴 때 의협에서 "조금만 열을 가하면 바이러스는 죽는다. 닭을 날로 먹는 사람이 아니면 걱정하지 마라" 하고 이야기를 해줘야 되는데요. 그렇게 국민들을 안심시키는 역할도 해주었으면 좋겠어요. 근데 이게 신뢰를 쌓아야 가능해요. 그래야 2008년처럼 광우병 파동이 났을 때 "우리나라는 괜찮다"라고 이야기할 수 있는데, 신뢰가 없으면 그 발언이 마치 이명박 정권을 지지해서, 편을 들어주는 것처럼 보일 수가 있잖아요. 그렇게 본다면 의사들이 너무 정치 편향적이 된 게 문제입니다. 2002년만 해도 이회창을 찍으라는 공문 비슷한 것을 내려보내고, 노무현 지지자들을 좌빨이라고 했죠.

지:: 반의사적이다?(웃음)

서:: 광우병 같은 문제는 국민들이 걱정할 문제면 충분히 설명하고, 별거 아니라고 할 수 있는데요. 사실 국민들이 과하게 걱정한 것은 맞아요. 하지만 불안감이 있으면 풀어야 되는데 의사들은 좌빨이라는 식으로 매도하고,

그러니 의사들의 말에 신뢰가 안 갈 수 있다는 거죠. 의사들이 지나치게 정치화된 탓에 신뢰를 잃어버렸다 이런 건데, 이런 멋있는 말을 할 수 있다니 저도 참 훌륭한 것 같아요.(웃음) 아무튼 의사들이 자기 이익 말고도 적극적으로 나서야 된다고 생각해요. 자기가 아무리 좋아하는 정부라고 하더라도 잘못된 정책이 나오면 발언해야 되고요.

지ː 자기들을 기득권 집단으로 매도한다는 피해 의식도 있는 것 같은데요.
서ː 의사들이 기득권의 수호자처럼 보이게 행동한 면이 있죠. 자기 이익 아니면 관심이 없었으니까요. 의사들이 처음으로 거리에 나온 것이 의약분업 때잖아요. 물론 의사들 말에 일리가 있었다고 생각하는데요. 남들이 생각하기에는 그렇지 않았죠. 그때 의권 수호라는 말을 내걸었어요. 의권이라는 말이 있었는지 사람들이 그때 처음 알았고요. 사실은 의사들이 수입이 좀 줄어든 것 때문에 반발한 측면도 있었잖아요. 그러면서 의사들의 신뢰가 많이 떨어진 게 아닌가 하는 생각이 들어요. 그전부터 의사들이 의료 전문가로서의 역할을 했어야 하는데 그러지 못했고요, 그 이후에도 자기 이익과 직결될 때만 거리로 나왔어요. 물론 모든 단체가 그렇겠지만, 의사들은 좀더 잘해주었으면 하는 기대가 제게 있는 거죠. 제가 꿈꾸는 의사협회는 이거예요. 뭔가 건강상 문제가 된다고 할 때 '의사협회가 그러는데, 이거는 괜찮다더라'라는 식으로, 국민들이 의협을 신뢰할 수 있게 되면 좋겠어요.

지ː 너무 정치를 매도하고, 욕하고, 희화화하고, 저주하고, 옐로저널리즘의 대상으로만 삼아서는 정치가 발전할 수 없고, 건전한 정치 문화가 싹틀 수 없잖아요. 의사도 마찬가지로 옐로저널리즘식으로 의사들을 몰아붙이면 불신을 키워서 누구한테도 좋지 않은 상황이 될 것 같습니다.

서:: 의사들이 억울한 부분도 있는데요. 현대 정치에서는 매스컴의 역할이 지대한데 정치도 그런 상황에 맞추려 노력을 해야 되는 것 같습니다. 홍보를 좀 잘하고, 국민 눈높이에 맞추어서 이야기를 하고 그래야 되는데요. 그런 게 아니라 자기들만의 언어로 이야기하는 것이 문제라고 생각해요. 리베이트 반대 이런 것도 사실 시기상조라고 이야기하지 말고, 우리가 반성할 부분이라고 하면서 뭔가 자기가 희생을 하면서 해야 되는데요. 그런 것을 희생하지 않고서 우리는 그런 애들이 아니라고 이야기하는 것을 사람들이 이해하기 어려운 거잖아요.

지:: 억울한 부분도 분명히 있겠지만, 그동안 의사들의 노력이 부족했다고 보시는 거네요.

서:: 그렇죠. 먼저 희생을 하겠다는 것 없이 그렇게 하면 설득이 안 되잖아요. 의과대학 늘리는 것도 그렇고, 뭐든지 일반인들은 의사들의 의도에 대해 안 좋게 생각하잖아요. 그런 것에 대해서 설명을 해주면 좋겠다는 거죠.

진주의료원 폐쇄론은 말도 안 된다

지:: 홍준표 경상남도 지사의 '진주의료원 폐쇄 결정'은 어떻게 보세요?

서:: 그거는 진짜 말도 안 되는 일이죠. 돈의 논리로 공공 병원을 생각하다니. 어떤 책에서 보았는데, 디스크 증세를 호소하며 병원에 갔을 때 일반 병원은 수술을 40~50퍼센트 정도 한다고 하면 공공 병원은 5~10퍼센트

밖에 안 하는 거예요. 왜 안 하냐 하면 교과서대로 진료하기 때문에 그런 거죠. 거기 사람들은 환자를 더 받는다고 해서 돈을 더 버는 것도 아니고, 그렇게 때문에 필요한 치료만 하는 건데요. 우리나라가 의료 수가가 낮잖아요. 그러니 당연히 적자가 나죠. 적자가 날 수밖에 없는데, 적자가 난다고 없애면 되겠어요? 공공 병원이 왜 필요하냐 하면, 돈 많은 사람은 그런 데 안 가잖아요. 삼성, 아산 병원을 가지. 없는 사람들이 싼 진료비 때문에 공공 병원을 가거든요. 그 사람들이 가는 병원을, 적자라는 이유로 문을 닫는다는 것이 너무한 거죠. 그렇게 따지면 국립의료원도 진작 없어져야 했고, 다른 공공 병원도 다 없어져야 되는 거잖아요. 안 그래도 우리나라 병원의 절대다수가 민간 병원이고 외국에 비해 공공 병원이 부족한 편인데 말입니다. 그런데 거기에 대해 아무리 떠들어도 사람들이 별로 관심이 없더라고요. 그런 거 보면 참 갑갑하죠. 그게 가까운 미래에 자기 일이 될 수도 있는데 말입니다. 저야 뭐 단국대 병원에서 VIP로 해줄 거니까 관계가 없는데요, 사람들이 당장 남의 일이라고 무관심하더라고요.

지: 사람의 목숨 값에 대한 의식이 별로 없는 것 같아요. 실제로 쌍용자동차 파업 이후로 스물세 분이 돌아가셨다고 하잖아요. 정말 저 사람들 주장이 맞나 하고 한 번쯤 검토해봐야 하고요. 그게 언론의 역할인 것 같은데요. 진주의료원도 폐쇄 결정이 나고 환자분을 다른 병원으로 옮기라고 하는 과정에서 돌아가신 경우도 있는데요. 심하게 이야기하면 사회적 살인

이라고 할 수도 있을 것 같은데, 그것에 대해서 별다른 문제의식을 안 가지고 있다는 것이 참…….

서:: 그러니까요. 그러면서 이수근 도박, 이런 것에는 굉장히 민감하게 반응하고.

지:: 이수근 씨가 도박해서 자기 돈 날린 거지. 그 돈을 범죄로 만든 것도 아닌데, 정말 사람 목숨과 관련된 문제에 대한 관심이 없는 것 같습니다.

서:: 유치원 애들을 체벌하는 동영상이 나오잖아요. 그러면 큰 화제가 되고 '이럴 수가 있나' 이러는데, 그것과 비교할 때 진주의료원 폐쇄는 훨씬 더 큰 폭력이라는 거죠. 또 우리 애들의 건강과도 직결될 수 있는 문제고요. 애들 때리는 체벌에는 흥분하고 이런 분들이 진주의료원이라든지 전교조에 대한 국가 차원의 폭력이 저질러지는 것에는 눈을 감는 게 갑갑하다는 거죠.

지:: 개별적인 차원의 범죄에만 분노하는 것 같네요. 양아치들의 범죄에는 격분하면서 조폭들의 범죄에는 무관심하거나 어쩔 수 없다고 생각하는 것 같아요.

서:: 그렇죠. 홍준표 지사에 대해서는 왔다 갔다 해요. 토론할 때는 저 사람은 괜찮은 사람이라고 생각했거든요. 〈나꼼수〉에 나와서 자기는 합리적인 사람이라고 코스프레하더니 진주의료원을 없애고. 사실 정치도 정년을 만들어야 돼요. 일흔 살 넘어서도 일한다는 자체가 좀 이상하죠. 정치가 중요한 일인데, 노인정으로 만든다는 거는 어이없는 일 아닌가요?(웃음) 그런데 왜 아무도 정치의 정년을 이야기하지 않는 걸까요? 저는 좀 과격하게, 투표

에도 정년을 둬야 한다는 글을 쓴 적도 있어요. 스무 살 이전이 판단이 미숙해서 투표권을 안 준다면 누가 누군지도 헷갈릴 수 있는 일흔 살 이상이 꼭 투표를 하서야 할까 하는 내용인데요, 지금은 깊이 반성합니다. 투표를 하기 때문에 일흔 살 이상 분들을 조금 거들떠보기라도 하지, 투표권도 없으면 노인복지는 신경도 안 쓸 거예요. 대선 끝나고 낙담해서 쓴 글로 이해해주세요.

지:: 투표 연령을 낮추어서 10대도 스스로의 권리를 찾아야 되잖아요.
서:: 10대들도 정치가 뭔지, 내 삶에 어떤 영향을 미칠지 공부할 필요는 있죠. 투표권을 줄 것인지에 대해서는 좀더 생각해봐야죠. 그런데 70대 이상 분들의 투표 행태에 대해서는 좀 서운한 게 있어요. 별로 가진 게 없는 분들마저 왜 보수 쪽에 투표할까 생각하면 한숨이 나와요.

지:: 저는 민주화 진영이 반성할 필요가 있지 않나 하는 생각이 듭니다. 이 상황을 만든 데는 분명히 자기들의 잘못도 있는데 한 번도 사과하지 않고 국민을 원망하고 있거든요.
서:: 저도 노무현 정권 때 잘못한 것이 많다고 봐요. 노무현 대통령의 공과가 있을 텐데, 이야기를 하기가 불가능한 상황이 된 거죠. 돌아가셔서 신화가 되었으니까요.

건강보험은 정말 좋은 제도

지:: 의사들이 예전에는 '내가 생명을 다룬다'는 면에서 성직자 같은 의식

이 지금에 비해서 상대적으로 컸던 것 같습니다. 영리 병원 논란도 일단 병원이 더 규모를 키워야 된다는 신자유주의적인 생각이 있는 거잖아요. 외국에서는 복지가 잘 되어 있는 나라들이, 부자들이 돈을 낸다고 해도 빨리 진료를 못 받고 몇 달을 기다리는 것이 싫으니까 한국이 의료 천국이라고 하기도 하잖아요. 돈만 있으면 바로 진료를 받을 수 있으니까요. 일정하게 담보가 되어 있던 의료의 공공성 부분이 조금씩 깨지고 있고, 그걸 깨려고 하는 흐름이 있는 것 같은데요. 의료보험제도 같은 것도 그렇고요.

서∷ 저는 당연히 깨지면 안 된다고 생각하고요. 우리 의료가 왜 공공성이 있냐 하면 다 건강보험 때문이거든요. 당연지정제가 폐지가 되면 바로 작살나지 않습니까? 저는 아무리 나쁜 정부라도 그거는 지켜주었으면 좋겠어요. 미국은 우리처럼 되려고 하는데, 우리는 왜 그걸 깨려고 하는지 모르겠습니다. 건강보험은 우리가 무슨 수를 써서라도 지켜야 하는데, 사람들이 잘 모르는 경우도 있더라고요.

건강보험 수가酬價를 결정할 때, 의사 단체하고 소비자 단체하고 노조 대표가 만나서 합의하는데요. 노조 대표하고 경영자 대표하고 의견이 일치하는 것이 보험료를 올리지 말자는 겁니다. 보통 노사 간에 항상 대립하잖아요. 노동자는 임금을 올려달라고 하고, 경영자는 내리자고 하고. 그런데 의료보험 수가를 결정할 때는 노조하고 경영자 측하고 의견이 일치해요. 내리자, 그래서 항상 경영자 대표가 노조 대표한테 '오늘도 잘해봅시다' 이렇게 이야기한다는 거예요. 그런데 노조 대표가 이런 생각을 해봐야 해요. '이게 아닌 것 같다. 내가 왠지 속고 있다.' 왜 그러냐 하면요, 우리가 의료보험료를 한 달에 5만 원을 낸다고 하면 회사 측에서도 우리 몫 5만 원을 내줘야 하는 거예요. 우리가 7만 원을 내면 회사 측에서도 7만 원 내고, 정부도 거기에 맞게 올려야 되는 거죠. 4:4:2의 비율로 부담을 하거든요. 40퍼센트, 40퍼센트, 20퍼센트, 그렇기 때문에 회사 대표는 의료보험료가 내려가길 바라는 거죠.

저는 건강보험료가 올라가면, 예를 들어 국민 1인당 한 달에 3만 원씩만 더 내면, 민영 의료보험 필요 없이 완전히 건강보험료로만, 병원에 가서 우리가 최고로 많이 내야 1년에 100만 원을 내는 그런 시대가 온다고 믿어요. 지금 의료비 중 자기부담률이 40퍼센트인 것 아세요? 병원비가 100만 원이 나왔으면 40만 원을 내야 되는 거죠. 40만 원이 별것 아닐지는 몰라도 1억 원이라고 하면 4,000만 원을 내야 되잖아요. 그래서 큰 병 앓으면 집안이 거덜 나는데요. 이 보장률을 90퍼센트까지만 올리면 치료비가 1년에 1억 원이라고 하면 1,000만 원만 내면 되는데요. 그걸 조금만 조정해서 100만 원 이하로 부담하는 법을 만들자고 몇몇 단체들이 노력하고 있거든요. 사실 건강보험료는 더 낼수록 우리한테 좋은 거예요.

근데 웃기는 것이, 민간의료보험료를 1년에 십 몇만 원씩 내면서 건강보험료 조금 더 내는 것에는 인색하거든요. 건강보험료는 우리가 내는 것 이상으로 받아요. 우리가 100만 원 내면 기업에서 내주고, 정부에서 내주기 때문에 250만 원을 내는 셈이거든요. 그 돈은 직원들 월급 조금 주는 것 말고는 우리에게 다 돌려줘요. 건강보험이 적자가 나는 이유도 국민들한테 너무 많은 것을 해주기 때문이에요. 그러니 해마다 계속 보험료 올리는 것도 의료비 보장을 더 많이 해주기 위해서거든요. 건강보험은 정말 좋은 건데,

언론들은 건강보험에 대해서 항상 안 좋게 이야기합니다. 건강보험 수가 올린다고 하면 의사들 배불리려고 하나, 이런 소리가 나오는데요. 이거는 정말 어이가 없는 이야기죠.

지:: 아무래도 광고주인 기업의 눈치를 보는 건가요?
서:: 대기업 보험회사에서는 건강보험이 눈엣가시일 거잖아요.

지:: 그게 망해야 자기들 사업 기회가 커질 테니까요.
서:: 제대로 된 언론이라면 국민을 계도해서 건강보험을 더 살려야 되는데요. 기업의 광고비 몇 푼 때문에. 어차피 신문사 기자나 이런 사람들도 병원에 가야 되잖아요.

지:: 자기들도 큰 병이 나면 쪽박을 차는 건데. 언론이 기업의 광고 때문에 그런 논조를 유지하고, 사회적 분위기가 전체적으로 그렇게 되면, 1퍼센트 외에는 다 어려워질 것 같은데요. 국민들이 이런 인식을 가지고 건강보험료를 조금만 더 내면 충분히 보장받을 수 있는 시스템을 만들어가야 된다는 말씀이시네요. 큰 병이 나도 집안이 거덜 나지 않도록.
서:: 이게 '건강보험 하나로' 운동인데요. 의대생들한테 물어보면 하나도 관심이 없어요. 그것도 이해가 안 가는 것이 자기들은 의사지만, 부인이나 어머니, 아버지는 의사가 아닐 수 있잖아요. 모두에게 닥칠 수 있는 일인데, 건강보험에 대해서 너무들 관심이 없더라고요. 직장인들도 너무 단순하게 반응을 하죠. 건강보험 수가 올린다고 하면 직장인만 봉이냐, 이런 댓글들이 올라와요. 정말 답답한 거죠. 제대로 된 진실을 이야기해주면 좋은

데, 안 해주잖아요.

지:: 불신 때문에 더 그런 것 같은데요. 올려봐야 나아지는 것도 없을 텐데, 세금 올리듯이 올리기만 하는 것 아니냐는 생각을 할 수 있잖아요.

서:: 그런 생각 자체가 잘못된 것인데요. 미국에서는 세 바늘 꿰매면 100만 원, 이게 우리가 다 알고 있는 이야기잖아요.

지:: 손가락 봉합하면 몇만 달러라면서요.

서:: 미국에 있는 사람들이 우리나라에 와서 치료받아도 비행기 삯을 제하고도 더 싸니까 우리나라에 와서 수술하고 이러는데요. 그것을 익히 알면서도 건강보험 올리는 것에 대해서 알레르기 반응을 보이는 거는 국민들이 이중적인 거죠. 옛날에 미국 실정 모를 때는 그렇게 말할 수 있지만, 미국의 의료 상황을 알면서도 건강보험료 올리는 것을 그렇게 생각하는 것 자체가 말이 안 되는 것 같아요. 건강보험 같은 훌륭한 제도를 가지고, 정말 박정희 대통령이 만든 것 중에서 최고로 잘 만든 것 같은데, 다른 세금처럼 생각하고 있어요. 그러니까 국민들이 건강보험을 흔들려는 세력에 대해서 결사적으로 반대를 안 하잖아요. 저는 이런 것 정도는 국민들이 공부를 하고 알아야 된다고 생각을 하거든요. 민영의료보험이 왜 나쁘며, 건강보험이 얼마나 좋은지에 대한 책도 있는데, 아무도 안 사요. 『아프니까 청춘이다』만 읽지 말고 그런 책을 읽으면 건강보험을 지킬 수가 있는데요. 지금처럼 국민들의 지지가 없으면 흔들어도 아무런 관심을 안 가지잖아요.

지:: 어떤 책들이 있나요?

서:: 『모든 병원비를 국민건강보험 하나로』나 『의료보험 절대로 들지 마라』 같은 책이 있거든요. 그것들이 20만 부, 30만 부만 팔리면 정말 좋을 텐데요.

지:: 다이제스트화해서 남들이 많이 볼 수 있게 해줘야 되지 않을까요?
서:: 문재인 후보가 그런 쪽이었어요. 그걸 가지고 몽상이라고 표현하고 그러는데요. 건강보험 하나로에서 '1인당 3만 원'이 어떻게 나왔는지에 대해서 계산을 해보고 한 거거든요. 그래서 이거면 충분히 된다고 이야기를 한 건데요.

지:: 수입이 없는 사람은 빼고라도 1인당 3만 원 정도만 올리면……
서:: 건강보험 하나로가 1인당 1만 1,000원, 3인 가족이라고 치면 가구당 3만여 원이었나, 정확하게 기억이 안 나는데요. 그런데 그중에서 수입이 낮은 저소득층은 어차피 의료보험을 거의 안 내죠. 그래서 가구당 3만 원이라고 해도 평균적으로 그렇다는 거니까, 부자들은 20만 원쯤 더 내고, 아래에 있는 사람들은 안 내는 거죠. 이런 좋은 것들이 있는데요. 갑갑하죠. 미국의 민영의료보험료 보면 장난이 아니잖아요. 미국 기업들이 의료보험료 내주느라고 허리가 휘어서 파산 신청하고 그러거든요. GM 회장도 의료보험 내주는 것 때문에 난리를 쳐요. 좋은 직장은 의료보험료를 내주니까요. 그것 자체가 큰 부담이 될 정도로 많은 돈이 드는데요. 우리가 민간의료보험을 들지 않고 그 돈의 일부를 건강보험에 낸다면, 그래서 유럽처럼 의료비의 90퍼센트만 보장이 된다면 지금보다 훨씬 좋은 세상이 오죠. 우리나라도 아직까지는 의료 면에서는 좋은 세상인 것 같은데요.

지:: 응급실에 한 번 갔는데, 열 좀 재고 약 처방받아 왔는데, 7만 원인가를 받더라고요. 의료보험료 많이 내봤자 별로 혜택 받는 것이 없는 것 같다는 생각이 들고요. 큰 병이 들어도 보장을 못 받는 것이 아닌가 하는 생각도 들더라고요.

서:: 우리가 밤에 응급실을 자주 갈 수 있는 이유가 뭐냐 하면요. 응급실이 사실은 생각보다 그렇게 비싸지 않다는 것을 알기 때문이거든요. 7만 원이 비싸 보이지만 미국 응급실과 비교하면 상대도 안 되죠. 원래 응급실의 취지가 가벼운 병 같으면, 예를 들어 열이 난다면 해열제를 먹어서 견디고 다음 날 아침에 오라는 것이고, 정말 급한 환자, 지금 아니면 안 되는 환자만 응급실을 이용하라는 취지거든요. 응급실이 적자를 보는 것은 아시죠? 적자를 보는 이유는 우리나라는 응급실 수가가 일반하고 차이가 안 나요. 1.5배 정도 밖에 안 되는데요. 사실 더 비싸게 받아야 되는 거거든요. 물론 7만 원이 비싸다고 생각할 수 있지만, 다른 서비스를 이용했을 때, 예를 들어 술을 마시거나 3명이서 삼겹살을 구워 먹었을 때랑 비교하면 그렇게 비싼 것은 아니지 않나 싶어요.

지:: 그렇기는 하네요. 응급실은 정말 급할 때 가기는 해야 하는데, 자식 키우다 보면 애가 열이 많이 나고 할 때 응급한 상황인지, 아닌지 판단하기 어렵잖아요. 일단 걱정이 되니까 응급실에 가는 거죠.

서:: 애가 열이 나면 겁나니까 들쳐 업고 응급실을 가는데요. 그것 자체가 응급실의 취지는 아닌 거죠. 응급실이 있는 이유가 감기 환자를 보기 위한 것은 아니잖아요. 애가 너무 열이 많이 나서 경련을 한다, 이럴 때면 모르겠지만, 우리는 조금만 아프면 가잖아요. 응급실이 한 다섯 배쯤 비싸다고

하면 '내일 가지 뭐' 라고 하든가, 그렇게 하겠죠. 게다가 우리나라는 무조건 큰 병원만 선호해요. 가벼운 병은 동네 병원에 가고, 큰 병원은 진짜 큰 병이 의심된다고 할 때 가야 되는데요. 우리나라는 동네 병원에 대한 무시가 되게 심해요. 네가 뭘 아냐, 그런 식으로 대하죠.

지∷ 무조건 큰 병원으로 가려고 하니까요.

서∷ 큰 병원 가도록 의뢰서 써주는 게 동네 병원의 큰 수입원이죠. 그래서 큰 병원이 감기 환자를 굉장히 많이 보고 있는데요. 그게 잘못된 것 같아요. 또한 우리나라 사람들의 의료에 대한 관습도 문제가 있어요. 약을 너무 많이 쓰거든요. 물론 의사들이 원하는 것도 있지만, 환자들이 약을 안 주면 치료를 안 받았다고 생각하는 면도 있잖아요.

지∷ 뭐라도 줘야 치료를 받았다는 생각을 하니까요.

서∷ 이거는 인터넷에 있는 글이고, 저도 한 번 목격하기도 했는데요. '아니 별 이상이 없다고 그냥 가라는데, 왜 치료비를 내야 되나?', 이런 식으로 이야기하는 사람들이 진짜 있더라고요. 그걸 보고 되게 놀랐어요. 의사는 왜 그럴 때 돈을 받나, 아파야 돈을 받는 것 아니냐, 그런 논리를 펴니까요. 사람들의 태도도 이중적이에요. 국회의원에 대한 태도하고 똑같은 것 같아요. 욕하다가도 주변에 국회의원이 있으면 어떻게든 도움을 얻으려고 하잖아요. 국회의원이 청탁을 받으면 나쁘다고 욕하면서 자기는 청탁을 하잖아요. 의사를 욕하다가도 집안에서 의사가 나오면 너무 좋아하고 그러는데요. 처음으로 다시 돌아가서, 건강보험은 정말 지켜야 된다는 이야기를 하고 싶어요. 이것이 흔들리지 않으려면 국민들의 여론이 제일 중요한데요. 사실 KTX 민영화 이런 것도 국민들이 솔직히 관심 없잖아요. 같이 동참하고, 싸워주고, 막아줘야 되는 건데, 정말 남의 일처럼 생각하면서 '시민의 발을 볼모로' 이런 기사가 나올 때 분개하잖아요. 시민들이 그 기사에 이용당하는 거죠. 그럴 때 같이 좀 분개해주고 해야 되는데 전혀 그렇지 않으니까요. 철도공사 직원들끼리 반대해봤자, 얼마나 무서워하겠어요.

이거는 다른 이야기인데, 우리 국민들한테 제일 황당했던 것은 제가 다른 글에 쓰기도 했지만, 사람들이 남양유업 사건 때 굉장히 흥분했잖아요. 물론 갑을 관계의 문제점을 적나라하게 드러낸 사건이지만, 그래도 개인적인 일이라 할 수 있는데, 이번에 전교조가 해고자에게 조합원 자격을 주었다고 법외노조 취급을 받았을 때 거기에 대해서 관심을 가지는 사람이 너무 없는 거예요. 어떻게 이럴 수가 있을까 싶을 정도였어요. 전교조를 빨갱이로 아는 것은 그렇다 치고, 설사 빨갱이라고 하더라도 법적인 보호를 받아야 되는 건데요. 여기에 대해 전교조가 혼자 외롭게 싸우는데, 정말 관심이 없더라고요. 이거는 정말 민주주의에 대한 폭거라고 할 수 있는 일이거든요. 아무리 먹고살기에 바빠도 이렇게 무관심할 수 있나 싶었습니다. 결국 자기한테 닥칠 일이기도 한데요. 우리 사회처럼 연대가 안 되는 나라가 있을까 하는 생각이 들더라고요. 제가 다른 나라에 안 살아봐서 모르겠지만.

의사는 회진 때 환자 옆에 앉아야 예의다

지:: 대학 병원의 장점과 단점은 어떤 게 있을까요?

서:: 대학 병원의 장점이야 다들 아시겠지만, 단점 중에는 실습생 문제가 있어요. 환자들이 실습생 때문에 좀 피해를 볼 수가 있는데요. 저는 그래도 대학 병원이 미래의 의사를 위한 병원이기 때문에 환자들이 피해를 보는 것을 감수해주시면 좋겠다는 입장인데요. 막상 환자들의 입장에서는 어렵죠. 딜레마가 있는 거죠. 언젠가 출산이 임박한 여성이 실습생들 때문에 불쾌감을 겪었다고 항의한 적도 있었죠. 또한 대학 병원이 연구와 진료 사이에 어느 것에 더 비중을 두는지도 따져봐야 합니다. 우리나라의 빅5 병원이 다 대학 병원인데요, 환자를 잘 본다는 믿음 때문에 사람들이 많이 가는 거잖아요. 대학 병원 의사들은 항상 논문을 읽고 새로운 지식을 습득하며, 그래서 최고의 진료를 한다고 생각하잖아요. 그런데 진짜 그런지는 잘 모르겠어요. 대학 병원에서 교수 뽑을 때 누가 더 빨리 수술 부위를 꿰매느냐, 이런 것을 테스트하지 않거든요. 오로지 논문만 봐요. 요새는 그게 더 심해져서 『네이처』에 논문을 썼다면 무조건 뽑죠. 생각을 해봐야 해요. 연구를 잘 한다고 환자를 잘 보는 것인지요.

이거는 외국의 경우지만, 어떤 의사가 선배한테 이런 말을 들었대요. "환자 보느라 네 장래를 망치지 마." 환자 볼 시간을 아껴서 논문을 쓰라는 거죠. 의사들이 환자 보는데 시간을 많이 써야 되는데, 오히려 좋은 논문을 쓰라는 압박에 시달리고 있는 것이 대학 병원의 단점이라고 할 수 있죠. 사실은 병원이니까 환자가 우선이어야 되는데, 대학이기도 하니까 논문을 써야 되죠. 대학 병원의 순위를 매기는 기준도 환자 수, 오진율, 이런 것보다 의사 1인당 논문을 얼마나 썼나, 이런 것으로 경쟁을 하거든요. 그러다 보니 환자 볼 시간이 없는 거죠. 그래서 저는 대학 병원에 대해서 좀 회의를 가지고 있어요. 특히 빅5라고 하는 병원들을 보면 상상 이상의 실적을 강요하는 병원들이거든요. 사람들이 거기에 몰리는 것이 브랜드 때문인지, 실제 실력이 뛰어나서인지 잘 모르겠어요. 강준만 교수님이 이런 말씀을 하셨어요. "서울대에 일본어과가 생긴다고 해보자, 별 실력이 없는 교수들만 데려왔다고 해도 입시 때 커트라인은 제일 높을 것이다"라고. 소주 중에서 특정 브랜드를 좋아하는 사람이 많잖아요. 그런데 '처음처럼'과 '참이슬'을 눈을 가리고 마시게 하면 제대로 맞추는 사람들이 별로 없다는 말이죠. 그런데도 사람들은 특정 브랜드를 찾고, 이름 없는 소주 회사가 만든 소주는 안 먹는다고 한다는 말이죠. 맛이 비슷하고, 구별도 못 하는데. 이런 정서가 병원을 선택할 때도 적용이 되는 것 같아요. 그리고 책을 읽을 때도 사람들이 베스트셀러 위주로 사보잖아요. 희한한 거죠. 남들이 많이 본다는 것을 자기가 읽어봐야 할 이유라고 생각한다는 것이.

지:: 어떻게 보면 사회 전체가 편식을 한다는 거니까요.
서:: 출판계의 사재기 같은 악습도 그래서 만들어지는 것 같아요. 독자들의 생리를 파악해서.

지:: 대형 서점도 있어야 되지만, 동네 서점이 있어서 서점 주인이랑 이런저런 이야기도 하고 동네의 사랑방이 되고 문화 공간이 되어야 하는 것처럼, 동네 병원이 동네 주치의 개념으로 되고 거기서 못 보는 병은 큰 병원으로 가라고 해야 될 거고요.
서:: 동네 병원에서 해결할 수 있는데도 대학 병원에 가는 것이 문제죠. 항상 우리가 큰 것을 좋아하고 이름에 휘둘리는 것이, 좋은 제품 만드는 중소기업이 살아남기 어려운 환경을 우리가 만들고 있는 것 같습니다.

지:: 권위적인 회진 문화도 문제가 있지 않나요? 환자가 편해야 되는데, 시간 딱 맞추어서 선생님이 오면 점호받듯이 앉아서 여러 사람들에게 둘러싸여 있으면 불편한 부분이 있어도 이야기를 못 하게 되잖아요.

서:: 저도 큰 병원 회진을 몇 번 당해봐서 느끼는데요. 입원을 하면 하루 한 번 회진 때 주치의를 볼 수 있는데, 1인당 1분도 될까 말까 하고요. 많은 시종들을 데리고 들어와서 한두 마디 물어보는데 사실 무슨 말을 하겠어요. 너무 바쁘고 바로 다른 환자에게 가야 한다는 분위기를 풍기는데. 저는 일단 의사가 환자 옆에 앉아야 된다고 봅니다. 환자 옆에 앉아서 손도 잡아주면서 불편한 것이 없냐고 해야 되는데.

지:: 자기 병 이야기하는 것이 편한 게 아닐 텐데.

서:: 나는 바쁘니까 할 말 있으면 10초 내에 해라, 그런 분위기여서 저는 별로 안 좋아해요. 우리 학교는 인간적인 게, 레지던트가 별로 없어서 서너 명 정도가 조를 짜서 오기 때문에 조금 낫죠. 조금 낫지만 그래도 역시……

8장

인생을 바꾼 독서와 글쓰기

"개미알 주세요"

지:: 책 이야기를 좀 해볼까요? 책은 언제부터 그렇게 많이 읽으셨나요?
서:: 1996~1997년 무렵이었던 것 같아요.

지:: 어린 시절에 책 읽는 걸 아버지가 싫어하셨다는데, 왜 그랬던 것 같아요?
서:: 아버지의 깊은 뜻은 저도 잘 모르겠는데요, 지금 생각해보니 너무 어
릴 때는 책을 많이 읽지 않는 게 좋겠어요. 어릴 때 책을 읽으면 거만해지
고, 자기만의 세계에 빠져 다른 애들을 무시하게 될 수 있어요. 저는 서른
부터 읽었는데도 책을 안 읽는 다른 이들을 마음속으로 무시하고 그렇게
되더라고요. 더 결정적인 것은 어릴 때 책을 읽게 되면 축약본을 읽게 되는
데, 그런 것은 사실 안 읽느니만 못한 거죠.

지:: 독서 교육이 잘못된 게 그거잖아요. 고전, 세계 명작 100편을 요약해서 읽고나면 그걸 다 읽은 것 같지만, 사실은 독이 되는 거잖아요. 안 읽고 읽었다고 생각하는 것도 문제고요.

서:: 사실 『돈키호테』를 제대로 읽은 사람이 몇 명이나 되겠어요. 한번 줄거리를 알게 되면 읽었다고 생각하는데, 나중에 700페이지짜리 『돈키호테』를 앞에 놓고 '야, 이게 돈키호테구나' 라고 탄식을 했어요. 〈컬투의 베란다쇼〉에 책 많이 읽는 초등학생들이 나와서 퀴즈 대결을 펼친 적이 있어요. 그중 한 아이가 읽은 목록을 보니까 『데미안』, 『젊은 베르테르의 슬픔』 같은 게 있었어요. '이걸 얘가 어떻게 이해를 했을까? 짝사랑도 한 번 안 해보았을 초등학교 3학년이' 이런 생각을 좀 했죠. 엄마가 아이한테 책을 많이 읽으라고 강요하거나, 아이가 책을 좋아한다고 어른이 읽을 책의 축약본을 사주고, 이런 것보다는 우리 아버지처럼 초등학교 졸업할 때까지는 책을 읽지 못하게 해야 된다고 생각합니다. 동화만 빼고요.

지:: 그 시간에 뛰어놀고 이런 게 더 좋을 수도 있겠죠. 좀더 커서 자기가 궁금할 때 하나씩 읽는 게 더 좋을 수도 있고요.

서:: 뭐든지 억지로 시키면 싫어하잖아요. 책을 금지하면 오히려 애들이 책에 대한 꿈을 키울 수 있죠. 저는 책 안 읽는 동안 뭘 했느냐 하면 유머를 길렀지 않습니까? 유머를 스펀지처럼 흡수했죠.(웃음) 유머가 있는 다른 친구들이 하는 말을 받아적으며 공부했는데, 그게 제 인생에 더 도움이 되었습니다. 책 좀 읽는 애들은 뭔가 음울하고, 냉소적이고, 세상을 다 왕따시키는 느낌이 있잖아요. 책벌레들의 모습이 그런 거잖아요. 저는 그런 사람이 아니어서 다행이고요. 이 부분에 대해서는 아버님께 감사해요. 세계 명작

같은 것도 나중에 나이 들어 읽으니까 좋은 점이 많더라고요. 이해가 되는 거예요. 사실 제가 『데미안』을 얼마 전에 읽었거든요. 여기에는 사연이 있어요. 중2 때 선생님이 한 달에 한 번씩 책을 읽게 했어요. 책을 읽고 독서 토론을 하자고 했는데, 첫 번째가 입센의 『인형의 집』이었어요. 첫 토론이 끝나고 두 번째 책을 말하는데, '데미안'이라고 하셨는데 전 '개미알'로 듣고 서점에 가서 개미알을 달라고 했어요. 근데 없다는 겁니다. 이상하다, 유명한 책이라고 했는데, 고개를 갸우뚱한 채 결국 집에 갔는데요.

지:: 개미핥기도 아니고?(웃음)

서:: 나중에 토론회 날 보았더니 『데미안』이더라고요. 그때 읽을 기회를 놓쳤는데, 그 30여 년 뒤인 2013년 8월에 청소년독서지도회에 갔어요. 제가 쓴 책 저자로 간 거기는 하지만, 토론하는 책 중에 데미안이 있더라고요. 『데미안』을 읽지도 않는 제가 『데미안』을 읽은 애들이 토론하는 모습을 보면서 과연 어떤 책일까 궁금하기도 하고, 이런 말도 안 되는 상황이 부끄럽더라고요. 뭘 알아야 지도를 하죠. 더 이상 부끄럽게 살지 말자는 마음에 집에 오자마자 『데미안』을 주문했죠. 어려운 책이지만 나이가 많으니까 이해가 되더라고요.

지:: 애들이 『데미안』이나 『젊은 베르테르의 슬픔』 같은 것에 공감하기는 쉽지 않겠죠.

서:: 더구나 축약본을 읽으면 정말 더 말도 안 되는 거죠. 축약본이 없어져

야 된다고 생각해요. 독서가 길러주는 것 중에서 중요한 것이 성실성을 길러주는 건데요, 성실성은 두꺼운 책을 끝까지 완주하면서 길러지는 거죠. 축약본은 성실성을 갉아먹지 않습니까?

지∷ 책을 다 읽고 나면 느끼는 게 다 다르고, 그 다른 감정을 이야기하는 것이 감수성을 기르는 데 도움이 될 텐데요.

서∷ 그렇죠? 제가 『경향신문』에 「개 기르지 맙시다」라는 칼럼을 썼는데, 그게 중학교 3학년 국어 교과서에 실렸어요. 가문의 영광이죠. 근데 제 친구 딸이 그걸 보고 "아빠 친구 글이 실렸다"고 해서 친구가 저를 다시 보게 되었죠. 그 친구 딸이 저한테 "이걸 쓴 의도가 뭐냐?"라고 하기에 다음과 같이 말해주었어요. "정말 개가 없으면 못 살겠다는 사람만 개를 키워야 한다. 평생 가족처럼 책임질 사람만 길러야 되는데, 요즘 세상은 개 주인이 되는 게 너무 쉽고, 그만큼 쉽게 버린다, 아주 사랑하는 사람이 아니면 개를 안 기르면 좋겠다." 이런 뜻이라고요. 그런데 그게 시험에 나온 겁니다. 저자의 의도가 뭐냐고요. 친구 딸은 저한테 들은 대로 썼는데, 선생님이 채점하면서 틀렸다고 했대요. 더 책임감 있게 기르자는 뜻이지 기르지 말자는 뜻이 아니라고요. 세상에, 저한테 물어보지도 않고 저자의 의도를 정하는 게 말이 되나요? 이런 교육이 문제인 것 같아요.

지∷ 1996년부터 책을 읽기 시작했다고 하셨는데요. 특별한 계기가 있었나요?

서∷ 강준만 교수님도 큰 도움을 주기는 하셨는데요. 소설 『마태우스』라는 쓰레기 책이 있거든요.(웃음) 제가 그 책을 내고 난 뒤 혹시 제 책이 얼마나 팔리는지 보려고, 교보에 숨어서 보름 가까이 잠복을 한 적이 있어요. 퇴근하면 거의 거기 가서 살았는데요. 아무도 안 사는 거예요. 누가 사면 '제가 썼는데요' 하면서 사인이라도 해드리려고 했거든요. 그러다 보니까 심심하잖아요. 그래서 베스트셀러는 왜 베스트셀러인지를 보려고, 잘 팔리는 책들은 얼마나 대단하기에 하고 보게 되었죠. 그러다가 책에 관심을 좀 갖게 된 것 같아요. 나중에 강준만 교수님 때문에 사회에 대한 책도 읽게 된 거고요.

지:: 그전에는 책도 별로 안 읽으셨으면서 책을 먼저 쓰신 거네요.(웃음)
서:: 세상을 좀 우습게 봤죠. 있는 집에서 자란 애들이 다 그렇듯이 좀 그런 경향이 있었어요. 저한테만 웃기는 이야기를 쓴 거죠. 남도 웃을 수 있는 이야기를 써야 한다는 것을 나중에 깨달았죠. 그래도 책을 읽기 시작하니까 제 글이 나아지는 과정이 눈에 보여서 좋더라고요. 2년 뒤에 두 번째 책을 쓰고 독자 편지를 처음으로 받았는데, 칭찬하는 내용이 주를 이뤘어요.

지:: 『닳지 않는 칫솔』이었나요?
서:: 그렇죠. 책이 글쓰기에 도움이 된다는 것을 제대로 보여준 거죠. 불과 2년 사이에 이렇게 책이 변한다, 거기에 있는 것들은 부끄러운 글이 별로 없어요. 그렇지도 않구나, 많이 있기는 하네. 그래도 첫 번째 책에서 보여주었던 유치함은 좀 줄었죠. 거기는 게이에 대한 비하, 이런 것들도 있었어요.

지:: 지금 생각해보면 정치적으로도 좀 올바르지 않았던 거네요.
서:: 정치적으로도 그렇고요. 내용도 쓰레기였어요. 침하고 방귀, 이런 게

주를 이루는데, 그런 걸로 웃기려고 했다는 것이 부끄럽죠. 정치적으로 올바르고 자시고를 떠나서 너무 유치했어요. 개인이 일기장에나 끄적일 내용을 책으로 냈다는 자체가 부끄럽죠.

지:: 그래도 그걸 냈기 때문에 더 좋은 글을 쓸 수 있었으니, 공부한 셈 치면 되겠네요. 진중권 선생의 지론과 일맥상통하는 부분이 있는 것 같네요. "책은 적당히 무식할 때 써야 된다."
서:: '적당히'라는 말이 중요하죠. 제 책은 '적당히 무식'한 수준이 아니었으니까요. 책을 너무 많이 찍은 탓에 절판이 안 되어서 마음고생을 많이 했죠.

지:: 표현하고 싶은 욕구가 많으셨던 거네요. 호출기에 매일 20초짜리 인사말을 바꿔가며 황당한 스릴러를 연재한 것을 계기로 매스컴을 타셨잖아요. 『경향신문』 주말판 「매거진X」에.
서:: 뜨고 싶은 마음이 당연히 있었죠.

지:: 노출되고 싶은 마음, 사랑받고 싶은 마음이 있으셨던 거네요.
서:: 노출이나 사랑보다는 인정받고 싶은 욕구가 있었던 거죠. 외모 때문에 다른 사람한테 인정받지 못한다고 생각했거든요.

지:: 호출기 인사말을 하루에 몇백 명씩 듣고 그랬다던데요.
서:: 매스컴을 타니까 그랬던 건데요. 그걸 제가 잘나서 그런 걸로 착각을 했던 적도 있었죠.

"이게 책이야?"

지∷ 『닳지 않는 칫솔』을 내면서 글쓰기에 자신감이 붙었나요?

서∷ 그렇지는 않습니다. 책이라기보다는 습작이었는데요. 그런 책들을 내면서 저 자신은 성장했지만, 그 책을 산 사람들은 뭔가, 하는 생각을 해요. 어떻게 보면 이용한 거잖아요. 해서는 안 될 짓을 한 거 같아요. 제 돈으로 찍어서 가까운 사람의 의견을 청취하는 것이 순서였는데요. 저한테 그런 이야기를 해준 사람이 없었어요. 동아리 잡지 이런 데 글을 끄적거리고 그랬을 때 다들 "너는 천재야", 이렇게 말해주었지, 실제로 "네 글은 쓰레기야"라고 이야기를 해준 사람이 없었어요. 막상 책이 나오니까 돈을 주고 제 책을 산 사람들이 이렇게 말을 하더라고요. "이게 책이야?" 세상이 무섭다는 것을 그때 깨달았죠.(웃음)

지∷ 출판사에서는 책이 될 거라고 생각해서 제안을 했을 텐데요.

서∷ 먼저 저한테 책을 내자고 권유했던 출판사가 판단 미스를 했죠. 그 출판사가 오래 못 갔던 것도 저랑 취향이 비슷해서 그런 것도 있는 거죠.(웃음)

지∷ 알라딘 서재 경험이 본인에게 미친 영향이 큰 것으로 알고 있습니다. 알라딘 대주주라고도 표현하셨잖아요.(웃음)

서∷ 오늘의 제가 있기까지, 알라딘이 지대한 공헌을 했습니다.

지∷ 처음에는 인터넷 교보문고에서 활동을 하셨는데요. 나중에 알라딘으로 옮기셨잖습니까?

서∷ 교보에서 인터넷 파트를 강화한다고 인터넷 평가단을 뽑는다고 하더라고요. 지원했는데 엄청난 경쟁을 뚫고 제가 되었어요. 대학교수라는 스펙 덕분에 뽑힌 것 같은데, 거기서 각 인터넷 서점을 비교 분석하고 장단점을 파악해서 제출하라는 거예요. 그래서 알라딘, 예스, 이런 곳을 다 가보았는데 알라딘이 최고인 거예요.(웃음)

지∷ 괜히 그걸 시켜서 좋은 인재를 놓친 셈이네요.(웃음)

서∷ 교보 평가단 기간이 끝나자마자 바로 거기로 가서 둥지를 틀고 글을 쓰기 시작했죠. 나중에 교보에서 몇 주년 기념이라고, 글 써달라고 요청한 적이 있어요. 그때 제가 뭐라고 했느냐 하면 "저는 알라딘 사람이기 때문에 교보에는 쓸 수 없다" 그런 이야기를 할 정도였어요.

지∷ 책 많이 읽고 머리로 사고하는 사람들이 선의의 경쟁을 하다 보니 발전도 있었을 것 같습니다.

서∷ 제가 다른 데서 이야기한 적도 있지만, 알라딘에서 1등을 하고 싶었던 것이 인정받고 싶은 욕구도 있었지만, 저는 책을 읽은 기간이 짧기 때문에 나름의 콤플렉스가 있었거든요. 알라딘은 소문난 독서가들이 다 모인 곳인데, 거기서 1등을 해서 콤플렉스를 극복하고자 하는 마음이 있었습니다. 그래서 죽자고 글을 썼고요. 스스로 대견한 것이, 초창기에는 제가 듣보잡이었잖아요. 그래서 누가 댓글 달아주는 사람도 없는데 3개월 동안 혼자 묵묵히 글을 썼다는 거죠. 어쩌다 누가 댓글을 달아주면 감사하다고 엎드려 인사하고 그랬는데요. 아시다시피 결국 알라딘을 정복했습니다.(웃음) 나중에 알라딘 서재를 새로 만든 사람들이 글은 한두 편 쓰고 저한테 와서는 "제 서재에 와서 댓글 좀 달아주세요"라고 하면 쥐어박아주고 싶었죠. (웃음) '어떻게 물 긷는 수련 생활은 건너뛰고 댓글부터 받으려고 하나' 하는 생각이 들었죠.

지:: 거기서 많은 분들과 교류하셨잖아요. 그중 일부는 책을 내기도 하셨고요. 최근에 다락방 님이 책을 내신 것 같고, 로쟈 님 같은 분은 워낙 유명해지셨고요. 지금 생각해보면 서재 활동을 하신 것이 어떤 의미였습니까?
서:: 일종의 글쓰기 아카데미 같은 그런 거였어요. 알라딘에 둥지를 튼 시기별로 1세대, 2세대 이렇게 구분을 하는데, 이게 1기, 2기처럼 동기 비슷한 것 같고요. 그 와중에 누가 우수한 성적으로 졸업하느냐, 이런 것을 겨루었어요. 학교를 다시 다닌 느낌이었다고 할까요?

지:: 외부 강연을 하거나 하면 많이들 와서 격려도 해주고 하는 것 같더라고요.
서:: 모교고, 친정이니까요. (웃음)

지:: 강준만 교수의 저널룩 『인물과 사상』을 읽고 의식화가 시작되었다고 하셨습니다. 저도 어디 가면 '강준만의 아이들 중 하나'라고 하는데, 광장히 컸던 것 같거든요. 직접 배우거나 사상 자체를 받아들인 것은 아닐지라도 우리 같은 사람들이 글을 쓸 수 있다, 책을 낼 수 있다는 희망을 심어준 멘토 같기도 하고요.
서:: 1997년 9월쯤 계간지 광고를 보았죠. '정권 교체가 그렇게 두려운가?'라는 제목하에 DJ 이야기가 나왔어요. 대선 무렵인데, 대선에 관심도

없고 김대중을 찍을 마음도 별로 없었어요. 그전에는 지지한 적도 있었는데, 너무 대통령을 하려 드니까 저렇게까지 치사하게 해야 될까, 이런 생각을 했거든요.

지 :: 매스컴이 노욕으로 많이 몰아붙였죠.(웃음)

서 :: 거기에 좀 세뇌되었죠. 집에서 『조선일보』를 보던 영향도 받은 것 같습니다. 그런데 그걸 읽고 나니까 생각이 좀 바뀌더라고요. 이런 게 있었구나, 그때부터 사회와 관련된 책도 많이 읽고, 월간 『말』이라는 진보 잡지를 구독하기도 했어요. 책이라는 것이 새로운 문을 여는 창이라고 하는데요. 거기서 온갖 사람들을 만나고, 진중권 님도 그때 처음 알게 되었고, 갑자기 사회에 대해서 맹렬히 관심을 갖게 되었죠. 이 사회에는 저만이 아니라 훨씬 많은 사람들이 살고 있다는 것을 새삼 깨달았어요. 그전까지 제 인생에서는 프로야구 같은 것이 전부였다고 생각했거든요. 맨날 야구 이야기만하고. 오죽하면 매형이 그러더라고요. 참 그때 한심했다고. 지금은 좌파가되어서 더 안 좋다고 하지만요.(웃음)

지 :: 강준만 교수님 책은 얼마나 갖고 계신가요? 저희 집에도 단행본만 70권정도 있는 것 같은데요. 지금 200권 이상 내셨잖아요. 강 교수님 본인도 안센 지 오래되었다고 하시던데요.

서 :: 강준만 선생님 책은 초창기 책부터 다 사모아서 2007년도까지는 모든책이 다 있었어요. 그 이후부터는 점점 안 사기 시작했는데요. 강준만 선생님이 이걸 보시면 안 되는데.(웃음) 책장에 책이 너무 많아서 안 되겠다 싶었는데, 아파트에서 문고를 만든다고 기증하라고 하더라고요. 그래서 곧

바로 기증했는데, 제가 4년 뒤 그 아파트를 떠날 때까지도 문고는 안 만들어졌어요. 팔아먹은 것 같아요. 500권 정도 기증했는데.

지:: 서민 교수님에게 강준만 교수님은 어떤 존재인가요?
서:: 제가 사실은 계속 프로야구만 좋아하고 유머를 좋아하고 그랬으면 그런 대로 살았겠죠. 그랬다면 제가 지금처럼 방송을 나가거나 인터뷰를 하고 있지는 않을 것 같아요. 제가 아버지에 대해서 콤플렉스가 있는 것은 아니지만, 항상 엄마한테 이야기를 합니다. "엄마, 아버지는 저처럼 신문에 칼럼을 쓰거나 방송에 출연하지는 못했잖아. 내가 더 잘된 거지?" 이러는데, 그걸 가능하게 해주신 분이 강준만 선생님이죠. 제 인생은 강준만 선생님을 만나기 전과 후로 나눠지고, 후반기가 십몇 년 밖에 안 되었지만, 훨씬 다이내믹하고 재미있었던 것 같아요. 그로 인해서 사는 보람이랄까, 예전에는 삶에서 보람을 크게 못 느끼고 애착도 없었는데요. 지금은 오래 살고 싶어졌어요. 삶이 재미있더라고요.

지:: 삶 자체를 바꿔놓으신 분이네요.(웃음)
서:: 그렇죠.

지:: 스포츠를 굉장히 좋아하시나봐요. 메이저리그 모자만 100여 개가 된다고 하셨는데요.
서:: 스포츠를 좋아하게 된 것은 제가 어릴 때 별로 친구가 없었거든요. 외로운 애가 할 수 있는 게 몇 가지가 없습니다. 제기차기와 더불어 스포츠 관람은 저에게 어린 시절을 버티게 해준 친구였죠.

지:: 메이저리그 구단이 30개잖아요. 그러면 구단별로 3개 이상씩 가지고 계신 건데요. 모든 구단 것을 다 가지고 계신가요?

서:: 그렇죠.

지:: 미국에 가서 사온 건가요?

서:: 그런 거는 아니고, 대부분이 짝퉁이에요. 그런데 그걸 쓰고 다니니까 스승의 날마다 학생들이 정품을 선물해주고, 주변 사람들도 미국 갔다 올 때마다 정품을 선물해주고 그러더라고요. 지금은 정품의 비율이 30퍼센트 가량으로 올랐죠.

지:: 보스턴 레드삭스를 좋아하시죠? 나중에 로또 되면 보스턴 가서 살고 싶다고 하셨잖아요.(웃음)

서:: 어느 정도냐 하면, 다저스로 간 류현진이 보스턴 전에 등판했을 때 저는 보스턴을 응원했어요. 사람들이 다저스를 국민 구단처럼 받들 때 저는 보스턴을 좋아한다고 혼자 우월감을 느끼기도 했는데요. 제가 신시내티 모자를 쓰고 온 것은 거기 추신수가 있으니까요. 사진 촬영도 하는 줄 알았 거든요. 제가 나름 국민 기생충 학자인데, 책 표지에서는 한국 선수가 있는 구단의 모자를 써야 하지 않나 싶어서 나름대로 신경을 쓴 겁니다.(웃음)

지:: 아, 류현진이 보스턴전에 등판한 날 보스턴이 이겼는데, 좋으셨겠네 요.(웃음)

서:: 제가 인생에서 제일 좋았던 해가 2004년이었고, 그다음이 2007년이 었고, 2013년이에요. 다 보스턴이 우승한 해죠. 2013년에는 특히 일본 투

수 우에하라 고지가 우승을 마무리 지어서 좋았어요. 제가 일본 선수들을 좋아하거든요. 이치로, 우에하라, 마쓰자카를 좋아해요.(웃음)

지:: 스포츠 국수주의 같은 것을 일부러 거부한다기보다는 순수하게 스포츠의 열혈 팬이신 거잖아요. '마태우스'라는 아이디도 예전 독일의 스타 축구 선수 이름이고요.
서:: 제가 스포츠는 대충 다 좋아하는데 축구는 거의 안 보는 편이에요. 축구를 안 보게 된 것은 1993년에 월드컵 예선을 하는데, 한국이 일본에 0대 1로 지는 경기를 보면서 이대로 축구를 계속 보다가는 고혈압으로 쓰러질 것 같더라고요. 그때부터 축구를 안 보게 되었는데요, 그 덕분에 아직 한 번도 쓰러진 적이 없어요. 아, 한 번 쓰러졌구나.

지:: 그래서 마태우스는 '마침내 태어난 우리의 스타'의 약자라고 우기신 건가요?(웃음)
서:: 갖다붙인 거죠. 요새 애들이 마태우스를 모르더라고요.

지:: 골프도 보는 것을 좋아하시는 것 같고요.
서:: 치지는 않지만, 보는 것을 좋아하죠. 타이거 우즈 팬이에요.

지:: 사건 났을 때는 속이 상하셨겠네요.
서:: 아닙니다. 어떻게 똑같은 스타일만 저렇게 수집했나 하고 신기해했죠.(웃음) 근데 사실 제가 제일 좋아하는 운동은 테니스죠.

지:: 직접 치기도 하시잖아요.

서:: 치기도 하고, 경기 보는 것도 좋아하는데요. 로저 페더러라는 선수를 좋아하거든요. 한 선수를 너무 좋아하는 것도 힘든 것 같아요. 페더러가 질 때마다 하늘이 무너지는 느낌을 받으니까요. 나이 드니까 남의 팬 하기가 더 힘들어요. 페더러가 빨리 은퇴했으면 좋겠는데, 안 하네요.(웃음)

지:: 1위가 바뀌지 않았나요?

서:: 바뀐 지 좀 되었죠. 페더러가 3년 전부터 1위가 아니었고요. 2년 전에 한 번 탈환했다가 다시 빼앗겼죠. 조코비치와 나달이 다투고 있습니다. NBA도 좋아하고요. 1990년대에는 마이클 조던을 좋아하다가 은퇴하고는 좀 띄엄띄엄 보았는데, 최근에 르브론 제임스가 나와서 다시 보기 시작했어요.

지:: 포스트 조던은 역시 르브론 제임스죠.

서:: 사기 캐릭터죠.

글쓰기로 알라딘을 평정하다

지:: 어릴 때 콤플렉스가 좀 많으셨는데, 글쓰기를 통해서 자기 비하를 극복했다고 하셨잖아요. 글쓰기 자체가 어떤 치유의 의미도 있었던 것 같습니다.

서:: 제가 처음으로 인정받은 것이 글쓰기를 통해서라고 말씀드렸잖아요. 알라딘 블로그를 평정한 것이 제가 태어나서 처음으로 '인정받았다' 이런

기쁨을 느끼게 해준 거죠.(웃음) 제가 어릴 때 책을 거의 안 읽었는데, 책을 많이 읽은 사람들 사이에서 서재를 평정했다는 것이 되게 뿌듯했어요. 방문자 수, 즐겨찾기 수 이런 거에서 제가 1등이었다니까요.

지∷ 나쁜 의미의 표현은 아니지만, 글쓰기, 책 읽기를 가지고 평정이라는 표현을 불편해하는 사람도 있을 것 같습니다.(웃음) 음험하지 않고, 유쾌한 경쟁이기는 하지만요.

서∷ 거기에 대해서 불편해했던 사람은 별로 없었던 것 같아요. 장난스럽게 하는 표현이라는 것을 다들 이해해주었으니까요. 로쟈 님을 만나서 이런 이야기도 했어요. 한때 내 밑에 있지 않으셨냐고.(웃음) 그랬다고 순순히 인정해주시죠. 서로 농담으로 하는 것을 아니까. 제가 알라딘 블로그를 하면서 깨달은 것이 뭐냐 하면, 사실 글쓰기 내공을 따지면 로쟈 님이나 바람구두 님 등등 엄청 글 잘 쓰시는 분들이 많잖아요. 그런데 유머 코드가 있으면 그런 것을 극복할 수 있다는 거죠. 그걸 발판으로 제가 『한겨레』 칼럼에 도전했거든요. 알라딘 블로그를 할 때는 글쓰기가 즐거워서, 좋아서 쓴 건데 『한겨레』에 칼럼을 쓰려니 마치 마감이 닥친 숙제를 하는 느낌이었어요. 그때는 글쓰기가 즐겁지 않았어요. 3주마다 제 차례가 돌아왔는데, 3주 내내 괴로워하고, 글 쓰면서 또 괴롭고, 거의 그렇게 살았던 것 같아요. 나중에 안 되겠다 싶어서 제가 한겨레에 "저 그만 쓰면 안 되겠냐?"고 하니까, 대번에 "선생님이 너무 힘들어하시는 것 같아서 그만 쓰게 하자는 마음을 갖고 있었다"라고 하더라고요. 그때 생각했죠. '아직 멀었구나. 더 열심히 글을 갈고 닦자', 이런 생각.

지:: 『한겨레』에 「야! 한국 사회」를 연재하신 거죠?

서:: 그때 제가 너무 부담을 가졌던 것 같아요. 너무 빨리 강호에 나간 것도 맞지만, 조금 더 편한 마음으로 썼으면 좋을 뻔했어요. 첫 번째 쓴 글은 욕을 정말 많이 먹었어요. 되지도 않는 글을 썼죠. 우리나라는 삼겹살 문화고, 외국은 TGI 같은 패밀리 레스토랑 문화다, 패밀리 레스토랑은 메뉴를 여러 개 시켜서 서로 나눠 먹는데, 우리나라 삼겹살은 구워지기 무섭게 경쟁적으로 먹지 않느냐, 우리 사회가 흉포해지는 이유가 바로 삼겹살 때문이다, 이런 말도 안 되는 소리를 썼거든요.(웃음) 그래서 많은 욕을 먹었죠. 어떤 분이 반론으로, "당신이 핏빛 고기를 먹을 때 서민들은 삼겹살과 소주로 하루를 달랜다"고 하셨는데요. 부끄러웠죠.

지:: 그 이후로 삼겹살 마니아가 되신 건가요?(웃음)

서:: 원래 삼겹살 마니아였고, 우리 나이 또래들은 패밀리 레스토랑 별로 안 좋아하잖아요. 저도 패밀리 레스토랑을 잘 가지는 않는데요. 좀 억울했지만, 글이 너무 한심했으니까 비판을 달게 받았다고 할 수 있죠. 저의 좋은 점이 욕하는 댓글이 있으면 항상 사죄의 댓글을 남겨요. 그게 어느 정도 해결을 했죠.(웃음) 지금 생각해보면 신문 칼럼이라는 것에 너무 큰 의미를 두었던 것 같아요. 누가 볼지 모른다는 생각에 부담을 너무 가졌죠. 나중에 알았는데, 제가 칼럼을 쓴다는 것을 주위 사람들 아무도 모르더라고요. 학교 동료나 친한 친구들도 전혀 모르고요. 그런데 이런 걸로 왜 스트레스를 받고 걱정을 했던가, 편하게 써도 되었는데 하는 생각이 들었죠. 그 5년 뒤 『경향신문』에 다시 칼럼을 쓸 때는, 물론 제 내공이 높아진 것도 있지만, 그때는 신경 안 쓰고 개인 블로그에 쓰는 것처럼 썼어요. 『한겨레』 때는 글

한 편에 8시간, 10시간 걸려서 썼는데 『경향신문』에 쓸 때는 1시간 정도 만에 하나씩 쓱쓱 썼던 것 같아요. 그랬더니 반응도 좋고, 제가 평소 쓰던 글쓰기의 장점이 드러났던 것 같습니다.

지:: 『한겨레』 때 했던 경험이나 이런 것들이 도움이 되었다는 거죠?
서:: 큰 도움이 되었죠. 아무도 안 본다는 걸 알았으니까요.(웃음) 실제로 『경향신문』 칼럼도 우리 학교 사람들 아무도 모르고, 친구들도 몰랐고요.

지:: 인터넷에서 화제가 되었던 글들이 꽤 있었잖아요.
서:: 경향신문에서 절 밀어줘서 대문에 실어주고 하니까, 조금 화제가 되기도 했지만, 그래도 모르는 사람이 훨씬 더 많습니다.

지:: 반어법 형식을 좋아하는 사람도 많았던 것 같은데요. 『한겨레』에 쓰실 때는 그렇게 안 쓰셨잖아요.
서:: 그랬죠.

지:: 어떤 정치적 상황을 기생충 학자의 전문 지식과 잘 버무렸던 것 같습니다. 상대방을 조롱한다고까지는 볼 수 없지만, 어쨌든 상대방을 약간은 비꼬는 듯한 느낌의 글을 쓰셨는데요.
서:: 『한겨레』 1년을 돌이켜보면 남들이 좋게 평가해준 글이 딱 하나 있었습니다. 썰렁함에 관대해지자는 글이었는데요. 그 글이 반어법 비슷하게 쓴 거예요. 거기서 제가 길을 찾았다고 할 수 있죠. 나중에 또 기회가 있으면 이런 식으로 써야겠다고 생각을 했죠. 그게 『경향신문』에서 꽃을 피웠

습니다. 제가 남 까는 것에 소질이 있다는 것을 미처 몰랐는데요, 억눌린 어린 시절의 분노 이런 것들이 글로 승화된 것 같아요.(웃음) 2013년에 화제가 되었던 「윤창중은 그럴 사람이 아니다」는 크게 생각 안 하고 썼고, 쓰는데 30분도 안 걸렸습니다. 그런데도 너무 반응이 좋아서 '사람들이 이렇게 반어법에 굶주려 있구나' 하는 생각을 했어요.

지:: 윤창중을 욕하는 사람들은 많았지만, 유머러스하게 풍자한 게 사람들의 큰 반응을 얻었는데요. 난독증인 분들도 계시지 않나요? '어떻게 윤창중을 옹호할 수 있냐?'는 분들도 계셨을 것 같아요.
서:: 있죠. 제목만 보고 욕하는 사람들도 있고요. 이상하게 저는 욕하는 댓글이 좋아요. 그런 것을 보면 짜릿하고 좋아서 크게 개의치는 않습니다.(웃음)

지:: 마조히즘이 좀 있는 건가요?(웃음)
서:: 그런 것이 좀 있는 것 같아요.(웃음) 그렇기도 하지만, 제 진짜 문제점을 건드리고 욕하면 힘들 수도 있을 텐데, 그렇지 않으니까요.

지:: 나한테 별로 큰 영향을 주지 않는 것으로 비판하는 것은 개의치 않는다는 거죠.
서:: 그럼요. 진짜 약점을 찌르고 그러면 저도 섬뜩하겠죠.

지:: 협박성 댓글도 있을 수 있지 않나요?
서:: 그 사람은 협박하려고 쓴 글은 아닌데, 이런 글을 보았어요. "혹시 옛날에 『마태우스』라는 소설을 쓴 분이 아닌가요?"라고 했을 때 좀 무서웠

죠.(웃음)

지:: 하하하.

서:: 제가 "정말 죄송합니다. 사셨으면 저한테 보내주시면 2만 원 드리겠습니다"라고 했던 것 같아요. 제발 읽지 말아달라고.(웃음)

지:: 실렸던 칼럼 중에 「좌변기의 꿈」이라는 글이 제일 마음에 든다고 하셨던 것 같은데요.

서:: 그렇죠. 제가 쓴 글인데도 몇 번씩 읽고, 그때마다 감동했어요. 반응이 없다는 게 아쉽지만.

지:: 반어법을 쓸 때 원칙 같은 것은 어떤 것이 있나요?

서:: 처음에는 별생각이 없었는데 어느 정도 원칙은 있어야겠더라고요. 예를 들면 "평창 올림픽 유치는 이명박이 혼자 다 했다", 이런 반어법을 쓴 적이 있는데요. 그 글은 정말 문제가 있더라고요. 경향신문에 전화해서 구독을 끊겠다, 이런 분들이 여럿 계셨대요. 저는 10퍼센트 정도가 오해하는 그런 글을 바라는데, 제가 다시 봐도 그 글은 한심했어요. 반어법의 묘미가 칭찬하는 것 같으면서 사실은 까는 건데, 그런 통쾌감이 부족했고, 그래서 이명박을 찬양하는 것처럼 느껴졌나 봅니다. 재미도 없었고요. 이 따위 글은 다시 쓰지 말자고 생각했죠.

지:: 서민 교수의 글을 예전에 본 사람이거나, 아시는 분들은 이런 의미로 썼겠다 싶은데, 모르고 읽으면 액면 그대로 받아들일 수도 있을 것 같아요.

그 글을 일베에 옮겨 놓으면 거기 있는 사람들이 굉장히 좋아할 수도 있을 것 같은데요.(웃음)

서:: 글이라는 것이 『조선일보』에 실리냐, 『한겨레』에 실리냐에 따라서 뉘앙스가 전혀 달라지는 거잖아요. 똑같은 글인데도, 어디에 썼느냐에 따라서 많이 달라지는 것 같아요.

지:: 이를테면 서민 교수님의 알라딘 블로그에 있는 '3류 소설' 카테고리에 쓴 글을 카테고리를 보지 않고, 쓱 읽고 나가버리면 '어, 진짜 이런 일이 있었나' 하는 생각을 할 수도 있을 것 같고요. 그런 오해도 있었을 것 같은데요.

서:: 제일 황당한 오해가 뭐냐 하면 2013년 4월 1일 날 제가 경향신문 블로그에 국회의원 보궐선거에 나간다고 썼을 때죠.

지:: 안철수 씨와 같이 노원 병 재보선에 나가신다고 쓰셨잖아요.

서:: 네, 제목을 '안철수, 서민 빅뱅'이라고 썼잖아요.(웃음) 혹시 진짜로 알까봐 내용에다 뭐라고 썼냐 하면, 선거 기탁금을 마련하기 위해서 댓글 알바를 하고 있다고 쓰고, 날짜 4월 1일을 일부러 키웠는데요. 의외로 많은 사람들이 놀라고, 〈컬투의 베란다쇼〉 제작진에게도 '큰일 났다. 진짜냐' 문의가 빗발쳤어요. 제목만 보고, 내용을 안 읽는 사람들이 굉장히 많은 것 같습니다.

지:: 언론들이 경쟁을 하다 보니까 트위터나 블로그의 글을 보고 인터넷 언론이 바로 기사화를 해버리잖아요. 그렇게 나가버리면 기정사실화되기도 하고요. 물론 금방 바로 잡히겠지만, 바로 잡혀서 정정 기사가 나가도 그

이야기가 일부 공간에서 확대 재생산되는 경우도 있잖아요.

서:: 트위터는 정말 의도가 곡해되어서 기사화될 수가 있죠. 그래서 저는 트위터를 하지 않고 블로그만 합니다. 글을 길게 쓰면 좀더 설득력이 있고, 오해의 소지도 줄어들잖아요.

지:: 「수도 이전만이 살길이다」, 그 글도 재미있던데요.(웃음)

서:: 아, 그렇죠. (웃음) 그거는 아침에 머리 감다가 생각이 나서 나가자마자 폭풍처럼 쓴 글입니다. 쓰고 나서 되게 기분이 좋았던 것이, 경향신문에서 저한테 기대하는 그런 글을 썼다는 생각이 들어서였어요. 약간 기발하잖아요.

지:: 기발하기도 하고요. 수도가 왼쪽에 있어서 좌파들이 많다고 하셨잖아요.(웃음)

서:: 글 자체는 크게 대단한 것은 아니었지만, '이게 내 스타일이야' 이런 생각을 했어요. 목표를 크게 가지지 않고 1년에 하나씩만 이런 글을 쓰자는 목표를 세웠죠.

지:: 『경향신문』 연재를 3년 하셨나요?

서:: 네. 연재 그만두고 나서도 경향신문 블로그에 꾸준히 글을 쓰고 있어요.

지:: 그게 본인에게 어떤 의미가 있었나요?

서:: 『경향신문』 연재는 저한테 부와 명예를 가져다주었죠. 사람들이 글을 잘 쓰면 말을 잘한다고 오해를 하는 분들이 계셔서 텔레비전 출연을 하게

되었던 거니까요. 또한 『경향신문』 칼럼을 연재하는 동안 즐겁게 글을 쓸수 있어서 좋았어요. 그렇게 할 수 있도록 도와주신 분이 이명박 대통령이었잖아요. 그렇게 이슈를 많이 만들어주시다니. 그전에 3주마다 『한겨레』 칼럼을 쓸 때는, 노무현 대통령 시절이었는데, 늘 소재가 없어서 고민했는데, 이 대통령 시절에는 "이런 식이면 일주일에 하나, 3일에 하나씩도 쓸 수 있겠다"고 생각했죠. 어떻게 그렇게 대단한 일을 많이 하시는지.

지:: 칼럼니스트나 시사만평가들에게는 엄청난 기회를 주셨죠.(웃음)
서:: 심지어 이런 적도 많았어요. 칼럼을 2개 보내고 마음에 드는 글을 실으시라고. 그만큼 소재가 넘쳐났죠.

지:: 그런 댓글도 있었던 것 같아요. 교수가 연구나 하지, 정치적 편향성이 있는 글을 쓰냐고. 학교에서는 별말이 없었나요?
서:: 학교에서는 별말이 없었는데, 2005년에 『한겨레』 칼럼에서 이인제 씨를 비판했을 때 이인제 씨 보좌관이 그렇게 말했어요. "기생충이나 연구하지, 이딴 글이나 쓰냐"고 했는데요. 그때는 기분이 좀 나빴는데요. 생각해보니까 교수가 정치적인 글을 쓴다고 할 때 항상 그런 비판에 직면할 수 있잖아요. 교수한테 연구를 하라고 하는 것은 어찌 보면 당연하기도 하고요. 다행히 『경향신문』에 글을 연재할 때는 제가 학교에서 비교적 연구 업적이 많은 사람이었고, 2011년에는 연구 업적상도 받았으니, 남들한테 '연구나하지'라는 말을 들어도 크게 개의치 않게 되었어요. 조국 교수도 연구 업적때문에 공격을 받았잖아요. '나는 연구 업적이 많다' 이렇게 말씀하셨을때 되게 멋있어 보였어요. 언젠가 제가 「오마토코이타와 같은 국정원」이라

는 칼럼을 쓴 적이 있는데요. 거기 댓글이, 오마토코이타라는 기생충을 발견한 사람이 일본 사람은 아닌데, 일본 사람으로 오인한 어떤 사람이…….

지∷ '일본 학자는 저렇게 새로운 기생충을 찾는데, 너도 새 기생충을 발견해 한국 이름을 붙여봐라' 라는 댓글이 달렸죠.
서∷ 그래서 거기에 대해서 글로 응수를 했던 훈훈한 기억도 있어요.(웃음) 내가 신종을 2개나 찾았다고. 그런 이야기를 할 수 있어서 쓰면서 기뻤어요.

지∷ 칼럼 쓰면서 어려운 점은 없었나요? 즐거워서하기는 했지만, 이런 부분은 신경이 쓰였다?
서∷ 집사람이 제가 잡혀갈까봐 항상 걱정을 하기에 그게 제일 신경이 쓰였어요. 제가 신문 칼럼을 그만둔 이유도 '박근혜 시대에는 정말 잡혀갈 수가 있다, 박근혜가 당선되면 그만둔다는 약속을 해라' 라고 몇 번 다짐을 받았는데, 대선 결과가 그렇게 나오자마자 그만두었고요.(웃음) 그 뒤로는 블로그에만 가끔 글을 쓰는데, 그만두기를 참 잘한 것 같아요. 박근혜 씨가 대통령이 되니까 정말 어렵더라고요. 뭔가 잘못된 일을 하는 대통령이 아니라 아예 아무것도 안 하고 말도 안 하는 대통령이시니까요. 강적이에요. 강적.

지∷ 이명박 대통령처럼 소재를 많이 주지는 않죠.(웃음)
서∷ 그렇죠. '내가 해봐서 아는데' 이런 말도 얼마나 멋있어요.(웃음) 훌륭한 아들을 두었고 털면 털수록 뭔가 나오잖아요. 한식 세계화도 되게 멋있는 일이었는데요. 그런 소재를 주는 대통령 하고, 지금은 아무 생각도 없이.

지:: 공포감을 주는.

서:: 그렇죠. 무섭기만 한.

지:: 이명박 대통령은 시사평론가에게는 스트레스와 함께 많은 소재와 기쁨을 주는 반면, 박근혜 대통령은 소재도 안 주고, 영감도 안 주잖아요.

서:: 너무 말씀을 안 하세요. 당신 유리할 때만 말씀을 하시는데요. 얼마 전에 양승조 의원이 "박근혜 대통령이 아버지의 전철을 밟을 수 있다"고 했다기에 우리 동네 의원인데, 왜 저런 말을 했을까 싶어 전문을 찾아서 읽어보았어요. 읽어보고 약간 당황한 것이, 이런 훌륭한 글에서 어떻게 그 대목만 빼서 욕을 할까 하는 거였어요. 자기를 공격한 것이 헌법과 민주주의에 대한 도전이라고 생각하는 자체가 되게 특이한 발상이기도 하고요.

지:: 자기가 나라 그 자체니까요. 아버지 때부터 그렇게 생각해왔을 거고요.

서:: 군사 정권 시절의 노태우 대통령조차도 나를 유머의 소재로 삼아도 좋다고 말했는데, 그 정도 말을 못 하게 한다는 것이 좀 어이가 없더라고요. 그걸 보면서 한편으로는 더 조심해야 되겠다는 생각을 했습니다. 제가 듣보잡이니까 신경을 안 쓰지.

지:: 따로 기억에 남는 재미있는 칼럼이 있나요?

서:: 「공직자와 민간인을 구별하는 법」, 저는 그것도 귀여운 글이었다고 생각해요. 저에게 맞는, 제가 쓸 수 있는 글. 공직윤리지원관실에서 민간인 사찰을 해놓고 걸리니까 나중에 공직자인 줄 알았다고 발뺌을 했잖아요. 그래서 공직자와 민간인을 구별하는 것이 원래 어렵다, 구별하는 법을 만

들어서 공직자는 꼬리를 달게 한다든지 해서 확실하게 구별하도록 하자는 글을 썼는데, 저는 그런 글이 맘에 들어요.

마음에 와 닿는 책을 읽는다

지:: 좀 쉬시고, 신문에 글을 다시 쓰게 되면 어떤 글을 쓰고 싶으신가요?

서:: 저는 건설적으로 이끌거나 이런 글을 쓰기는 어렵고요. 저는 까는 글만 쓸 거예요. 집사람은 반어법은 이제 식상하다고 그만 쓰라고 하는데요. 잘 모르겠어요. 아직도 먹히는 것 같아서 수명이 다할 때까지 쓰려고요. (웃음) 한편으로는 이런 부담이 있어요. 제가 우리나라의 과학 발전을 위해서 외부 강의를 좀 나가는데요. 어느 순간부터 정치적인 성향 때문에 '쟤 강의 부르지 마라' 이런 날이 올지도 모른다는 걱정이 좀 됩니다. 제가 하는 일과 정치 성향하고는 구분해서 판단하면 좋겠지만, 우리나라가 그렇지 않잖아요. 방송 나가서는 정치의 '정' 자도 꺼내지 않았는데, 어느 날 블랙리스트에 오를 수도 있다는 게 부담이 되죠. 사회 자체가 할 말을 못 하게 막는 그런 면이 있는 것 같아요.

지:: 신문 연재하시면서 특별히 기억나는 에피소드가 있으신가요?

서:: 어머니가 제 칼럼의 적극적인 지지자셨는데, 『경향신문』에 제 칼럼이 나올 때마다 9부를 사서 친구분들에게 돌렸어요. 약간의 반전이 뭐냐 하면 어머니 친구분들은 약간 사시는 분들이잖아요. 이명박 골수 지지였죠. 그런 분들에게 계속 돌렸어요. 처음에는 왜 그러냐고 말렸는데, 어머니는 아들이 신문에 글을 쓰는 것이 좋아서 그렇게 하신 거래요. 제 칼럼을 읽다가

그중 몇 명이라도 교화가 되어서 나중에 투표를 반대쪽으로 하면 어떨까 생각을 했습니다. 물론 그런 일은 벌어지지 않았죠.(웃음) 어머니 친구 따님 중에서 제 칼럼의 팬이라고 하는 분들이 있어서 보람을 느끼기는 했어요.

지:: 아무래도 젊은 사람들은 소통을 하다 보면 바뀔 수도 있을 텐데요. 나이 드신 분들은 좀 어렵잖아요. 부인께서는 결혼 후 투표 성향이 좀 바뀌셨다면서요.

서:: 집사람이 저를 만나서 좌파가 되었죠.(웃음) 처음에는 노무현 대통령에 대해서 안 좋게 생각했거든요. 이명박 대통령에 대해 제가 쓴 글을 보고 놀라더라고요. 그렇게까지는 몰랐다고. 집사람을 좌파로 만든 것은 좀 마음 아픈 일이었어요.(웃음) 남들이 보면 좌파 부부잖습니까? 안 좋은 것 같아요.

지:: 책을 굉장히 다양하게 읽으시는 것 같은데요.

서:: 주로 소설을 읽어요. 다른 분야도 읽고요. 아, 자기계발서는 안 읽습니다.

지:: 책을 고르는 기준이 있으신가요?

서:: 독서 초창기에는 강준만 교수님이 추천하는 책만 읽었죠. 그 과정을 1~2년 정도 거치니까, 저도 읽고 싶은 책이 막 생기더라고요. 그때부터 알아서 읽었죠. 다락방 님이 이런 이야기를 했잖아요. 책을 읽다 보면 새로운 책의 문이 열린다고 했는데, 진짜 그렇더라고요.

지:: 아무래도 궁금한 게 많아지면 더 찾아보게 되잖아요.

서:: 어떤 작가의 책을 읽었는데 정말 마음에 와 닿는 내용이라면 그 작가가 전에 쓴 책이 있나 찾아보게 되잖아요. 엄기호 님의 『이것은 왜 청춘이 아니란 말인가』를 읽고 이분의 책을 다 산다든지.

지:: 바쁘실 텐데, 어느 정도 책을 읽으세요?
서:: 결혼하기 전까지는 한 달에 10권씩 읽었어요. 1년에 120권 정도씩 읽은 거죠. 대단한 것은 아니지만, 어디 명함은 내밀 수 있다고 생각했는데, 결혼하면서 어려워졌죠. 반토막 났어요. 50~60권 정도로 떨어졌죠.

지:: 아무래도 대화도 해야 되고, 집안일도 도와주셔야 하고요.
서:: 집에 오면 그날 일어난 일들을 요약해서 2시간 정도에 걸쳐 이야기를 해줘요. 그리고 강아지들과 놀아줘야죠. 그러다 보니 책을 못 읽게 되었어요. 사실 부부라는 측면에서 보면 책이 그렇게 권할 취미는 아니죠. 부부가 다 책을 좋아하면 대화가 없어지잖아요.

지:: 서로 스마트폰만 하는 것처럼.
서:: 책은 어쩌면 스마트폰보다 심각한 것일 수 있어요. 1년에 300권 넘게 읽는 분은 부인하고 거의 대화를 안 한다고 하더라고요. 너무 지나치면 좋은 게 아니구나, 싶었어요.

지:: 부부 사이가 안 좋아서 책을 읽는 것은 아닐까요?(웃음) 전공이 전공이다 보니 과학책도 많이 읽으시겠네요.
서:: 과학책도 많이 읽고, 의학 관련 책들은 웬만하면 다 읽죠. 제가 의학 개

론이라는 수업을 진행하는데, 어떤 식으로 하느냐면 의학 관련 책 중에서 재미있는 것 10권 정도를 추려서 학생들한테 강의해줘요. 예과 애들한테 강의하는데, 예과 때가 앞으로 어떤 의사가 될 것인가를 생각할 수 있는 유일한 시간이잖아요.

책 읽지 않는 의대생

지:: 공부하실 때 의대생이셨으니까 그때 친구들을 볼 때하고 지금 가르치는 학생들은 조금 다른 부분이 있습니까?

서:: 그때는 군사독재 시절이니까 아무래도 어느 것이 옳다는 것 정도는 알고 있었고요. 독재를 지지하는 사람들은 거의 없었죠. 지금은 애들은 다들 새누리 이쪽인 것 같아요. 집도 다 부자라서 그런 것도 있을 거고요. 자기들은 기득권층이 될 것이라는 생각 때문인지, 정치 성향이 너무 저쪽이에요. 벌써 의사가 된 것처럼, 옛날에 의약분업 사태 때도 애들한테 괴리감을 느꼈던 것이, 의대생들도 완전 의사 편에 서는 것을 보면서, 왜 반대를 하는지, 이런 것에 대한 성찰 그런 것이 별로 없이, 우리가 돈을 덜 벌게 되었다는 것에 대해서 분노하는 것 같더라고요. 나중에는 돈을 잘 벌게 되더라도 학생 때만은 그런 것에 대해서 고민하면 좋을 텐데 하는 생각을 했습니다.

지:: 표창원 교수님이 영국에 가서 공부해보니까 좌파 범죄학이란 게 있더라고 하던데요. 이념의 문제가 아니라 범죄를 어떻게 해결할 것인가 하는 솔루션을 대하는 태도의 문제일 텐데, 그런 식으로 우파 의학과 좌파 의학, 이렇게 나눌 수 있는 부분이 있는 건가요?

서:: 예를 들어 정신병 같은 것이 왜 생기나, 사이코패스가 개인의 문제인가, 사회 구조의 문제인가, 이런 이야기인가요? 그거는 잘 모르겠고, 저는 애들이 책을 읽어야 되는 이유가, 의사가 될 애들은 다른 사람에 대한 이해가 어느 정도 있어야 된다고 생각해요. 책을 읽어야만 먹을 것을 나눠서 먹어야 한다는 것을 알 수 있잖아요. 의대 온 애들은 혼자서 잘 먹는 게 우선이라는 생각으로 살아온 애들이라는 말이에요. 그래서 의대생들이 책을 좀 많이 읽었으면 싶은 거죠. 미국은 4-4제로 해서 대학 4년을 졸업하고, 다시 의대를 가잖아요. 그래서 그런지 거기 의사들은 인문학적으로 많이 뛰어난 것 같은데요. 그런데 우리는 그렇지는 않죠. 저는 처음에는 반대했지만, 그런 점에서 의학전문대학원이 나름의 의미가 있는 것 같기는 해요.

의대 애들은 선택받았다는 특권 의식이 어느 정도는 있어요.

언제 느꼈느냐 하면, 단국대 천안 캠퍼스에서 단과대별로 체육대회를 매년 해요. 그런데 의대 애들은 같은 학교이기는 하지만 다른 단과대 애들과 어울릴 마음이 없는 거예요. 치대 애들도 비슷해요. 두 대학 다 커트라인 자체가 비교가 안 되게 높으니까요. 속으로는 그렇게 생각할 수도 있지만, 체육대회라고 수업도 빼주고 하는데, 어울릴 생각을 안 하는 거죠. 제가 충격받은 것이, 처음에 줄다리기를 하는데 의대 애들은 모든 종목에서 1라운드에 떨어져서 빨리 집에 가자, 이것이 목표예요. 그런데 1라운드를 치대하고 붙여놓았어요. 치대 애들도 똑같이 생각하고 있는 거예요. 우린 다른 애들하고 어울리지 않는다고. 그렇게 둘이 붙었으니, 줄을 잡고 당기는 대신 앞으로 미는 희한한 줄다리기가 되었습니다. 그때 사회자가 너무 어이가 없어가지고, "지금 뭐 하냐, 너희들은 줄다리기를 처음 해보냐?"라고 하는데, 그래도 애들이 줄을 안 당겨요. 그때 저는 학과장이었는데, 열 받아서 체육대회장을 그냥 떠나버렸죠. 너무 어이가 없어서.

'이런 특권 의식이 지금부터 있으면 나중에 정말 환자들을 헤아리는 그런 의사는 못 되겠구나, 그냥 질병을 고쳐줄 뿐이지' 이런 생각을 했죠. 그때부터 의학 개론 수업을 맡아서 책을 읽게 만드는 계기가 되었는데요. 별로 소용이 없더라고요. 처음에 한 조에서 책 한 권을 발표하라고 했더니 애들이 각자 한 권을 다 읽는 것이 아니라 자기가 맡은 부분만 읽어요. 어떤 애는 앞부분만 읽고, 어떤 애는 중간만 읽고. 책이라는 것이 한 권을 다 읽어야 생각이 정리될 텐데요, 그걸 5등분해서 읽고 있으니. 질문을 하면 "나는 거기를 안 읽어서 모르겠다"라는 답변을 하고, 너무 어이없는 거죠. 이게 우리 의대 애들의 문제만은 아닐 것이고, 다른 의대도 다 비슷할 것 같아요. 의사들의 문제가 그거잖아요. 주변에 의사 친구 말고는 다른 친구가 없고, 다 의사끼리만 놀고. 의사끼리 모여서 우리는 잘났고 너네는 못났다, 이런 특권 의식이 굳어지다 보니 소통이 안 되는 거죠. 의사들끼리는 당연해 보이는 일이지만 다른 애들이 보면 '놀고 있네'라는 느낌이 들수밖에 없고, 이게 점점 쌓이면 엄청난 괴리가 발생하는데요. 그걸 극복하려면 책을 읽거나 아니면 일반인들 하고 많이 대화를 하고 그래야 되는데, 전혀 그렇게 하지 않는다는 말이죠.

알라딘에서 이념 성향 테스트가 유행한 적이 있어요. 테스트 용지는 『중앙일보』에서 만든 건데, 가운데를 기준으로 왼쪽이 좌파, 오른쪽이 우파에요. 그런데 알라딘 분들은 다 왼쪽, 그것도 심한 왼쪽에 점이 새까맣게 찍히는 거예요. 그게 당연한 것이, 책을 많이 읽으면 좌파가 돼요. 좌파가 나쁜 것이 아니잖아요. 파이를 나눠 먹자는 것이 좌파인데.

지:: 잘 뭉치지 않는 성향의 좌파들이죠.(웃음)

서:: 행동은 안 하고, 머리만 좌파인 건데, 그럴지라도 저는 최소한 어느 것이 옳은 길인지는 알고 의사가 되었으면 좋겠는데요. 애들이 절망적으로 책을 안 읽어서 마음이 아파요. 리포트 쓰라고 하면 베껴오고 그러는데요. 하버드대학 이런 데서는 의대생들한테 책 읽고 글쓰기 교육을 되게 많이 시킨다고 합니다. 그 이유는 사회의 리더가 될 사람들은 그래야 된다는 건데요, 우리는 너무 의학 지식만 맹목적으로 가르치죠.

우리 사회의 좌파는 다 우파 아닌가?

지:: 글 잘 쓰는 비결 같은 게 있나요? 독특한 스타일의 글쓰기인데요.

서:: 지옥 훈련을 했죠.(웃음) 2001년 정도에 개인 홈페이지를 만들었고, 그 후부터는 정말 이틀 이상 홈페이지를 비워놓은 적이 없습니다. 매일 뭐라도 썼죠. 하루에 6개를 쓰기도 하고, 2~3개를 쓰기도 하고, 그렇게 쓰니까 글이 늘더라고요. 참 인터넷이 신기한 것이 제가 홈페이지를 드림위즈에 만들었거든요. 그런데 글을 계속 쓰니까 방문객이 오더라고요. 아무도 저를 모르던 시절인데요. 그게 고마워서, 그분들을 의식하면서 더 열심히 글을 썼어요.

지:: 공지영 작가의 『의자놀이』 사건 때 공지영 작가에 대해서 호의적인 태도를 보이셨다가 알라딘 서재에서 논쟁이 벌어지기도 했던 것 같은데요.

'실망했다'는 표현도 들으셨던 것 같고요.

서:: 『의자놀이』가 자신의 명예를 위해서 쓴 것이 아니라 쌍용자동차 노조를 도우려고 쓴 거잖아요. 거기서 인용한 문장 중 하나에 각주 처리를 잘못한 게 문제였는데, 제가 보기에는 대단한 흠이 아니라고 생각했어요, 그렇게까지 욕을 먹을 일인지 모르겠어요. 욕을 하신 분들도 다 쌍용차 노조를 돕는 분들이라서 더 이해가 안 갔죠. 그분들에게 이렇게 질문을 해봅니다. 객관적으로 생각했을 때 정말 '공지영이 큰 잘못을 저질렀다고 생각하는가'라고요. 사실은 그들이 공지영을 원래 싫어하고 있었던 것 같아요. 진보 진영에서 공지영을 좋게 말하는 사람을 별로 본 적이 없거든요. 주로 하는 이야기가 '문장이 안 된다', 장정일이 어느 책에서 이렇게 공지영을 비판한 이후 진보 진영에서 공지영을 욕하는 단골 메뉴가 이거예요. 언젠가 쌍용차를 돕는 분들과 식사를 하다가 그분들마저 이런 말을 하기에 놀랐어요. 심지어 "공지영이 그 책을 쓰는 것이 우리한테 악영향을 끼친다"라는 이야기도 하더라고요.

지:: 그렇게까지 이야기하는 것은 오히려 그쪽에서 공지영 작가한테 상처를 준 거 아닌가 싶네요. 약간 푼수 같은 아줌마가 늘 사회에서 일하는 사람들을 도와주려고 하는 선한 마음이 있는 건데요. 그 사람을 그렇게 깎아내릴 필요가 있나 싶네요.

서:: 저도 이해가 안 가요. 예쁘고 돈 잘 버는 그런 작가, 거기다가 사상까지도 올바른 작가에 대한 질투가 아닌가 싶기도 하고, 김태희한테 연기 못한다고 욕하는 것과 비슷한 게 아닌가 하는 생각을 했고요. 그럴 거면 공지영한테 쓰라고 하지 말든가, 일단 쓰게 했으면 응원을 못 해줄망정 뒤에서 욕

을 하지 말든가 해야죠.

지:: 금속노조에서는 40억을 지원했다는 표현까지 하던데요. 인세를 기부한 것을 떠나서도 대중들에게 그 상황을 많이 알린 측면도 있지 않나 싶은데요.

서:: 『의자놀이』를 읽고 잘 썼다는 생각이 들던데요. 그런데 정의를 위해 남을 돕겠다는 분들이 왜 공지영에 대해서는 그런 잣대를 가지고 있나 하는 생각이 들었어요. 그래서 알라딘에다 공지영을 옹호하는 글을 썼어요. 그래서 저까지 욕을 많이 먹었죠.

지:: 그때 '마태우스 님을 좋아했는데, 실망했다' 이런 반응들이 있었죠.

서:: 저는 그런 말 크게 신경 안 써요. '좋아했는데' 라는 말은 실망했다는 것을 강조하기 위한 수사거든요. 김대중 대통령 깔 때도 '김대중 대통령 야당 시절에 좋았다' 고 이야기를 시작하잖아요. 제가 알라딘에서 제일 욕 먹었을 때는 노무현 대통령이 돌아가시고나서입니다. 국민들의 집단적인 노무현 추모 바람이 약간 의아해서 글을 썼는데요. 살아 있을 때는 지지도 안 하고 지지율도 밑바닥이었는데, 돌아가시니까 간디가 죽은 것처럼 추모를 하는 게 이해가 안 간다고요. 자살했다고 모든 것을 덮어서는 안 된다고 생각하고, 공과는 따져야 한다고 생각해서였어요. 그때 제가 "전두환도 자살하면 추모할 거냐?"라고 해서 저의 안티가 많이 생겼죠. 제가 열 받았던 것은 그거예요. 노무현을 저만큼 좋아했던 사람은 많지 않았을 건데요. 평소 욕만 하다가 죽고 나니까 갑자기 훌륭한 사람이었다고 하는 게 어리둥절하잖아요. 이런 심리가 있었어요. 노무현을 추모했던 사람들, 진보 진영

사람들이 노무현이 살아 있을 때는 제일 앞장서서 욕하던 사람들이었다는 말이죠. 그런데 노무현이 죽었다고 영웅시하는 게 의아하죠. 단지 죽었다고 평가가 극단적으로 달라질 수 있냐는 거거든요. 한 분은 저한테 이런 댓글을 달았어요. '노무현이 간디보다 못한 게 뭐냐고.'

지:: 간디는 인류 역사의 성인 중의 한 분인데, 인간적으로 더 정이 갈지는 몰라도.

서:: 사실은 전 국민이 까댔는데요. 갑자기 성인이 떠난 것처럼, 그런 식으로 추모하니까 좀 어이가 없었고, 그것에 대한 이야기를 한 건데.

지:: 노무현을 간 것이 아니라 노무현의 죽음을 둘러싼 반응에 대한 이야기를 하신 거잖아요.

서:: 그게 핵심이었어요. 살아 있을 때 잘하지, 그것이 제가 원래 하고 싶은 말이었어요. 사실 노무현이 대통령을 할 때 좀더 지지를 보내주었다면, 후임 대통령이 함부로 모욕을 주지 못했을 거라고요. 지지율도 낮고 정권도 빼앗긴, 실패한 대통령이 된 게 그런 비극을 초래한 원인이죠. 물론 본인 책임도 있지만, 우리가 노무현에게 너무 지나친 기대를 갖고 그를 몰아붙인 점도 있는 것 같아요. 진보인 사람들한테 좀 섭하더라고요.

지:: 본인의 이념 성향은 어느 정도라고 생각하십니까?

서:: 저는 우파죠. 우리 사회에서 좌파라고 하는 사람들이 대부분이 우파 아닌가요?

지∷ 지금의 한국적인 프레임 안에서는 친노, 종북 이런 이야기를 들을 수도 있는 포지션이잖습니까?

서∷ 물론 그렇죠. 참고로 저는 노사모 한 번 들었다가, 노무현이 대통령 되고 나서 노사모를 탈퇴했거든요. 그런데 그 노사모 전력 때문에 고생이 많았어요. 친구들끼리 재미있게 이야기하다가 1명이 이래요. "쟤 노사모야!" 이러면 애들이 밥 먹다가 숟가락 떨어뜨리고, "너 그런 애였어?" 라고 묻기도 하고, 분위기도 험악해지고, 그래서 제가 "야, 탈퇴했다" 라고 하는데도 "이 노빠야!" 이러면서 집단 갈굼을 당했거든요.

지∷ 그 정도였나요?

서∷ 제 친구들 다 보수잖아요.

지∷ 계급을 배신한 친구로 찍힌 거네요. 의사들을 씹어먹으려고 하는 좌파 정부를 지지할 수 있냐?(웃음)

서∷ 노무현이 당선되고 나서 노사모의 앞날에 대해서 사람들이 이야기를 했어요. 그때 노사모를 해체하자는 의견이 많이 있었는데요. 저도 해체를 해야 된다고 생각해서 글을 썼더니 "너 민노당이지?" 이런 댓글이 달리더라고요. 그래서 바로 탈퇴했죠. 제가 생각하기에는 그때 노사모가 해체되었으면 좋았을 거라고 생각을 했죠.

지∷ 글을 쓸 때는 자백도 좀 있어야 되고, 남이 비판하거나 이런 데 대해서 두려움이 없어야 되잖아요. 자기 검열 같은 것이 별로 없으신 것 같은데요.

서∷ 검찰에 잡혀가면 안 되니까 그럴 만한 소지가 있는지 자기 검열을 하는데, 그거 말고는 솔직하게 제 의견을 말하는 편이에요. 그러다 남들 비판이 옳다고 생각하면 일일이 댓글 달아서 사과를 하죠.

지∷ 그것도 용기가 있어야 할 수 있는 거잖아요.
서∷ 용기 있어서가 아니라 자존감이 별로 없어요.(웃음) 자신의 에고를 지키자는 것이 별로 없어요. 단지 '아, 그렇구나' 하고 느끼면 반성을 하죠. 스스로 무식하다는 것을 자각하고 있기 때문에, 헛소리한 게 진짜 미안한 거죠. 제가 황우석에 대해서 잘 몰랐을 때 "난자 좀 주면 어때" 이렇게 이야기했다가 작살이 났어요. 그때도 모든 댓글에 잘못했다, 잘못했다, 잘못했다고 1,000번도 넘게 썼던 기억이 나요.

지∷ 여러 가지 형태의 글쓰기를 하시는데요. 책도 쓰시고, 사회 비평, 논문, 서평, 각각의 글쓰기의 재미와 차이점은 어떤 건가요?
서∷ 저는 재미있는 글이 제일 좋아요. 재미있는 글을 쓸 때 가장 신나죠.

지∷ 사람을 웃기고 싶을 때 스스로 웃으면서 글을 쓰시고.
서∷ 글을 쓰면서 '이거 쓰면 사람들이 좋아하겠지'라고 생각하면 괜히 즐거워요.

지∷ 사람들이 그걸 보고 웃어주면 쾌감을 느끼고.(웃음)
서∷ 그럼요. 댓글 달렸나 안 달렸나 몇 번이나 확인하고 그러는데요. 저는 과학 글도 마찬가지고, 정치 글도 마찬가지인데, 일단 글을 재미있게 써야 한다고 생각하고요. 진지한 것 이런 것보다는 그런 쪽으로 접근을 해서.

지:: 논문 쓰기는 약간 다르지 않습니까?

서:: 논문은 지켜야 할 스타일이 있기 때문에 재미있게 쓰는 게 불가능하죠. 게다가 독자도 별로 없는데 재미있게 써서 뭐하겠어요? 아주 훌륭한 논문 말고, 대부분의 논문은 쓴 사람밖에 안 읽어요.(웃음)

지:: 서민에게 글쓰기란 뭘까요?

서:: 제가 유일하게 인정받는 분야고, 스스로도 잘할 수 있는 분야라고 생각하고요. 앞으로 평생 하고 싶은 것이 글쓰기입니다. 방송은 평생은 못 할 것 같고요. 글쓰기가 평생의 취미라고 생각합니다.

지:: 독서란?

서:: 독서는 제 선생님이죠. 끊임없이 저에게 자극을 주고 저를 이끌어주는 좋은 스승이죠.

9장

다른 길도 괜찮다

일베도 몰랐던 '서민 고향'

지:: 일베에 대해 어떻게 생각하세요? '기생충보다 못한 일베'라는 글을 쓰셨잖아요. 많이 안 털리셨나요?(웃음)

서:: 위험한 글이었죠.(웃음) 일베에게 한마디씩 하는 세상이어서 '나도 한번 동참해보자' 하는 사악한 마음에서 썼는데, 사회 분위기에 편승한 좋지 않은 글이었죠.(웃음)

지:: 실명으로 일베에 대해서 지적하신 분은 많지 않았거든요.

서:: 그랬나요? 괜히 썼다 싶네요.

지:: 일베의 반응은 어땠나요?

서:: 연관 검색어라는 것이 있잖아요. 그 글을 쓰고 나서 일베 사람들이 몇 마디 했어요. 이 새끼 뭐야, 이런 식으로. 제가 유명하지 않았기 때문에 넘어갔던 것 같아요. 그런데 신기한 거는 네이버 연관 검색어에 '서민 고향'이 떴어요.

지:: 전라도 아니냐는 거죠?(웃음)
서:: 그렇죠. 그런 것을 보고 이 사람들은 정말 단순, 무식한 사람들이구나 하고 생각을 했어요. 저는 아버지가 검사셨잖아요. 아버지가 발령을 여기저기 받았는데요. 저는 태어난 장소가 전라도 광주예요. 그렇기 때문에 고향을 보고 뜨끔했고요.

지:: 그것을 그렇게 몰아갔겠네요.
서:: 아니에요. 제 고향을 검색해보아도 잘 안 나오기 때문에, 찾다 포기한 것 같아요. 네이버에 인물 등재를 할 때 고향을 물어보기에 답을 안 해버렸어요. 어찌되었든 전라도 출신이라는 게 우리나라에서는 괜히 욕먹는 일이잖아요. 그래서 언제부터인가 고향을 안 밝히기 시작했거든요. 사실 저는 광주에서 산 날이 얼마 안 됩니다. 태어난 지 1년도 안 되어서 아버지가 속초로 발령이 나서 유년기를 속초에서 보냈고, 다섯 살 때쯤 서울로 올라왔거든요. 그래서 특별히 광주 사람이라는 생각을 안 했는데요. 언제부터인가 사람들이 전라도를 굉장히 욕하는 거예요. 홍어, 이래가면서요. 그런 것들을 보면서 '내가 전라도구나' 하고 자각을 하게 되었죠. 유시민 씨한테 누가 그랬대요. "너는 좋겠다. 경상도라서"라는 말을 했다는데, 정말 부럽죠. 조금만 늦게 태어나서 속초가 고향이면 얼마나 좋았을까, 그런 생각

이 들었어요. 안타깝죠. 저희 집에서도 그래요. "네가 무슨 전라도냐? 서울 사람 아니냐" 그러는데요. 그게 일종의 콤플렉스로 작용해요. 글을 쓸 때 고향 이야기 못 하고 이런 것도.

지:: 1년도 안 되어서 올라왔으면, 광주에 대한 기억이 전혀 없는 거잖아요.
서:: 제가 좌파적인 글을 쓰잖아요. 태어난 곳이 전라도라고 하면, 사실 노무현은 경상도 사람임에도 불구하고 2002년 대선 때 전라도와 연관을 시키고 그랬잖아요. 그런 것처럼, 전라도 사람이 좌파적인 글을 쓰는 것에 대해서 부담감을 느끼는 거죠. '쟤는 전라도라 그런다'라고 하면 할 말이 없는 거잖아요.

지:: 그 프레임이 잘 먹히는 것 같아요. 서울대 안 나온 사람이 학벌에 대해서 비판을 하면 서울대 안 나와서 그런다고 하는데, 그 이야기를 듣다 보면 자기 검열을 하게 되거든요. 상대를 위축시키는 효과가 있는 것 같습니다.
서:: 제가 1987년에 어떤 여자를 사귀었는데요. 사귄 지 좀 되었을 때인데, 언니가 나에 대해서 궁금한 게 있다고, 혹시 전라도 애 아니냐고 물어보라 했다고 해요. "어, 나 광준데"라고 했더니 "너 빨갱이잖아"라고 하더라고요. 대학교 3학년 정도였고요. 어려서 정신적으로 미숙하고 그랬을 때니까 그럴 수도 있지만, 그런 것을 보고 되게 충격을 받았죠. 전라도라는 것이 원죄라는 생각을 점점 하게 되었던 것 같아요. 일련의 이런 것들 때문에. 사실 광주민주화운동 때 저는 아무런 관심이 없었어요. 광주에서 무슨 일이 있었나, 정말 빨갱인가, 그랬는데 대학 가서 진실을 알고 나서 좀 달라지기는 했죠. 고등학교 야구 이런 것도 특별히 광주 쪽 고등학교를 응원한

적이 별로 없어요. 제가 전라도에 대해서 뼈저리게 느낀 것이 강준만 선생님의 『김대중 죽이기』였어요. 그 책은 누가 읽어보라고 줘서 읽다가 기절할 뻔했어요. '이렇구나, 이런 무서운 게 있구나' 하고. 『전라도 죽이기』는 손을 떨면서 읽었죠. 그러면서도 제가 '나, 전라도다' 이렇게 밝히고 싶지는 않았어요. 항상 숨어 살았던 것 같아요. 고향을 이야기할 때는 서울에서 태어났다고 뻥치고 다녔는데요. 대개 전라도 사람들이 많이 그러잖아요. 나는 우리나라에서 안 태어났다고 하는 사람들도 있고요.

지:: 슬픈 이야기 중 하나가 전라북도 사람이 '전라남도와 우린 다르다'고 하는 이야기죠.
서:: 그렇죠. 1987년 대선 때 친구랑 같이 시험공부를 했는데요. 라디오에서 대선 결과가 나오는데 이러더라고요. 아직까지 전라도 광주에서는 노태우 표가 한 표도 안 나왔다고. 친구가 충청도 앤데, "나는 전라도 애들 저런 점이 무섭다. 너무 하지 않냐?" 라고 하는데, 광주의 기억이 있는 사람들이 어떻게 노태우를 찍겠어요. 뉴스를 그런 식으로 몰아가는 것 자체가, 참 웃기는 건데요. 1987년이면 민주화 운동이 절정일 때인데도 불구하고 그렇게 말을 했죠. 그런데 그때는 저도 부끄러웠어요.

지:: 일베에는 어떻게 대응해야 될까요?
서:: 일베 스스로는 표현의 자유라고 이야기하는데요. 광주민주화운동을 가지고 폭도라고 하는 그런 경우에는 좀.

지:: 희생자들에게 '홍어 택배'라고 하는 것은 반인륜적인 거죠.

서:: 이런 것에 대해서는 대응을 좀 할 필요가 있다고 생각합니다. 아무리 표현의 자유라고 해도 나치가 정당화되지는 않잖아요. 정당화될 수 있는 한계를 넘어섰다고 생각하고요. 20여 년 전만 해도 저는 이렇게 생각했어요. 지금 나이 든 세대가 물러나면 지역감정도 없어지지 않을까 했는데요. 오히려 더 심해지는 것 같고요. 옛날에 감히 하지 못했던 말도 서슴지 않고 하면서 다른 사람들을 매도하잖아요. 그런 것을 보면 마음이 착잡해요.

지:: 실제로 전쟁을 겪으신 분들은 보수적이기는 해도 '전쟁은 절대 안 돼'라고 하거든요. 전쟁을 안 겪은 보수들이 '전쟁하자'고 하는 거죠.

서:: 그렇죠. 군대도 안 가고.(웃음)

지:: 지역감정도 그것하고 비슷한 게 아닐까 싶어요. 요즘 사람들의 지역감정이 더 무서울 수 있다는 게.

서:: 일베 애들의 문제점은 이것을 놀이라고 생각해요. 다른 사람을 공격하고, 발끈하는 것을 보면서 즐거워하잖아요. 고소해서 벌금 50만 원 판결이 나오면 봐달라고 빌고 이런 애들인데, 익명일 때만 강하게 나와요. 이런 것은 건별로 철저히 대응해야 할 것 같아요. 제가 고소를 당해봐서 아는데, 우리나라 법은 웬만하면 명예훼손이 되게끔 되어 있어요. 고소해서 유죄 판결을 받게 하는 게 어렵지 않다는 이야기예요. 50만 원, 100만 원 나오는 것은 일도 아니더라고요. 그때서야 무릎 꿇고 빌죠. 옛날에 임수경 씨 아들 죽었을 때도 정말 한심하더라고요. '빨갱이 잘 죽었다'고 욕하던 그 패기

는 어디 가고, 50만 원 벌금 때리니까 울면서 봐달라고 선처를 호소하는 사람들을 보면서 약하고 한심한 애들이 이런 댓글을 다는구나 싶었어요. 그 중에 대학교수도 있었는데, 대학교수도 봐달라고 하더라고요.

지:: 한국에서는 모욕죄나 명예훼손죄를 자의적으로 해석할 수 있는 요소가 많기 때문에 전반적인 표현의 자유가 위축될 수도 있다는 의견이 있는데요.
서:: 저도 그걸 직접 경험하고 나서 좀 놀랐어요. 이런 식이면 남한테 아무 말도 못 하겠구나 싶었습니다. 그렇기는 해도 표현의 자유라는 것에도 한계가 있다는 것을 알아야 된다고 생각하고요. 해당 단체나 이런 데서 고소를 끊임없이 해야 됩니다.

아내에게 돈 보낼 때 제일 행복하다

지:: 〈컬투의 베란다쇼〉도 좋아하는 분은 좋아하지만, 교수가 품위가 없다고 하는 분도 계시지 않나요? 재현하는 연기를 하고, 약간 우스꽝스럽게 망가지는 방송도 하시는데요.
서:: 요즘 같은 시대에 품위 운운하는 사람은 별로 없는 것 같아요. 기생충을 알린다기보다는 애들한테 과학자의 꿈을 심어주고 싶은 거죠. 제가 외부 강의를 시작한 것이 거의 2008년부터거든요. 그때 광명에 있는 한 중학교에서 강연을 했는데, 애들이 굉장히 열광했어요. 그때는 제가 강의 실력이 형편없을 때인데, 애들이 기생충을 좋아하는 것을 보고 애네한테 뭔가 꿈을 심어주고 싶다 하는 생각을 했죠. 정작 우리 학교 학생들은 제가 강의

하면 자고 그러는데, 초롱초롱한 눈빛으로 강의를 들어주는 것을 보고 짜릿했죠. 그때부터 점점 외부 강의를 늘렸던 것 같습니다.

지:: 원래 중학생들을 집중시키는 게 엄청나게 어렵잖아요.
서:: 그러게요.

지:: 애들이 좋아하는 것을 보면서 많은 생각을 하신 거네요.
서:: 애들이 기생충을 좋아하는 것 같아요. 샘플을 가져가서 보여주었더니 되게 좋아하더라고요. 그래서 기생충을 이용해서 과학에 대한 호기심을 갖게 해주면 좋겠다 생각했어요.

지:: 평소에 못 보던 거라.
서:: 10대 초중반까지는 애들이 기생충에 대한 편견이 없는데요. 대학생쯤 되면 이미 기생충을 징그러워해요. 애들이 자라면서 어른들에 의해서 편견이 고착화되는 것이 아닌가 싶었습니다. 저는 어쨌든 기생충에 대한 편견이 있는 나라에서는 과학 발전이 없다고 생각하기 때문에, 그걸 고쳐보겠다는 생각이 들었어요.

지:: 없어져야 될 대표적인 편견이 어떤 게 있나요?
서:: 기생충이 해를 많이 준다는 것이 제일 큰 편견이고요. 두 번째로 기생충은 징그럽다, 이것도 약간 편견이 있는 거고요. 하나하나 보면 귀여운 구석도 있는데요. 물론 징그러운 것도 있죠. 저도 회충은 징그럽다고 생각하지만 안 그런 것도 많은데, 기생충은 다 징그럽다고 생각하잖아요. 마지막

으로 기생충에 대해 사람들이 갖고 있는 공포감이 제일 큰 편견인 거죠.

지:: 방송 출연하고 나서 달라진 게 있나요?

서:: 기생충에 대한 편견이 크게 나아졌다고 생각하지는 않은데요. 방송 나
가고 좋아진 것이 그거예요. 강의할 기회가 많이 생겼고, 더 많은 사람들에
게 강의를 할 수 있어서 강의를 들은 사람들은 기생충에 대해서 새로운 인
식을 하게 된 거죠. 제가 『서민의 기생충 열전』이라는 책을 썼잖아요. 그
책을 읽은 사람 중에서도 그런 사람이 있었어요. 기생충에 대해서 다시 생
각하게 되었다, 이러면 보람이 있는 거죠.

지:: 방송을 통해서 인지도를 높여서 그런 활동을 많이 하게 된 것이 도움
이 되었다는 거네요.

서:: 그럼요. 적당한 때 방송을 때려치우고 강의만 하자는 생각을 하죠.

지:: 방송으로 스타가 된 과학자도 많이 있잖아요. 조경철 박사님, 윤무부
박사님도 있고요.

서:: 그분들은 방송이 아니더라도 원래 그 분야의 최고 전문가셨기 때문에
스타가 될 수 있는 분들이었는데요. 저는 기생충에서 제가 태두다, 이런 것
은 아니거든요. 저야말로 방송에 힘입어서 기생충의 최고 전문가가 아닌
데 전문가 행세를 하고 있는 거죠. 방송이 만들어낸 허상 중에 하나죠.

지:: 그런 부분을 지적하는 분도 계신가요? 네가 정말 최고의 전문가도 아
닌데, 방송에 나가서 그러냐고.

서:: 그렇게 생각하는 사람이 분명히 계시겠지만, 직접 말하지는 않죠. 제 입으로 최고 전문가라고 이야기하지 않으니까요. 제가 대인 관계가 좋잖아요.(웃음) 학회 사람들 중에서는 기생충을 알리는 역할을 한다고 해서 좋아해주시는 분도 많고요.

지:: 출연료도 많이 주잖아요.

서:: 그렇죠. 아내한테 월급만 가져다주는 것이 미안했는데 갑자기 좋은 남편이 된 것 같아서 좋아요. 저는 아내한테 돈 보낼 때가 제일 행복하거든요.

지:: 얼마 정도 주나요?

서:: 〈컬투의 베란다쇼〉요? 한 번에 40만 원씩 주니까 이론적으로는 한 달에 800만 원도 가능하지만, 빠지는 경우도 많고요. 평균적으로 500만 원 정도도 되는 것 같아요. 안될 때도 있지만.

지:: 닷새 분량을 하루에 촬영하는 거죠.

서:: 네.

지:: 일당 치고는 괜찮네요.(웃음)

서:: 그 프로가 25분짜리 프로 아닙니까? 그런 프로에서 그 정도 준다는 게 감사한 일이죠. 제가 〈황금알〉을 찍어보았는데, 토요일 6시간을 찍더라고요. 그게 2회분으로 나가요. 그렇게 해서 주는 돈이 60만 원인데, 그거에 비하면 훌륭하죠.

지:: 녹화 시간은 얼마나 걸리나요?

서:: 6시간 정도. 그래도 오후니까, 아침에 일을 보고 갈 수 있다는 것이 좋은 점이죠. 그렇게 시작하게 된 것이 저한테 행운이라고 생각해요. 정찬우 씨의 말로는 김태균 씨가 저를 추천했다고 하는데요. KBS에서 하던 〈지식 콘서트〉라고, 하다가 엎어진 프로그램이 있습니다. 그 프로 때 저를 좋게 보았나 봐요. 고맙죠, 그런데 제가 고맙다는 말을 한 적이 없네요. 어쨌든 저보다 뛰어난 능력을 가졌고, 말 잘하는 분도 많을 텐데, 그런 분들을 제치고 제가 방송에 나간다는 것이 믿기지 않는 행운이죠.

지:: 방송이 만만한 게 아니잖아요.

서:: 그럼요. 제가 별로 내공이 없어서 어려움이 많았죠.

지:: 자기 전공 분야도 있고, 독서량도 있고 하시니까.

서:: 그거랑 방송은 또 다른 것 같아요. 한심할 때가 많죠. 왜 저렇게 밖에 이야기를 못 할까? 간혹 그만두는 게 답이다, 이런 생각을 하기도 합니다. 방송 나갈 기회를 잡은 게 정말 감사할 일이지만, 능력 없는 사람이 들어와서 피해를 주는 것 같아서요.

"할부가 12월에 끝나니까 그때까지는 제발 방송하라"

지:: 하기 싫을 때가 언제인가요?

서:: 제가 있을 자리가 아니라는 생각이 들 때가 있어요. 한마디도 끼어들지 못할 때 무력감을 느끼죠. 그렇게 울적해할 때마다, 그만두고 싶을 때마

다 집사람이 저한테 용기를 주었어요. 이것저것 사재기를 했는데 할부가 12월에 끝나니까 그때까지는 제발 하라는 이야기를 해서 저에게 격려를 해 주었죠.(웃음)

지:: 격려가 아니고, 협박 아닌가요?(웃음)
서:: 격려죠.(웃음)

지:: 방송 출연으로 어떤 것에 소홀해지나요?
서:: 공부를 좀 소홀히 할 수 있다는 그런 지적에 대해서는 받아들일 수 있죠. 그런데 워낙 제가 연구에 물이 올라 있는 상태기 때문에. 우리 학교로 따지자면 논문 점수 상위권에 들 수 있을 것 같아요. 그걸 어떻게 알았냐 하면 점수가 높은 사람은 강의를 약간 면제해주는데요. 계속 면제를 받는 것으로 봐서는 연구 업적이 괜찮은 것 같아요. 제일 소홀해진 것이 가정이 죠. 제 집사람과 많은 시간을 보내지 못하는 것이 제일 안타까운 점이고요. 집사람이 하루하루 늙어가는데, 미모가 영원하지는 않잖아요. 예쁠 때 데리고 나가서 남에게 자랑도 해야 하고요.(웃음) 강아지도 하루하루 커가는데, 저만 오면 놀아달라고 하는데, 뿌리치고 일을 해야 될 때 마음이 아프죠. 방송에서는 사실 제가 있으나마나 하는 존재일 때가 많은데요. 집에서는 제가 절대적으로 필요한 사람이거든요. 그 역할을 못 하니까 괴리감이 있죠. 마음이 편하지는 않아요. 오늘도 아침에 나올 때 개 세 마리가 슬픈 눈으로 바라보는 것을 뒤로한 채 나왔거든요. 집사람이 개들한테 의료적인 부분이나 먹을 것 등은 제공할 수 있지만, 놀아주는 것을 못해요. 그거는 저만이 할 수 있는 거거든요. 제가 애들 눈높이에 맞추어서 잘 놀아요.

사람 아이랑도 잘 놀아서, 엄마 친구분들이 "쟤는 좋은 아빠가 될 자질이 있다"고 이야기하는데요. 사람 아이는 한 번은 놀아줄 수 있는데, 매일은 못 놀아. 재미없잖아요. 그런데 개하고 놀면 너무 재미있어요. 저도 재미있으니까 하는 거죠.(웃음)

지:: 방송 자체가 즐거웠을 때는 언제인가요?
서:: 한 달쯤 지났을 때 제가 한 번 방송을 잘한 적이 있어요. 기분 좋더라고요. 다시보기로 찾아서 보고 뿌듯해하고 그랬죠. 재연할 때 가끔 연기가 잘될 때가 있거든요. 그럴 때 보면 뿌듯하죠. 바보 연기 이런 것을 잘해요. 제가 망가진다기보다 실제로 약간 그런 면이 있기 때문에 잘하는 것 같아요. 그런 게 보람이죠.

지:: 사람들은 그런 것을 재미있어 하는 것 같아요. 의대 교수님이 나와서 망가지는 모습을 보여주고 하니까.
서:: 그렇죠. 그런 것도 있고요. 방송의 보람 중 하나가 어머니가 저를 매일 본다는 건데요. 엄마가 즐거워하거든요. 그래서 효도하는 것 같은 생각도 들고요.

지:: 방송 맛들이면 '왜 연락 안 오나?' 이렇게 된다고 하던데요. 전문적으로(?) 활동하실 생각은 없으신가요?(웃음)
서:: 사실 〈컬투의 베란다쇼〉할 때는 하나만 해도 벅찼기 때문에 다른 프로는 별로 생각하고 싶지 않았고, 만일 〈컬투의 베란다쇼〉에서 잘린다면 어떻게 할 것인가에 대해서는 생각을 해보는데요. 안 하지 않을까 하는 마음

이 더 큰데 어려운 것이 그거예요. 종편에서 가끔 연락이 오거든요. 처음에 〈황금알〉 나갈 때는 MBN인지 모르고 나갔는데 알고 보니 종편이더라고요. 제가 예전에 '종편은 보지도 말자'라고 썼는데 제가 나온 걸 보고 누가 글을 썼더라고요. 왜 나갔느냐고. 부끄러웠죠. 그다음부터는 어떻게, 어떻게 거절하는데요. 채널A나 TV조선에서 연락 오는 것이 곤혹스러워요. 제가 듣보잡이고 이럴 때는 '나 조선일보 싫어요' 그럴 수 있는데 명성을 좀 얻으니까 어려운 거예요. 저에 대해서 털면 먼지가 안 나겠어요. 이것저것 털면 나오겠죠.(웃음) 그걸 거절하는 게 어려워요. 지금은 좀 바쁘다, 어렵다고 말하고 거절하는데 되게 궁색하죠.

지∷ 채널A나 JTBC에는 진보 진영 사람들도 많이 나가던데요.
서∷ 그거야 뭐, 그분들 생각이니까요. 저는 종편 자체를 저주하는 말을 많이 했기 때문에 나가는 게 마음에 걸리죠. 저는 그래도 대학에서 녹을 먹고 있고 먹고사는 데 지장이 없는 사람이라, 방송 활동을 생계로 삼고 있는 그런 분들이 종편에 나오는 것과는 좀 다른 것 같아요. 그런 분들은 얼마든지 나와도 된다고 생각하는데요. 원망스러울 때는 어떨 때냐 하면 제가 채널A의 모 프로를 거절하니까 이러더라고요. '아니, 정봉주 씨도 나오는데, 당신이 뭔데', 이런 식으로 말하면 할 말이 없잖아요. 그럴 때는 '정봉주 씨는 왜 그런 데 나가서' 하는 생각이 들어요.(웃음)

지∷ 〈컬투의 베란다쇼〉에 출연한 것이 인생에서 어떤 의미를 가진다고 생각하세요?
서∷ 공교롭게도 비슷한 시기에 〈아침마당〉에 먼저 나가고, 〈컬투의 베란다쇼〉에 나갔는데요. 〈컬투의 베란다쇼〉는 저한테 고마운 프로죠. 저 같이 경력도 일천한 사람을 고정으로 쓰는 파격적인 프로인데, 도박으로 연예인들 구속되고 그랬을 때 이런 말을 한 적이 있어요. "진짜 도박은 우리 메인 PD가 한 건데, 그것에 비하면 저 연예인들이 한 거는 약과야"라고요.(웃음) 제가 PD라면 저 같은 사람을 안 썼을 거예요. 저는 방송이 적성에 안 맞고, 그렇게 잘하지 못한다고 생각해요. 처음에는 의아했어요. 한 달이 가고, 두 달이 가도, 여전히 자르지 않아서 3개월째 되었을 때는 나에게 내가 모르는 뭔가가 있지 않을까라고 생각해서 그게 뭔가를 탐구하고 물어본 적이 있었습니다. 말을 안 해도 존재감이 있다고 말을 하는 사람들도 있었는데요, 그거는 소수 의견이고요. '네가 교수라서 그런 게 아닐까'라는 말이 더 많았어요. 저도 동의하죠. 제가 방송에서 잘나간다고 하더라도 교수를 그만두면 바로 망하는 거죠. 정찬우 씨가 비슷한 이야기를 했는데요. 제가 권위의식이 없기 때문에 마음대로 깔 수 있는, 그런 것을 할 수 있는 교수기 때문에 편하다고 해요. 제가 어린 시절부터 자기 비하 이런 것에 일가견이 있었잖아요. 그런 것이 빛을 발한 것이 아닌가 싶어요. 남한테 까이고 비난을 들어도 아무렇지도 않고, 제가 더 즐거워하는 경지에 이르렀기 때문에.

잘 못해도 재미있으니까 한다

지∷ 그전에도 CBS 〈김어준의 저공비행〉에도 나가셨고, 방송에 간간이 출연하셨잖아요.

서:: 〈김어준의 저공비행〉에서는 라디오를 좀 해본 거고요. 1996년에 〈아침을 달린다〉 리포터 했고, 별밤을 한 달 동안 하다가 잘렸어요. 이적 씨가 방송을 할 때 제가 '왼손잡이 클럽'이라는 고정 코너를 맡았는데요. 적성에 안 맞는 것을 알고 쓸쓸히 퇴장했고요. 많이 잘렸죠. 워낙 많이 잘려서 잘린다고 해도 별로 놀라지 않아요.

지:: 지금은 방송이 늘었다고 생각하세요?
서:: 방송은 여전히 적성에 안 맞는다고 생각하기 때문에 적성에 안 맞는 사람은 아무리 오래 해도 늘지 않는구나 하는 것을 느껴요. 테니스도 소질이 없으면 레슨을 10년 받아도 똑같잖아요. 저는 여전히 방송을 잘 못하죠. 그 못하는 것을 가지고 시청자가 신선함을 느낄 수 있지만, 과연 얼마나 오래 갈 것인가, 그래서 저는 제 수명을 그렇게 길게 보지 않습니다. 항상 미래를 준비하고 있죠(실제로 〈컬투의 베란다쇼〉는 2014년 2월에 폐지되었고, 마지막 방송에서 서럽게 운 사람은 서민뿐이었다).

지:: 청소년에게 과학 강연을 하고 싶은데 인지도가 낮아서 제안이 안 들어온다는 것이 방송 출연 이유 중 하나였는데, 소기의 목적을 달성하셨네요.
서:: 저는 달성했다고 생각합니다. 어릴 때 상처를 하도 많이 받아서 상처를 좀 안 받으려고 스스로 방어막을 치는 것이 뭐냐 하면 항상 최악을 생각하고, 이렇게 될 것이라고 생각하는 것이 있어요. 〈컬투의 베란다쇼〉에 대해서도 '나는 이달 끝나면 잘릴 거야', 하고 스스로 세뇌를 시켜요. 그게 8~9개월 되었는데요. 지금은 이렇게 말하죠. '그 정도 했으면 더 잃을 것이 없어'라고 설득을 하기 때문에 당장 내일 잘린다고 해도 '그래요? 그러면

말죠' 이렇게 할 수 있어요. 전혀 서운하지 않은 것은 아니겠지만요. 저는 방송이 안 되면 책이라는 좋은 매체가 있기 때문에 책을 쓰면 되지 않을까 싶어요.

지∷ 지난번에 고깃집 갔을 때도 손님들이 알아보던데요.

서∷ 그랬나요? 그런 일이 드문 게 아니기 때문에 일일이 기억한다는 것이 좀 어렵죠.(웃음) 택시 기사분들이 의외로 많이 알아보세요. 전 그분들 텔레비전 안 보시는 줄 알았거든요. 더구나 저는 택시 뒷자리에 타는데 의외로 알아보시더라고요. 어떤 여자 기사분은 저를 보더니 "저희 택시 또 타셨네요"라고 해서 깜짝 놀랐어요. 저는 첫 번째 탄 것도 기억이 안 나는데. 알아보는 게 약간 우쭐하게 되는 것도 있지만, 저는 엄청난 자기 비하를 통해서 연예인병에 걸리지 않도록 스스로를 단련시켰기 때문에.(웃음) 제가 『네이처』에 났다고 하면 '네이처 띠'를 이마에 두르고 걸어다니고, 모자나 옷 같은 것도 『네이처』로 만들고 해서 그렇게 다닐 마음이 있어요. 하지만 지금 제 인지도가 단순히 텔레비전에 출연해서 얻어진 거라 별로 우쭐해할 일이 아니라고 생각하거든요. 한편으로는 제게 이런 면도 있어요. 천안의 한 밥집에서 절 보더니 사인을 요구하더라고요. 걸어놓겠다고 하더니 다음에 갔는데 안 걸어놓았더라고요. 그 집을 다시 안 가죠. 제가 이런 냉혹한 면도 있어요.(웃음) 사인해주었던 집도 다 기억하고 있으니까 지금이라도 걸어주시기 바랍니다.

지∷ 예전에 MBC〈라디오스타〉에서도 출연 제의가 온 걸로 아는데, 왜 거절하셨나요?

서:: 제가 아직 그럴 급이 아니라는 것 때문에 거절했는데요. 제가 봉만대 감독 편을 보고 나서 안 나가길 잘했다 싶어요. 제가 아직 그럴 급이 아니고, 김구라 씨나 이런 분들의 말빨을 어떻게 제가 당하겠어요. 저는 그렇게 시청률 높은 프로가 좀 무서워요. 사실 제가 제일 편한 것은 시청률 0.5퍼센트 정도의 케이블이죠.

지:: 〈라디오스타〉 같은 데 나가면 길거리에서도 웬만하면 알아보고, 계속 재방송 나오고.
서:: 출연자 중에서 가장 재미있는 1명만 뜨니까, 제가 나간다고 해서 그럴 일은 없을 것 같기는 합니다. 조세호 씨 있잖아요. 그분도 겁나게 웃기더라고요.

지:: 녹화하면서 가장 만족스러웠던 주제는 어떤 건가요?
서:: 제작진이 저한테 가장 높이 평가하는 것이 성교육이었어요. 제가 평소에 갈고 닦았던 콘돔 이야기를 원 없이 했죠. 그랬더니 감동하더라고요. 그때가 제가 유일하게 빛나는 순간이었고요. 그다음부터는 뭐.

지:: 밖에서 보던 연예인과 가까이서 보는 연예인이 좀 다르던가요?
서:: 가까이서 보니까 연예인들의 예능감은 '넘사벽'이라는 것을 느꼈고요. 제가 이 바닥에서는 좀 웃기는 편인데, 컬투 두 분과 같이 있으면 스스로가 먼지처럼 느껴져요. 특히 정찬우 씨가 존경스러운 점은, 후배들을 잘 챙기더라고요. 우리는 누가 잘되면 혼자 잘되고 마는데, 연예계에서는 잘된 사람이 후배들을 챙겨주는 일이 종종 있더라고요. 돌아가신 이주일 선

생님도 그랬다고 하고요. 정찬우 씨가 특히 그렇더라고요. 좋은 말을 많이 해주는데, 듣다 보니까 저도 고개를 끄덕이게 되더라고요. '네 나이 때는 어떻게, 어떻게 해야 된다. 나도 서른다섯에 떴다' 이런 이야기들. 저도 이제 연예인이니, 그런 말에 귀를 기울이게 됩디다. 말뿐이 아니라 경제적으로도 많은 도움을 주는 것 같더라고요.

지:: 아무래도 무명 시절도 겪고, 고생을 많이 한 사람들이라.

서:: 맞아요. 정찬우 씨가 낸 『기꺼이 파란만장하시라』라는 책을 보면요. 정찬우 씨가 이것저것 안 해본 일이 없더라고요. 저처럼 곱게 자란 사람은 상상도 못 하는 경험을 했는데, 그래서 정찬우 씨가 좋은 멘토가 될 자격이 있는 것 같아요. 방송할 때 인생 상담도 능란하게 잘하는 것을 보면서 '아, 이 사람이 그런 능력이 있구나'라고 넘어갔는데, 그분 책을 읽어보니까 어떻게 그리도 조언을 잘하는지 알겠더라고요. 뭔가를 배우는 데 경험만큼 좋은 거는 없는 것 같아요.

지:: 녹화하면서 재미있는 에피소드가 있다면 어떤 게 있나요?

서:: 〈아침마당〉에서도 저한테 기대하는 어떤 발언이 있잖아요. 그게 이런 거예요. 야구 해설위원 이병훈 씨가 부인이 아직도 자기를 보면 가슴이 뛴대요. 그래서 제가 이렇게 말했어요. "아무 이유 없이 심장이 이상하게 뛰는 것은 부정맥이다, 그래서 진단을 받아야 된다"라고 이야기했던 것이 빵 터졌고요. 그 정도입니다. 〈아침마당〉에서는 남자들이 아내 흉보는 이야기를 많이 하잖아요. 저는 특이하게도 아내를 너무 사랑하는 콘셉트로 나와서 신선하고 그랬는데요. 어느 날 팝핀현준이라는 분이 나왔는데 그분

이 제 콘셉트인 거예요. 아내를 사랑하고 이런 콘셉트. 그때 당황했어요. 콘셉트가 겹치니까 제가 힘을 못 쓰겠더라고요. 축구 해설하는 한준희 씨도 부부끼리 사이가 좋고, 애교도 많은 콘셉트였는데요. 그때도 약간 어려웠죠. 제가 하는 것이 블루오션이라고 생각했는데, 제 영역을 넘보는 사람들이 많구나 하는 생각을 했어요.(웃음) 방송에서 살아남으려면 기본에 플러스 뭔가가 있어야 된다는 생각을 했습니다.

지:: 리액션도 중요하잖아요.

서:: 그렇죠. 프로와 아마의 차이점이 이거예요. 미래 식량에 대해서 이야기했는데, 우리가 소 같은 동물을 계속 먹을 수가 없대요. 소가 풀을 많이 뜯어 먹잖아요. 지구를 사막으로 만드는 주범이잖아요. 그래서 2030년이 지나면 소를 못 먹는대요. 그때부터 뭘 먹어야 하나 하면 곤충을 먹어야 한대요. 그래서 굼벵이를 생선 초밥처럼 만들고, 피자에 매미 넣고 바퀴벌레 넣고 해서 피자를 구웠어요. 저나 박지훈 변호사는 그걸 못 먹었죠. 그런데 정찬우 씨나 김정란 씨, 사유리 씨는 그걸 먹더라고요. 이것이 바로 방송이 생계인 사람과 일반인의 차이점이구나 하는 생각이 들었어요. 그분들의 프로 의식, 먹다 보면 중간에서 알이 터져요. 그 끔찍한 느낌. 정찬우 씨 말로는 먹다 보면 매미에서 똥 냄새가 난데요. 그런 것을 참아내는 것을 보면서 저는 돌아갈 자리가 있다는 것이 좋았어요. 그런 것을 안 먹어도 되니까.

지:: 연예인들 예능 프로 나가면 수시로 번지점프도 해야 되고, 군대도 다시 가야 되잖아요.(웃음)

서:: 이홍렬 씨는 부인이 울었다고 하잖아요. 번지점프하고 그러니까. 당신

이 그렇게까지 해야 되냐고. 저는 그렇게까지 안 해도 되니까. 사실 망가지는 것 정도야 얼마든지 할 수 있잖아요. 제가 좋아하는 분야기도 하고요.

방송 출연과 사회 비평

지:: 방송 출연으로 인해 사회 비평 글이 이젠 부담스럽지 않나요?

서:: 약간 내면의 갈등이 좀 있었죠. 마음을 정리한 것이 뭐냐 하면요. 제가 방송을 평생 할 사람은 아니니까요. 평소에는 정치 이야기를 잘 안 하잖아요. 컴퓨터 앞에서만 좌파가 되는 사람인데요. 글 쓰고 반응 보는 것이 되게 좋아요. 그래도 나름대로 제 글에 대한 지지자가 있고, 그분들이 제 글에 댓글을 달아주시는 것이 좋아요. 글 쓸 때가 방송할 때보다 행복하고요. 그렇기 때문에 글을 쓰다가 방송을 잘릴 수는 있지만, 방송 때문에 글을 못 쓰는 것은 좀 아닌 것 같더라고요. 그런 것은 있죠. 남한테 고소당하거나 이런 것은 하지 말자고 해서 조심을 하죠. 집사람이 가장 걱정하는 것이 그거니까요. 제가 잡혀가서 구속이 되거나 이러면 우리 강아지들은 어떻게 할 것이며, 설거지는 누가 할 것이며, 이런 생각이 들 테니까요. 개를 잘 기르려면 일탈하지 말고 착하게 살아야 되고, 착하게라는 것은 너무 센 글을 써서 정권의 노여움을 사지는 말자, 그런 것 정도죠.(웃음) 제가 트위터를 안 하는 이유도 말씀드렸잖아요. 트위터는 짧은 글이기 때문에 훨씬 더 자극적인 글을 쓸 수밖에 없어요. 그렇기 때문에 인용될 때도 오해의 소지가 많고요.

지:: SNS 댓글을 대통령께서 외울 정도로 보고 있다고 이야기했으니까

요. (웃음)

서:: 명승권 선생 이야기 했나요. 밥 먹을 때 내내 트위터를 하더라고요. 트위터를 하게 되면 눈앞에서 당장 느끼는 것을 쓰게 되잖아요. 시시때때로 멘션을 날려야 하고요. 저는 노트에 끄적여두고 나중에 집에 가서 쓰거든요. 트위터는 즉흥적으로 쓰기 때문에 실수를 하고, 오류가 날 수가 있어요. 그래서 공격당할 수도 있고요.

지:: 오류가 된 내용을 리트윗했다가 문제가 되는 경우가 있죠.

서:: 즉흥적으로 쓰게 되는 위험성이 있는 거고요. 저는 찾아보고 검증을 하고 쓰니까요.

지:: 정치적 편향을 들어서 저런 사람이 왜 텔레비전에 나오느냐고 하는 댓글을 쓰는 사람도 있잖아요.

서:: 그런 사람도 있었죠. 서민 씨 같은 사람이 출연하면 지만원 씨도 나와야 되는 거 아니냐고 하는 댓글이 〈아침마당〉 시청자 게시판에 올라온 적이 있어요. 기분 좋더라고요. 제가 지만원 씨 급은 아닌데. 그보다 아래 급 정도가 적당하죠. 일베 중에 아무나가 저한테 적당하다는 글을 썼죠. (웃음) 지만원은 거의 극우의 레전드 아닌가요? 요새 활동을 안 하시기는 하는데요. 그게 레전드죠. 활약하다가 사라진 사람을 뜻하는 거니까. 그런 면에서 조갑제 씨는 아직도 현역이죠.

지:: 정말 레전드오브레전드인데, 아직도 활동을 하시니까요.

서:: 그렇죠. 지금 같이 사회 여론이 이쪽으로 가고 있는 와중에서도 자기

목소리를 내잖아요. 적이지만 멋있는 것 같아요.(웃음)

지:: 비장한 구석도 있고, 확신범이잖아요.
서:: 일관성도 있고.

시국 선언은 좀 무섭다

지:: 한국 사회의 여러 현안이 많지 않습니까? 이를테면 정치, 사회, 문화,
남북 문제 등. 이 중에서 관심을 가지고, 가장 중요하게 생각하는 문제는
어떤 건가요?
서:: 제 관심은 복지죠. 특히 저는 의료 복지에 당연히 관심이 많은데요. 박
근혜가 공약을 여럿 뒤집었음에도 불구하고, 계속 박근혜를 지지하는 것을
보면 신기하죠.

지:: 여러 가지 의료 관련된 복지 공약을 뒤집었죠.
서:: 최소한 자기 보장률, 건강보험의 의료보장률 같은 것들을 70퍼센트대
로 올린다든가 이런 가시적인 것이 있으면 좋겠는데, 지금 대통령 가지고
는 어림도 없죠. 지난번 세금 해프닝 같은 것도 웃기잖아요. 세금을 더 걷
자고 했는데, 여론이 안 좋으니까 자기가 나서서 없던 일로 하자는 것도 어
이가 없죠. 어차피 대통령이 되었고, 지지율이 떨어지더라도 증세 같은 것
은 당연히 추진해야 되는 그런 건데요. 조금 여론이 안 좋다고. 세상에 세
금 더 걷자는데 좋아할 국민이 어디 있어요. 할 것은 해야 하는데, 무슨 공
주가 그래요. 재선 노리는 것도 아니고, 그렇게 인기에 영합할 필요가 있나

싫어서 좀 갑갑하죠.

지:: 박근혜 대통령의 지지율이 50퍼센트 이하로 떨어졌는데요.

서:: 그것도 역대 대통령에 비하면 높은 수준 아닌가요? 불가사의예요. 어이가 없는 일이죠. 누가 그렇게 지지를 하나 이해를 할 수 없어요. 대통령의 지지도가 취임 때는 높다가 얼마 안 가서 반 토막이 나고는 하잖아요. 노무현 때도 임기 1년 때 지지율이 훨씬 더 아래였던 것 같은데요. 박근혜는 왜 이렇게 지지율이 높을까 하는 의문이 들어요. 그렇게 광적으로 지지하는 세력이 있다는 것이 박근혜의 축복이죠. 그 지지를 발판으로, 이 이야기는 뭐냐 하면 박근혜는 무슨 일을 하든지 지지율이 48퍼센트 정도를 유지할 것이라는 생각이 들거든. 지지율 1~2퍼센트 당락에 연연하지 말고, 자기가 꼭 필요한 거라고 생각하면 밀고나갔으면 좋겠어요. 하다가 간보고 나서 아니라고 하지 말고. 중임제도 아닌 이 나라에서 왜 그렇게 신경을 쓰는지 모르겠어요.

지:: 이명박 정부 때부터 대학교수들이 시국 선언을 할 일이 많아졌지 않습니까? 참여하신 적은 있으신가요?

서:: 저는 한 번도 참여 안 했죠. 우리 학교에서 그런 움직임은 아직은 없었는데요. 만약 한다고 하면 저는 하지 않겠나 싶은데요. 실은 좀 무섭죠. 왠지 그거하면 연구비를 못 딸 거 같은 생각이 드는데요. 저는 앞으로 연구비 안 딸 거니까 큰 관계는 없지만, 집사람이 하지 말라고 할 것 같아요. 부끄럽지만 좀 무섭네요. 시국 선언을 한 교수에게 불이익을 줄까봐. 이런 말하면 안 되는데.(웃음)

지:: 불이익을 감수하고 해야 하는 것이 스승의 역할이잖아요.

서:: 안 한다는 게 아니라 해야 하면 하겠지만, 무섭다는 거죠.(웃음)

지:: 좋아하는 정치인이 있나요?

서:: 2002년에 노무현을 참 좋아했어요. 그러고 나서 정치인을 좋아한 적은 없는 것 같은데요. 아, 유시민 씨를 좀 좋아했어요. 유시민 씨 욕하는 사람들을 볼 때마다 저 정도면 괜찮지 않나, 뭘 바라, 이런 생각을 했는데요. 저는 정치 수준이 국민 수준을 반영한다고 보기 때문에, 우리나라에서 유시민 정도면 뛰어난 정치인이 아닌가 생각을 합니다. 하지만 참담하게 실패로 끝나서.

지:: 은퇴하는 것을 보면서 어떤 생각이 드셨나요?

서:: 역시 정치는 혼자 하면 안 되는구나, 그런 거 보면 노무현이 대단한 거죠. 대통령까지 했으니. 정치가 꼭 이론만 가지고 되는 것이 아니라는 것을 노무현이 잘 보여주었죠. 감성이라는 것이 얼마나 중요한 것인가, 유시민은 감성 면에서 실패했던 것 같아요.

지:: 여러 사람에게 말로 상처를 주고, 비호감 이미지가 심어진 측면이 있죠.

서:: 진보 쪽에서도 유시민을 좋아하지 않았죠. 당에서 차지하는 위치에 비해서 훨씬 더 많은 질문이 그에게 쏟아졌죠. 유시민의 의견을 듣는 것이 기자들의 사명이었잖아요.

지:: 콘텐츠가 있으니까, 질문하면 나오니까 물었을 텐데요. 어떻게 보면

침묵이 필요한 상황에서 이야기를 너무 많이 하지 않았나 싶고요.

서:: 밥 먹는데 마이크 들이대고 그랬잖아요.

지:: 그러니까 짜증 섞인 반응을 보이기도 했죠.(웃음)

서:: 다른 정치인에게 그 정도의 말을 시켰을 때 비판 받을 구석이 없겠어요? 사람들은 알려지고 유명한 사람들의 말을 듣고 싶어 하고, 그걸 비판하는 것을 좋아하잖아요. 유시민이 거기 선택된 것 같고요. 유시민이 나중에 정치를 하면서 국회의원 떨어질 때 보면 노무현이 했던 것을 그냥 답습한 것 같아요. 대구에서 출마하는 정도 가지고는 어렵죠. 한 번 써먹었던 것은 대중들이 감동을 못 받고 질려버리죠. 개인적으로는, 이분이 경기도 일산 사는 사람인데 왜 거기서 나오는지 이해가 안 갔어요. 저는.

지:: 노무현 벤치마킹이었다면 계속 대구에서 나갔어야죠.(웃음)

서:: 노무현이 그렇게 10년 떨어지고 대통령이 되었는데요. 선례가 있으니 더는 감동이 안 되는 거잖아요. 방법이 좀 잘못되었던 것 같아요. 저는 유시민이 정치판에 안 들어가길 바랐는데, 들어간 이상은 잘했으면 좋겠다고 생각했어요. 유시민 씨의 책을 보고 많이 배웠거든요. 저에게 정치의 큰 스승 중 하나였고요. 토론하는 것을 보면서 저렇게 말 잘하는 사람이 우리 편이라는 것에 뿌듯했던 적이 많았거든요. 토론 같은 것을 가슴 뛰면서 보았던, 100분 토론도 저렇게 재미있을 수 있구나 싶게 만들어준 유일한 정치인이 유시민이었던 것 같아요. 그러니 좀 아쉽죠. 어쨌든 정치판에서 실패했으니까요. 사람들이 진보적 정치인에 대해서는 잣대를 엄중하게 들이대는 것 같아요. 사실 보수 쪽 보면 일관성은커

녕, 최소한의 논리도 갖추지 못하는 정치인들이 여전히 행세하고 있는 반면에, 진보 쪽은 같은 편의 정치인에게도 지나치게 요구를 많이 하고, 한 번 찍히면 끝이잖아요. 다시는 용서를 안 해주더라고요. 그렇게까지 해서 우리 편의 싹을 죽여야 하는지 모르겠어요.

지:: 기성 제도권 언론에 하고 싶은 말이 있다면요. 언론의 역할을 방기하고 있는 것 같은데요.

서:: 언론이 역할을 못 하게 된 것이 오래되었죠. 어떤 사건이 일어났을 때 사건 자체를 보고 잘잘못을 가리면 안 되거든요. 예를 들면 정치에 중립을 지켜야 할 국정원이 선거에 영향을 미칠 수 있는 댓글을 달았다면, 그거는 좌우 가리지 않고 잘못한 일이라고 말을 해야 되는데요. 그게 아니라는 말이죠. 그런 이야기를 안 하고 오히려 네 편, 내 편에 따라서 사안을 판단하고, 그러다 보니까 일반인한테까지 전염이 되서, 인터넷을 보면 국정원 댓글을 옹호하는 네티즌들이 장난이 아니게 많더라고요. 전교조는 댓글 안 달았나, 이래 가면서. 사건 그 자체보다 이 사건이 우리 편한테 유리한지 불리한지에 따라서 사안을 판단하더라고요. 판사가 불리한 판결을 하면 해당 판사가 전라도라고 하는 경우도 있고요. 이런 상황에서 언론이 중심을 잡아주기는커녕, 그걸 부추기고 있으니 문제지요.

지:: 박근혜 정부에게 바라는 점이 있다면 뭐가 있으신가요?

서:: 박근혜 정부는 나이 든 사람들을 참모로 앉힘으로써 노인 일자리 창출에 일정한 역할을 했고요.(웃음) 1년 동안 아무것도 안 한 것에 대해서도 나

름 긍정적인 평가를 하는 편이에요. 뭔가를 하면 할수록 민폐를 끼칠 수도 있잖아요. 남은 기간 동안 바라는 것은, 1년 놀았으니 이제 일하는 모습도 보여주었으면 좋겠습니다. 너무 보수 언론의 기대에만 눈높이를 맞추지 말고, 오히려 그들의 바람과 반대로 해주면 성공한 대통령이 될 수도 있을 것 같습니다.

지:: 남북 관계 같은 것은 너무 중요한 문제인데요. 한반도 정세라는 것이 〈공동경비구역 JSA〉에 나오는 대사처럼 마른 숲 같아서 불이 한 번 잘못 붙으면 큰일 날 수 있는 거잖아요.

서:: 이명박 정부 때 남북 관계에서 할 수 있는 것을 다 끊어놓았기 때문에, 협상할 수 있는 수단이 없어진 것이 크죠. 정동영 전 장관의 『10년 후 통일』을 보니까 정권이 바뀌었다고 해서 남북 관계가 바뀌어서는 안 될 것 같고, 정권이 바뀌어도 일정 부분 가도록 했으면 좋겠는데요. 우리나라가 북한과 이산가족상봉을 놓고 협상한 것을 보면 좀 어이가 없어요. 애들 장난도 아니고, 왜 그렇게 합의와 번복을 일삼는지 모르겠어요. 우리나라가 이산가족상봉을 제의하면 북한이 거부하고, 북한이 비방을 중단하고 친하게 지내자고 하면 우리나라가 싫다고 하고요. 애들도 아니고 이런 식의 소모전을 하면서 아까운 시간을 보내고 있는 거죠.

또 하나 지적할 것이 우리나라가 아직 전시작전권을 찾아오지 못했잖아요. 진정한 보수라면 전시작전권은 국가의 주권이니, 당연히 우리가 가지고 있어야 하는데, 보수를 자처하는 분들이 전작권을 미국이 더 오래 갖고 있으라고 빌고 있어요. 이게 미국에서 보면 정말 이해가 안 되는 일이고, 부끄러워해야 할 일인데, 전에 별을 단 사람들이 거리로 나와서 "미국님이 전작권 5년만 더 갖고 계세요"라고 하는 거는 진짜 어이가 없어요. 제가 보기에 5년 있다가 또 연기하자고 할 것 같아요. 입장을 바꿔놓고 북한에 러시아 군인이 주둔했고, 러시아가 전시작전권을 가졌다면 우리가 북한을 어떻게 보겠어요? 마찬가지로 지금 북한이 작전권도 없는 우리나라를 상대하고 싶겠어요? 그런데 그걸 부끄러워하지 않는 게 정말 부끄럽죠.

기생충 박물관을 짓고 싶다

지∷ 기생충 박물관을 짓고 싶어 매주 로또를 산다는 말을 들었는데요.
서∷ 로또는 개인의 영달을 위해서 사는 거고요.(웃음) 기생충 박물관은 연구비를 받아서 해야죠. 로또 당첨금 십억 원 가지고 짓기에는 박물관이 돈이 너무 많이 들죠.

지∷ 언제쯤 지을 계획은 서 계신가요?
서∷ 신기하게도 날이 갈수록 계획이 구체화되는 것 같아요. 연구비 신청서 내면 될 것 같은데요. 지금은 좀 어렵고, 일단 전시작전권처럼 일단 미루고 봐야죠.(웃음) 5년 후면 또 미루고 해서.

지∷ 기생충 박물관은 어떤 형태로 만들 건가요?
서∷ 기생충을 단지 보여주는 것이 아니라 기생충의 생태를 이해하면서 인체도 배우는 식으로 하면 좋을 것 같아요. 회충은 우리 몸에 알의 형태로 들어온 뒤 폐로 갔다가 다시 장으로 가거든요. 아이들이 직접 회충알 모양의 비닐을 쓰고 사람 모형 안으로 들어간 뒤 혈관을 따라 폐로 갔다가 장으로 가는 과정을 체험해보게 할 겁니다. 신기하지 않습니까? 아무것도 모르는 어린 회충이 그렇게 먼 길을 돌아서 장에 온다는 것이. 그 과정을 보면 인체에 대해서도 공부가 되고, 회충이 얼마나 신비한 생명체인가를 마음껏 느낄 수 있을 것 같아요. 그 대신 조건이 있어요. 회충 체험을 하려면 동전 투입구에 100원을 넣어야 합니다. 저는 무조건 유료로 할 거예요. 지역 발전도 좀 시켜야 되고, 운영도 해야 되기 때문에.

지:: 요즘도 계속 로또를 사는 건가요?
서:: 매주 사죠. 1만 원씩, 집사람 5,000원, 저 5,000원.(웃음)

지:: 로또 당첨되면 그 소식을 공개할 의향이 있나요?(웃음)
서:: 제가 아직 해외 연수를 안 갔다 왔거든요. 로또 되자마자 보스턴에 가서 2년간 있다가 올 거예요. 그러니 제가 미국 갔다는 소식을 들으시면 '그렇게 사더니 결국 되었구나' 라고 생각해주세요.

지:: 강의를 듣는 학생들은 몇 명 정도예요.
서:: 본과 1학년이 다 듣죠. 40명 정도.

지:: 교양으로 듣는 학생은 없나요?
서:: 2013년까지 교양 강의를 했는데, 여러 가지 사정이 있어서 강의를 점점 없애고 있어요. 아무래도 연구에 방송 일을 하려면 시간이 없어지니까

요. 다행히 연구를 많이 하면 강의를 빼주니까 큰 도움이 됩니다.

지:: 학생들에게 가장 강조하는 것은 뭔가요?

서:: 전공과목 가르칠 때는 장차 환자를 보는 의사가 될 거니까 기생충과 기생충이 아닌 것을 구분할 수 있어야 하고, 기생충이다 싶으면 저한테 연락하라고 가르치죠. 환자에게 뭔가 이야기를 해줘야겠다는 의무감에서 마구 말을 하지 말라고도 합니다. 가끔 보면 의사들 중에서 이상한 이야기를 하는 사람이 있거든요. 기생충이 뇌 속에 있어서 당신을 조종한다는 식으로 환자한테 공포감을 심어주는 사람도 있고요. 환자가 찾아와서 '뇌에 기생충이 있다'고 이야기하는데, 누가 이야기했냐고 물으면 의사가 그랬대요.

지:: 어쩌다 한 번 해외 토픽 같은 데 나오는 이야기 아닌가요?(웃음)

서:: 잘못된 믿음에서 나오는 건데, 기생충이 속에서 썩고 있다고 믿는 사람을 보면 갑갑하죠. 교양 가르칠 때는 기생충은 그렇게 나쁜 애들이 아니고, 기생충이라는 것이 너희가 생각하는 것과 달리 인류에 도움이 될 수도 있다, 너무 나쁘게 보지 마라, '기생충 같은 놈'이라는 욕은 최소한 너네들은 쓰지 마라, 남이 그렇게 이야기하면 '기생충이 그렇게 나쁜 애들은 아니라더라'라고 변명을 해달라, 이런 이야기를 강조하죠.(웃음)

지:: 그동안에도 "우선 기생충이 월세 밀린 세입자처럼 조용히 사는 데 비해 일부이기는 하지만 정치인들은 자신이 집주인인 것처럼 군다. 또 탐욕스러운 기생충은 없지만 정치인 중 일부는 탐욕의 화신이다"라는 이야기를 하셨는데, 그런 이야기를 학생에게도 강조하시는군요. 정치인과 기생

충을 비교하는 이야기도 많이 하셨고요. "자신이 생산적인 일에 종사하는 대신 국민이 낸 세금으로 월급을 받는다는 점에서 정치인은 기생충에 가깝다. 물론 그들이 하는 일은 국가적으로 꼭 필요한 일들이니 기생충과 비교하기에는 무리가 있지만 가끔은 정치인이 기생충을 좀 본받았으면 하는 때가 있다"라고 하셨는데요.

서:: 그러니까 기생충은 최소한의 양심은 있잖아요. 최저임금이 얼마라고 했더니, 어떤 국회의원이 이런 말을 한 적이 있데요.

지:: 1만 원으로 황제의 식사를 했다는 분이 계셨죠.(웃음)

서:: 그런 사람한테는 매일 황제의 식사를 할 수 있게끔 해줘야 될 것 같아요. 사실 국회의원은 최저임금을 주고 일하게 하는 것이 맞지 않나 싶어요. 그래야 최저임금이 현실과 맞지 않다는 것을 알 수 있잖아요. 최소한 정치가 특권이 안 되도록 대우를 좀 덜 했으면 좋겠어요.

지:: "요즘 사람들이 걱정하는 비만은 기생충에게 있어 다른 세계의 일이다. 자신이 먹을 것만 먹고 젓가락을 놓는 것, 그게 바로 기생충이다. 『기생충 제국』을 쓴 칼 짐머가 '인간도 기생충의 삶을 본받아야 한다'고 일갈한 것도 이런 맥락이다. 그런데도 기생충은 무위도식한다는 이유로 큰 욕을 먹고 있으니 숨죽이며 사는 기생충들의 입장에서는 억울할 수도 있겠다"라고 하셨는데, 자기가 필요한 것만 먹는다는 점에서 인간이 배워야 할 점이 많겠네요.

서:: 그렇죠. 우리 정치가 돈이 많이 드는 정치잖아요. 사람들 밥 먹여야 되고. 그런 것 때문에 문제가 되는데, 어려운 것 같아요. 지지자들 밥 한 끼만

먹여도 돈이 들잖아요.

지:: 우리나라 유권자들이 그걸 바라기도 하고요.
서:: 우리 아파트 부녀회 모임이 내일모레 있는데요. 부녀회에 참석하면 추어탕을 대접한다고 해요. 그때는 가고 싶더라고요. (웃음)

지:: 누가 사는 건가요?
서:: 부녀회에서요. 자주 안 모이고, 아파트에 대해서 건설적인 의견을 내는 자리기 때문에 살 수도 있다고 생각해요. 그래도 정당은 자주 모이는데, 월급 같은 것을 현실화해서 조직원들 밥값도 더치페이 하면 될 텐데요.

성공의 척도는 친구 숫자로 센다

지:: 친구가 많다고 하셨는데요.
서:: 네, 저는 인생의 성공 척도를 친구의 숫자로 셉니다.

지:: 보통 보면 친구가 많은 사람도 있지만, 생각해보면 진정한 친구인지 의심스럽기도 하고요. 진정한 친구가 셋만 있으면 인생 성공한 거라고 말씀하시는 분도 있잖아요. 친구라는 것이 여러 가지 의미로 해석될 텐데요. 낸시랭 씨는 밥은 같이 먹어야 친구라고 하고요. (웃음)
서:: 1년에 한두 번 이상은 만나야 친구가 아닐까 싶고요. 보고 싶고 이런 것. 제가 모임에 갈 때 이런 거 있어요. 여기는 또 왜 불러, 귀찮아 죽겠네, 이런 것 말고요. 오늘 친구들 만나니까 즐겁다고 느끼는 친구들이 있거든

요. 그런 친구를 말하는 거고요. 그런 친구들과 만나다 보면 즐거워요. 같이 재미있는 시간을 보낼 수 있고요. 몇 달 전 남자들끼리 제주도를 같이 갔다 왔는데요. 꿈같은 1박 2일이었죠. 그런 친구들이 있다는 것 때문에 감사하죠. 전공이 다 달라서 배우는 것도 많고요.

지:: 요즘 어떤 분들과 친하게 지내세요?
서:: 고2 때 같이 반이었던 친구들.

지:: 1등부터 6등까지 같이 놀았다던?(웃음) 가장 행복했던 시절을 꼽는다면 언제인가요?
서:: 결혼할 때 아내가 개를 한 마리 데려왔고, 결혼 후에 한 마리를 더 데리고 와서 두 마리를 키웠는데요, 그렇게 넷이서 마루에서 자고 그랬거든요. 지금 생각해보면 그때가 제일 행복했던 것 같아요. 새로 입양한 둘째를 저희 부부가 정말 예뻐했거든요. 그런데 개가 아프기 시작하면서 불행이 시작되었어요. 저희는 할 수 있는 조치를 다 해주었지만, 결국 세상을 떴죠. 다시는 그 시절로 돌아갈 수가 없기 때문에 더 그리운 것도 있고요. 그 녀석을 기르던 시절 집사람이 제게 "이게 내가 꿈꾸던 삶이야"라고 이야기했어요. 애견 펜션 가서 같이 놀고 그랬을 때가 제 인생에서 제일 행복한 때가 아니었나 싶습니다. 아름다운 아내와 예쁜 강아지, 제가 꿈꾸는 삶이 이런 거였던 것 같아요. 그런데 그 둘째가 죽었잖아요. 아내 쪽에서는 조문도 오고 그랬어요. 큰 언니 부부도 오고, 친구 부부도 와서 위로를 해주었어요.

지:: 가족이 죽은 셈이니까요.

서:: 우리 집 쪽에서는 1명도 안 왔고요. 위로 문자 같은 것도 없었어요.

지:: 개를 어떻게 생각하는지 알 텐데 왜 그랬을까요?

서:: 제가 개를 그렇게 좋아하는지 알면서도 그랬으니, 더 서운하죠. 그때 제가 많이 삐쳤죠.(웃음) 사실 조카들은 개하고도 같이 놀고, 괴롭히고 그랬 거든요. 그랬던 애들이 한마디 말도 없고, 문자도 없는 것을 보면서 실망했 죠. 개는 개일 뿐이라고 생각하는 거겠지만, 그게 꼭 사람과 개 이야기가 아니잖아요. 하다못해 제가 100만 원을 잃어버렸다고 하면 안됐다고 위로 할 수 있잖아요. 개를 사람으로 봐달라고 하는 것이 아니라 제가 소중하게 여기는 존재를 잃었다는 것을 이해해달라는 건데, 아직도 '개가 죽었는데 뭘', 이런 생각들을 하고 있더라고요. 친구나 다른 사람들은 위로를 해주고 그러던데, 정작 우리 가족들은 아무도 위로 문자 하나 보내지 않았죠. 제가 자식으로 생각하던 강아지인데, 어떻게 보면 엄청 슬픈 일이잖아요. 병원 바닥에 주저앉아서 울고, 그러고도 부족해 며칠을 울었는데요. 우리 식구 들이 저랑 안 친한 이유가 남의 아픔에 공감하는 능력이 떨어져서인 것 같 아요. '개랑 사람이 같나' 라는 건데, 그런 논리가 폭력적이라는 거죠. 개 자 체보다 저희가 그 개를 어떻게 생각하느냐가 더 중요한 건데. 아무튼 그때 가 인생에서 제일 슬플 때였어요. 마이너스 10이 최고 슬픈 거라고 하면 거 의 마이너스 10이었는데, 슬프다는 것 때문에 위로를 해줄 수도 있는데, 그 러지 않았다는 거죠. 반면 그때 조문했던 사람들에 대해서는 지금도 고마 워하고 있어요.

지:: 알라딘 서재 사람들이 위로를 많이 해주었던 것 같은데요. 공감해주는

댓글도 많았던 것 같은데요.

서:: 그렇죠. 알라딘에서 위로를 받았죠. 많이 바라는 것은 아니고, 전화 한 통화해주는 것 정도인데요. 그것조차도 안 해주었다는 거죠. 최소한 슬플 때 위로해주는 것이 가족인데, 가족이라는 게 뭔가 싶었어요. 그럼에도 불구하고 어쩔 수 없이 만나야 되는 게 가족인데, 그 후로도 세월이 흘렀지만 앙금이 가시지를 않네요.

지:: '가족'이 죽었는데 위로를 안 해주는 데 대해서 섭섭한 거지만, 가족들로서는 '쟤는 왜 개가 죽은 것은 호들갑 떨면서 가족들한테는 무심하지?' 이렇게 생각할 수도 있잖아요.

서:: 그렇게 생각할 수는 있겠죠. 하지만 그게 이렇습니다. 누가 누나 차의 엠블럼을 떼어갔어요. 그래서 누나가 속상하다고 이야기합니다. 그러면 제가 거기에 대해서 나쁜 놈 하고 같이 동조해주게 되는데요. 자동차 엠블럼에 비하면 우리 둘째는 훨씬 더 큰 거잖아요. 속상한 것을 서로 이야기할 수 있는 것이 가족이잖아요. 그런 것에 대해서 위로가 없었다는 것이 저는 여전히 섭섭하죠. 아무리 개라고 할지라도.

지:: 인생에서 가장 큰 영향을 준 사람은 누구인가요?

서:: 역시 강준만 선생님이죠. 두말할 나위도 없어. 저에게 새 인생을 살게 해주었으니까요.

지:: 전공 교수님이 아니고요?(웃음)

서:: 기생충을 했어도 제가 다른 삶을 살았을 것 같지는 않아요. 원래 살던

삶의 연장이었을 것 같고요.

지:: 세계관이 바뀌었다는 거네요.
서:: 책 한 권으로 사람의 인식을 180도 바꿔놓는 것이 쉬운 일은 아닌데, 대단한 분이죠.

지:: 살면서 부러웠던 사람이 있나요?
서:: 전 영어를 진짜 못하거든요. 발음도 후지고, 듣기도 전혀 안 되는 상태 인데요. 몇 년 전에 논문으로 서로 이름만 알던 유명한 학자가 저를 보러 왔는데요. 제가 예의상 질문을 하나 했어요. 그랬더니 한참 동안 대답을 하 더라고요. 그 사람들은 한 문장으로 된 질문에 5분씩 말하잖아요. 1분쯤 지 나니까 무슨 말인지 모르겠어서 가만히 있었는데 갑자기 그 사람이 말을 끊더니 "너 내 말 이해하냐?"라고 해요. 그래서 제가 사실은 이해 못 한다 고 했더니 그다음부터는 저랑 말을 잘 안 하려고 하더라고요. 그때 되게 부 끄러웠고요. 그래도 뭐라도 이야기해야 하니까 점심 먹고 나서 점심이 어 땠냐고 물어보았어요. "하우 어바웃 런치?"라고 했더니 놀라더라고요. 이 말은 '점심 먹으러 갈래?' 이 뜻이잖아요. 밥 먹었는데, 그런 말을 했으니, 더더욱 말을 안 하더라고요. (웃음) 그 사람하고 계속 말을 안 하다가 헤어질 때쯤 "내가 영어 학원 열심히 다녀서 다음에는 프리토킹을 하도록 하자"라 고 했어요. 그 사람이 꼭 그렇게 하자고 했고, 저는 그러고 나서 영어 학원 을 다녔죠. 그런데 그게 잘 안 되지 않습니까?(웃음) 미모의 영어 선생님만 보다가 끝났는데요. 누가 영어 잘하면 부러워요. 영어를 아주 잘하지는 못 해도 의사 전달만 했으면 좋겠어요. 제가 외국 학회에 잘 안 가는 이유가 음

식 탓도 있지만, 영어 탓도 있어요. 영어를 좀 잘했으면 외국 가서 발표도 하고 그럴 텐데요. 자랑은 아닌데요. 사실 이렇게 이야기 시작하면 대개 자랑이죠.(웃음) 스피커로, 즉 초청 연사로 부르는 데가 있어요. 항상 바보 같은, 말도 안 되는 이상한 핑계를 대고 안 갔거든요. 다행히 2011년에 암에 걸렸잖아요. 그다음부터는 되게 좋아졌어요. '위암을 앓고 있다' 그러면 놀라면서 알았다고 치료 잘 받으라고 하거든요. 계속 그러고 있어요.(웃음)

지:: 하하하. 논문을 읽고 해석하는 것은 가능하시잖아요.
서:: 그럼요. 그런 거는 하죠. 독해는 해요. 히어링과 스피킹이 안 되는 거죠.

지:: 지금까지 살면서 경제적으로 어려웠던 적이 있었나요?
서:: 조교 때 방탕하게 살다가 카드 돌려막기를 한 적이 있죠. 해보니까 어렵더라고요. 카드 3개의 결제일마다 힘들었고요. 군대 가기 전에 환송회를 많이 하다 보니까 돈이 모자라서요. 어머니한테 빌리면 되는데, 사채를 빌렸어요.

지:: 사채 잘못 쓰면 큰일 나잖아요.
서:: 교차로나 가로수나 이런 데 광고 난 것을 보고 한군데를 골라서 갔죠. 150만 원을 빌렸는데, 선이자를 떼고 120만 원을 주었는데요. 결국 나중에 갚기는 갚았는데, 사채가 뭔지를 알았죠. 그래서 제가 돈을 벌어서 사채를 하면 돈을 벌겠다는 생각을 했어요.(웃음) 사채 경험도 인생에서 좋은 경험이었던 것 같아요.

지:: 150만 원이었으니까 다행이지, 1,000만 원쯤 되었으면 눈덩이처럼 커지잖아요.

서:: 그때 조건이 뭐였냐 하면 4개월 후에 안 갚으면 원금이 두 배가 되는 거였어요. 그런 것을 보면서 무섭구나 싶었죠.

지:: 수업료를 생각보다 싸게 내고 인생을 배우신 거네요. 술을 먹겠다고 사채를 빌리시고.(웃음)

서:: 환송회를 워낙 많이 해서. 군대 간다고 20여 차례 환송회를 했거든요.

지:: 학교 때부터 친구가 많으셨네요.

서:: 그럼요. 밤낮으로 환송회를 하다가 나중에는 점심에도 하고, 막판에는 조찬 환송회도 하고 그랬어요.(웃음) 제가 어릴 때 친구 없이 산 기간이 길어서 그런지 친구에 집착을 많이 했던 것 같아요.

"민이 오빠는 믿을 수 있는 사람"

지:: 대학교 가서는 친구를 많이 사귀신 거네요. 친구들한테 인정을 받으신 거고요. 의대 동창들 중에서는 '서민이 이야기를 꺼내려고 입만 열려고 해도 웃기다'고 한 분도 있었잖아요.

서:: 그런 것이 있었고요. 이런 말도 누가 해주었는데요. 서클 여학생한테 누가 물어보았대요. 서민이 돈을 꾸어달라고 하면 꾸어줄 거냐고 하니까 민이 오빠는 믿을 수 있는 사람이기 때문에 꾸어준다고 했대요. 그 사람이 돈을 못 갚는다

고 하더라도 못 갚을 사정이 있어서 그럴 거라고 이야기 했다는데요. 그때 기분이 좋았어요. 친구 이런 거 말고도 믿음이라는 가치를 소중히 여기는 것 같네요. 제가 신뢰할 수 있는 사람이라는 말을 듣고 좋아했던 것을 보면.

지:: 사실 신뢰할 수 있어야 친구가 되지, 무슨 짓을 할지 모른다는 걱정이 들면 같이 술을 먹고 놀아도 친구라고 하기는 어렵잖아요.

서:: 정력이 세다, 이런 것보다는 좋은 가치인 것 같아요. (웃음)

지:: 나중에 어떤 모습이 되었을 때, 어떤 상황이 되었을 때 제일 행복하실 것 같으세요. 스스로의 모습을 상상해보시면.

서:: 나중에 퇴임하고, 야구장에서 야구를 매일 보는 할아버지 이렇게 되었으면 좋겠어요. 야구장에서 사는 그런 사람.

지:: 미국에 그런 할아버지가 있더라고요. 몇십 년간 같은 자리에서 모든 경기를 직관한. 보스턴 레드삭스 팬이었나요?

서:: 클리블랜드 인디언스에 북 치는 할아버지가 있어요. 득점 찬스 때마다 몇십 년간 북을 쳐왔어요. 그런 할아버지 멋있잖아요. 뭔가 자기 취미가 있어야 되는데, 대학교수들은 연구만 하느라 그런지 별다른 취미가 없는 것 같더라고요. 그래서 퇴임 후에도 학교를 계속 나오는 교수가 꽤 된다고 들었어요. 학교 나와서 일하는 것 말고는 다른 삶을 한 번도 생각해보시지 않은 듯해요. 아무튼 저는 퇴임하고 야구장에서 살 거예요. 그때쯤 되면 우리나라 야구장도 미국 못지않게 좋아지고, 10구단 이상 되어 있지 않을까 싶

은데요.

지:: KT가 열 번째 구단이 되었죠.

서:: 아, 맞다. 그러네요. 제가 가장 보고 싶은 것은 보스턴 구장에 가서 보
스턴 경기를 보는 건데, 그게 안 되면 우리나라 야구장이라도 매일 갈 수
있었으면 좋겠어요. 보스턴 그러면 서민 이미지가 없어지니까.(웃음)

지:: 서민 이미지에 집착하시는 편인가요?(웃음)

서:: 굳이 집착하지 않아도 얼굴 보면 천생 서민이잖아요. 그런데 보스턴
살다니, 좀 반전이죠.

지:: 정치하려고 그러시는 거 아니에요?(웃음)

서:: 정치에 대한 꿈은 쥐꼬리만큼도 없죠. 정치는 자신을 자랑하고 내세워
야 되는데, 성격상 어려워요. 저는 네 살 때 천자문을 뗐으며, 고자가 아님
을 병원에서 진단받은 몇 안 되는 사람입니다, 이런 것을 자랑해야 되는데
요. 말도 안 되죠.

지:: 기생충 학자로서의 꿈은 어떤 게 있나요?

서:: 기생충 학자가 많을 필요는 없지만, 필요한 학문이라는 인식을 심어주
었으면 좋겠어요. 저희 과가 없어지더라도 미생물학자 중에서라도 기생충
에 관심 있는 사람이 나오면 좋겠어요. 어쨌든 기생충이 명맥은 유지했으
면 좋겠다는 생각을 하고요. 말도 안 되는 희귀병을 연구하는 사람도 있는
데, 10만 명에 하나 나오는 병을 연구하는 연구자도 있는데, 40명에 하나

있는 기생충을 연구하는 사람이 없어서야 되겠습니까?

지:: 노벨상을 받고 싶다던가.

서:: 노벨상은 안 받기로 했어요. (웃음)

지:: 학교에서 총장이 되고 싶다든지. (웃음)

서:: 학교에서 장을 맡고 싶은 마음은 전혀 없어요. 그것도 일종의 정치고, 그렇잖아요. 학장이 되면 학교를 매일 나가야 된다는 말이죠. 그런 거는 싫고요. 편안하게 퇴임했으면 좋겠어요. 학문적인 꿈은 1년에 열 편 정도씩 논문을 꾸준히 쓰는 교수, 연구와 강의 분야에서는 제 역할을 하는 교수였으면 좋겠어요. 다른 일을 하더라도 이 두 가지는 기본적으로 하고, 강의 평가도 잘 받는 그런 교수였으면 좋겠어요. 너무 소박한가요?

지:: 마지막으로 해주실 말씀은 없으신가요? 마무리해주시죠. (웃음)

서:: 처음에 인터뷰집을 낸다고 해서 제 인생이 이야기할 만한 것인가 생각해봤는데, 이건 여전히 잘 모르겠어요. 특별히 새로운 사상을 만든 것도 아니고, 삶 자체가 존경받을 만큼 다양한 경험을 한 것도 아니잖아요. 정찬우 씨 책을 보니까, 진짜 저 정도 살아야 말할 수 있는 것이 아닌가 하는 생각이 들었거든요. 저는 얌전히 살았고, 못생겨서 좀 고생한 정도가 다라고 할 수 있는데요. 이건 남들이 일상적으로 한 고생에 비하면 별게 아니잖아요. 이 책에 들을 이야기가 있다고 하면, 저처럼 외모 때문에 고생하는 사람들이 저를 통해서 위로를 받을 수 있지 않을까, 이런 정도로 생각을 하고요. 누군가는 이 인터뷰집을 보고 이렇게 말할 것 같기도 해

요. 눈 좀 작고 못생긴 게 무슨 고민이냐고 할 수 있을 것 같아요. 그래도 저는 이 기회가 참 좋았던 것이 뭐냐 하면, 저의 과거에 대해서 못 했던 말들 있잖아요. 갈라선 그런 것들, 너무 너무 말을 하고 싶었던 건데요. 겉으로 좋아 보이는 사람도 알게 모르게 상처가 있다, 이 정도라도 이해할 수 있는 계기가 되지 않았을까, 그런 의미가 있다고 생각해요. 독자를 위한 것보다도 저를 위한 것이 더 큰 거죠. 제 인생을 정리하고 인터뷰 이후에 다른 멋진 삶을 살아보자, 뭐 그런 겁니다. 더 잘살게 만드는 계기, 순전히 저를 위한 책이죠.

지:: 전쟁 영웅 이런 게 아니라 다른 롤모델이 필요하다면 자기 분야에서 열심히 하시고, 겸손하니까 좋은 롤모델이 될 수 있다고 생각합니다.
서:: 그런 것도 있네요. 기생충을 해도 뜰 수 있다, 후배들이 꼭 기생충을 하라는 것이 아니라 남들이 볼 때 별거 아닌 거라도 열심히 하면 인정받고 잘살 수 있다는 것을 보여줄 수 있을 것 같아요. 또 못생긴 사람이 예쁜 아내를 얻을 수 있다는 것의 롤모델이기도 하고요. 책이라는 것이 얼마나 사람 인생을 바꿀 수 있는지 이런 것에 대해서도 말하고 싶었습니다.

지:: 저도 들으면서 많은 것을 생각하고, 배웠습니다.
서:: 진짜요? 저한테요?(웃음)

10년 전, 아직 내가 듣보잡이던 그때도 지승호 선생은 몇 권의 인터뷰집을 낸 스타 글쟁이였다. 당시 나는 학교에서 '의학 개론'이라는 과목을 맡고 있었는데, 학생들의 가치관 형성에 도움을 주고자 우리 사회의 지식인들께 강의를 부탁드렸다. 적은 강사료임에도 대부분 수락을 해주셨지만, 한 분은 며칠이 지나도 답을 주지 않았다. 연락을 못 받았나 싶어 재차 문자를 드렸더니 그로부터 또 며칠의 시간이 지난 뒤 이메일이 왔다.

"죄송합니다. 제가 남 앞에 서는 걸 좀 어려워해서요."

모르는 사람과 만나 마이크를 들이대는 인터뷰어가 수줍음을 타다니, 믿어지지 않았다. 하지만 나중에 그와 친분이 쌓이고 난 뒤 보니까 그는 내가 아는 사람 중 가장 소심한 사람이었다. 소심함 하면 별로 지고 싶지 않은 나였지만, 결국 인정하고 말았다. 그가 나보다 조금 더, 피겨로 치자면 0.82점 정도 소심하다는 것을.

이번 인터뷰집을 위해 그와 작업하는 게 편했던 이유도 거기에 있었다. 홍대 앞의 카페에 들어가 커피 한 잔 시켜놓고 6시간씩 인터뷰를 하는 게 소심한 나로서는 마음이 편치 않았는데, 그렇다고 해서 커피 한 잔씩 더 시키자고 했다가 '뭐하러 괜한 돈을 쓰느냐'며 면박을 당할까 걱정이 되었다. 그런데 카페에 들어간 지 1시간 반이 되었을 무렵 지승호 선생이 이렇게 말하는 거다.

"뭐 하나 더 시켜야 하지 않을까요?"

그 말이 너무 반가워 하마터면 '감사합니다'라고 말할 뻔했다. 그 뒤부터 우리는 카페 주인이 째려본다 싶을 때마다 마실 것을 주문했다. 그때 마셨던 커피 때문에 치아 미백을 해야 했지만, 취향이 비슷한 사람끼리 일하면 편하다는 사실을 새삼 깨달을 수 있었다.

인터뷰집이 내 생각보다 훨씬 멋진 작품이 된 것은 내가 블로그에 쓴 글은 물론이고 무심코 달았던 댓글까지 꼼꼼히 살펴준 그의 성실성 덕분이

지만, 오랜 기간 비밀로 간직했던 이야기까지 술술 할 수 있었던 건 소심함에서 그와 죽이 잘 맞았던 덕분이다. 텔레비전 출연으로 조금 뜨긴 했지만 아직은 듣보잡에 가까운 내 인터뷰집을 기획해준 출판사에 감사하고, 『한겨레』에 파격적인 인터뷰를 실음으로써 이 인터뷰집의 단초를 제공한 이진순 교수님께도 감사한다. 마지막으로 『한겨레』 인터뷰를 보시고 크게 놀라셨던 어머니께 한 말씀 드린다.

"어머니, 인터뷰가 아예 책으로 묶여나왔습니다. 미리 죄송합니다."

서민의
기생충 같은 이야기

ⓒ 서민 · 지승호, 2014

초판 1쇄 2014년 5월 7일 펴냄
초판 4쇄 2016년 5월 13일 펴냄

지은이 | 서민 · 지승호
펴낸이 | 강준우
기획 · 편집 | 박상문, 안재영, 박지석, 김환표
디자인 | 이은혜, 최진영
마케팅 | 이태준, 박상철
인쇄 · 제본 | 대정인쇄공사

펴낸곳 | 인물과사상사
출판등록 | 제17-204호 1998년 3월 11일

주소 | (121-839) 서울시 마포구 서교동 392-4 삼양E&R빌딩 2층
전화 | 02-325-6364
팩스 | 02-474-1413
www.inmul.co.kr | insa@inmul.co.kr

ISBN 978-89-5906-256-0 03300
값 14,500원

이 도서의 국립중앙도서관 출판시도서목록(CIP)은 서지정보유통지원시스템 홈페이지(http://seoji.nl.go.kr)와
국가자료공동목록시스템(http://www.nl.go.kr/kolisnet)에서 이용하실 수 있습니다.
(CIP제어번호 : CIP2014013925)

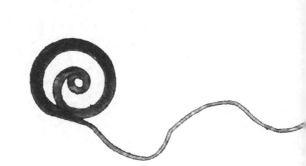